Unterwegs durch das
**WILDE EUROPA**

# Unterwegs durch das wilde Europa

**Mont-Blanc-Massiv**

*Heute streiten sich Italien und Frankreich um die Gipfelregion des Mont-Blanc, dessen Grenze aus italienischer Sicht genau über dem Gipfel verläuft. Für Frankreich gehört die Spitze zu Frankreich. Am Fuß des von Süden aus markant-steilen und von Norden aus rundlich-weichen Berges liegt das Tal der Arve mit Chamonix, wichtiger Ausgangspunkt für die Besteigung des eisigen Gesellen. Bis auf 1420 Meter fließt auf seiner französischen Nordseite der Glacier des Bossons vom Gipfel herab: So entsteht mit 3390 Metern der größte von einem Gletscher überwundene Höhenunterschied in den Alpen.*

### Isle of Hoy

*Sie ist die südlichste und zugleich die gebirgigste Insel der Orkney-Gruppe: Hoy. Die Insel teilt sich in zwei recht unterschiedliche Regionen: Es gibt den sanft gewellten Südteil, der landwirtschaftlich genutzt wird, und den hügeligen Norden mit seinen beeindruckenden Kliffs. Hier ist auch das Wahrzeichen der Insel zu finden: St John's Head, mit 346 Metern eine der höchsten Klippen der Britischen Inseln. Beliebt bei Inseltouristen, zumeist Naturpur-Fans und Vogelkundler, ist ein etwa dreistündiger, durchaus anspruchsvoller Spaziergang vom kleinen Örtchen Rackwick aus bis hin zu der gewaltigen Klippe. Von dort schaut man auf den »Old Man of Hoy«, eine 137 Meter aus dem Meer ragende Felsnadel aus Sandstein.*

# Inhalt

**136**

## Tiere entdecken

Pelikane, Seehunde, Braunbären, Eisbären, Rehe, Uhus, Wisente, Flamingos, Gämsen, Seeadler, Kraniche, Wildschweine, Rentiere, Murmeltiere, Moschusochsen, Gänsegeier, Auerhühner, Damhirsche, Mufflons, Walrosse, Wölfe, Bartrobben, Luchse, Steinböcke, Elche

## Skandinavien und Baltikum 10

| | |
|---|---|
| Island | 14 |
| Norwegen | 26 |
| Schweden | 46 |
| Dänemark | 62 |
| Finnland | 64 |
| Estland | 74 |
| Lettland | 80 |
| Litauen | 81 |

## Britische Inseln 82

| | |
|---|---|
| Vereinigtes Königreich | 86 |
| Irland | 109 |

## Westeuropa 112

| | |
|---|---|
| Niederlande | 116 |
| Belgien | 122 |
| Frankreich | 124 |

## Mitteleuropa 140

| | |
|---|---|
| Deutschland | 144 |
| Polen | 172 |
| Slowakei | 184 |
| Tschechien | 188 |
| Ungarn | 190 |
| Österreich | 192 |
| Schweiz | 206 |

## 98 Wanderungen

Laugavegur
Hardangervidda
Kungsleden
Bärenrunde
Pembrokeshire Coast Path
Tour du Mont-Blanc
Ostseewanderweg
Hohe Tatra
Adlerweg
Madeira
Gran Bucle
Gran Canaria
Dolomiten-Höhenweg
Rila-Gebirge
Zagoria-Trek

### Südeuropa 212

| | |
|---|---|
| Portugal | 216 |
| Spanien | 230 |
| Italien | 254 |

| | |
|---|---|
| Griechenland | 312 |
| Zypern | 317 |
| | |
| Register | 318 |
| Bildnachweis · Impressum | 319 |

### Südosteuropa 268

| | |
|---|---|
| Slowenien | 272 |
| Kroatien | 276 |
| Bosnien und Herzegowina | 282 |
| Serbien | 284 |
| Montenegro | 288 |
| Kosovo | 294 |
| Nordmazedonien | 295 |
| Albanien | 298 |
| Rumänien | 302 |
| Bulgarien | 308 |

*»Die meisten Menschen wissen gar nicht, wie schön die Welt ist und wie viel Pracht in den kleinsten Dingen, in irgendeiner Blume, einem Stein, einer Baumrinde oder einem Birkenblatt sich offenbart. «*

Rainer Maria Rilke

# Skandinavien und Baltikum

## Wilde Paradiese im Norden

Auf den ersten Blick wirken Skandinavien und das Baltikum wie eine Welt des Gleichmuts und der Monotonie. Auf den zweiten Blick aber offenbaren sich hier einige der spektakulärsten Naturwunder Europas. In Island, das von titanischen Urgewalten geschmiedet wird wie auf einem Amboss der Schöpfung, kann man furchteinflößende Blicke in die Eingeweide der Erde wagen. In Norwegens Fjorden wird man Zeuge der schönsten Verbindungen von Wasser und Land. Und in Litauen findet man eine bizarre Wanderdünenwelt, in der sich Thomas Mann wie in der Sahara fühlte, womit er bis heute nicht allein geblieben ist.

*Die Farbvielfalt in Landmannalaugar variiert von Schwefelgelb, Pechsteingrau, Basaltblau, Eisenrot bis zu Rhyolithbeige.*

# Island

Island, die größte Vulkaninsel der Welt, wird von Wüsten, Vulkanen und Gletschern geprägt; sie alle wirken ebenso faszinierend wie unwirtlich. Die zerklüfteten Lavafelder, die bizarr erodierten Berge in allen Farben, die heißen Quellen, die fauchenden Geysire, die brodelnden Schlammtöpfe und die rauschenden Wasserfälle ziehen Besucher in ihren Bann.

## INFO *

**ISLAND**
**Fläche:**
103 000 km²
**Bevölkerung:**
366 000 Einwohner
**Hauptstadt:**
Reykjavík (123 000 Einwohner)
**Höchster Berg:**
Hvannadalshnúkur (2119 m)
**Längster Fluss:**
Thjórsá (230 km)

### Nationalpark Snæfellsjökull

**Lage:** Der unbewohnte Nationalpark liegt im Westen Islands am Ende der Halbinsel Snæfellsnes. Er wurde 2001 gegründet und umfasst eine Fläche von 170 Quadratkilometern rund um den Vulkan Snæfellsjökull (1446 Meter).

**Highlights:** Eine Wanderung auf den Snæfellsjökull-Gletscher, der die oberen Regionen des Snæfellsjökull bedeckt, ist die größte Attraktion des Nationalparks. Touren mit entsprechender Ausrüstung können über das Besucherzentrum in Hellnar gebucht werden (west.is).

**Tipps:** Im Park selbst gibt es zwar keine Campingplätze, Rucksacktouristen ist es jedoch gestattet, eine Nacht dort zu verbringen.

Seit 2001 ist das Gebiet um den Snæfellsjökull als Nationalpark geschützt. Der 1446 Meter messende Snæfellsjökull ist ein vergletscherter Stratovulkan mit einem rund 200 Meter tiefen Krater am Gipfel. Dieser ist von einem Gletscher bedeckt, der in den letzten Jahrzehnten die Hälfte seiner Größe verloren hat. Wahrscheinlich war der Vulkan nur drei Mal aktiv, letztmals vor knapp 1800 Jahren. Trotz der langen Ruhephasen gilt der Snæfellsjökull bis heute nicht als erloschen. Rund um den Berg gibt es bizarre Lavaformationen und wilde Küstenabschnitte, die man auf einer Wanderung von Hellnar nach Arnarstapi erleben kann. Lohnend sind Abstecher zum südlichsten Punkt der Halbinsel, zum Leuchtturm von Malarrif, zu den Felszinnen Lóndranga, auf denen viele Seevögel brüten, und zum Strand Djúpalónssandur, der von einem Lavastrom umgeben ist.

## Landmannalaugar

**Lage:** Landmannalaugar ist ein Teil des 1979 gegründeten Naturschutzgebiets Fjallabak rund um den Vulkan Torfajökull im Südwesten Islands. Das Gebiet ist für seine durch Rhyolith und Obsidian, Schwefelausfällungen und Moose bunt gefärbten Berge und heißen Quellen berühmt.

**Highlights:** Vom Zeltplatz mit der Hütte des Wandervereins führt eine Tageswanderung durch das Lavafeld Laugahraun zum farbenfrohen Vulkan Brennisteinsalda, durch die zerklüfteten Hügel in das Geothermalgebiet Stórihver und wieder zurück. Wer mehr Zeit mitbringt, nimmt den Laugavegur (siehe Folgeseiten).

---

Landmannalaugar liegt nördlich des Gletschers Mýrdalsjökull inmitten eines farbenreichen Rhyolithgebirges. Die rote Färbung von Bergen wie dem Vulkan Bláhnúkur weist auf einen hohen Eisengehalt hin, gelb auf Schwefel und türkis auf Kieselsäure. Ein tiefschwarzer Obsidianstrom kontrastiert hier mit sattgrünen Wiesen, auf denen im Sommer weißes Wollgras wächst. Doch damit noch nicht genug: In Landmannalaugar gibt es warme Quellen, in denen man vorzüglich baden kann. Das warme Bad haben früher schon die Hirten aus dem Bezirk Land genutzt. Daher leitet sich auch der Name Landmannalaugar ab, der soviel bedeutet wie »die warmen Quellen der Leute aus Land[sveit]«. Die ganze Umgebung gleicht einer Farbexplosion, zu jeder Tageszeit zaubert die Sonne neue Lichtstimmungen auf die Berge, immer wieder steigen Dämpfe aus der Erde auf – eine Schönheit aus Feuer und Eis.

*An der Küste von Snæfellsjökull locken die Klippen und Felsen von Lóndrangar.*

*Der Strand von Ytri Tunga ist bekannt für seine Seehundkolonien.*

*Dampf steigt auf von den heißen Quellen in Landmannalaugar.*

# WANDERUNG

*Es ist auf dieser Wanderung faszinierend, wie sehr sich die Passagen unterscheiden.*

## Auf dem Laugavegur nach Landmannalaugar

**Wer auf dem Laugavegur unterwegs ist, sollte das einfache Leben genießen können. Er muss für den Notfall ein sturmfestes Zelt und ein zusätzliches Paar Schuhe dabeihaben, um Flüsse durchwaten zu können und zumindest so nahrhaft kochen können, dass er damit überleben kann. Die Belohnung ist eine unfassbare Naturlandschaft, wie sie vielschichtiger kaum sein könnte.**

25 Einwohner und ein Freilichtmuseum: Der Auftakt zu dieser Wanderung im Örtchen Skógar ist optisch eher unspektakulär. Doch das wird sich schon bald ändern, denn der Laugavegur – was nichts anderes als »der Weg der heißen Quellen« heißt – ist der bekannteste Trekkingweg Islands, ein Klassiker unter den Wanderwegen. Und das hat seinen Grund: Nahezu die gesamte Bandbreite der isländischen Urlandschaften ist zu sehen, und schon deshalb sind die Hütten auf dem Weg, die im Abstand von Tagestouren gebaut wurden, im Sommer meist ausgebucht. Der Weg wurde mit Holzpflöcken bestens markiert.

Gleich zu Beginn hat es die Strecke durchaus in sich. Daher ist vielleicht das Beruhigendste nach der ersten Etappe, dass sie eine der anstrengendsten ist und das Schlimmste an Aufstiegen nach Tag eins bereits hinter den Wanderern liegt. Schließlich stehen auf den ersten zwölf Kilometern gleich 1000 Höhenmeter auf dem Programm. Zu Beginn führen mehrere Treppenstufen nach oben. Dann entschädigen der Blick in tiefe Canyons und die zahlreichen Wasserfälle, die immer wieder zu sehen sind, für die Mühen bei diesem Trekking-Klassiker.

Mit jedem Höhenmeter wird die Vegetation spärlicher, Geröll, Steine und Schneereste bestimmen den Untergrund. Ein Highlight ist die erste Unterkunft: Die auf einem Gipfelgrat stehende Fimmvörðuháls-Hütte ist aufgrund ihrer exponierten Lage nicht zu übersehen. Im Gegensatz zu den Alpen sind die Hütten auf diesem Weg meist nicht bewirtschaftet. Ausnahmen sind die Unterkünfte im Langidalur (Þórsmörk) und in Landmannalaugar. Dort kann man Vorräte einkaufen, doch weder die Auswahl noch die Menge erlauben es, sich für die komplette Tour einzudecken. Es ist nach wie vor notwendig, Essen und Getränke selbst mitzubringen. Auch die Küchenausstattung in den Hütten ist, abgesehen von den meist vorhandenen Gas-Kochplatten, oft rudimentär. Schon allein daran ist zu erkennen, dass der Laugavegur eine Route für Individualisten ist, die sich darauf einlassen, zu den einfachen Dingen zurückzukehren. Toiletten und warme Duschen sind aber überall vorhanden. Spektakulär ist auch die zweite Tagesetappe zwischen Fimmvörðuháls und Þórsmörk. Die zwölf Kilometer führen zwischen den beiden Gletschern Eyjafjallajökull und Myrdalsjökull vorbei, hin zu einem Gletschersee, dessen Anblick im richtigen Licht einfach über-

# LAUGAVEGUR

> **Routensteckbrief:**
> **Distanz:** 80 km | **Dauer:** ca. 6 Tage | **Höhenmeter:** 4700 m
> **Stationen:** Skógar – Fimmvörðuháls-Pass → 12 km | Fimmvörðuháls-Pass – Þórsmörk → 12 km | Þórsmörk – Botnar → 17 km | Botnar – Álftavatn → 16 km | Álftavatn – Hrafntinnusker → 11 km | Hrafntinnusker – Landmannalaugar → 11 km

wältigend ist. Der Abstieg ins grüne Tal der Þórsmörk ist vor allem nach Regenfällen schwierig, da die Wege rutschig sind. Im Tal der Krossa sollten Wanderer dem Versuch widerstehen, den Fluss überqueren zu wollen. Schließlich ermöglicht eine Fußgängerbrücke in der Nähe der Hütte Langidalur ein gefahrloses Weiterlaufen. Zwischen Þórsmörk und Botnar ändert sich die Landschaft erneut gewaltig. Das Grün am Wegrand und die vielen Blumenwiesen bleiben zurück, sobald die Wanderer an Höhe gewinnen. Eine beeindruckende Vulkanlandschaft öffnet sich, und schon bald ist es nötig, eine geeignete Stelle zu finden, um kleine Flüsse und Bäche überqueren zu können. Da das Wasser erfahrungsgemäß noch kälter ist als ohnehin schon erwartet, ist dies nur eingeschränkt ein wahres Vergnügen. Wer abends die Hütte Emstrur-Botnar erreicht, ist meist froh, wenn er noch einen Platz im Inneren ergattert. Denn durch die vielen Wasserüberquerungen ist die Ausrüstung inzwischen doch recht feucht geworden, und mit klammer Ausrüstung ein Zelt aufzubauen und den Schlafsack auszurollen, ist tatsächlich nur hartgesottenen Wanderern eine Freude.

Auf der vierten Etappe, zwischen Botnar und Álftavatn, eröffnet sich nach einer Steigung eine Wüste aus schwarzem Lavasand. Sie ist gespickt mit hellen großen Steinen, die dem Panorama eine surreale Optik bescheren. Wer Pech hat, benötigt hier bei starkem Wind allerdings Schutzbrillen und Staubmasken, ohne die es richtig unangenehm werden kann. Ein Fluss und zwei Furten weiter taucht die moderne Álftavatn-Hütte auf. Auf- und Abstiege sind typisch für diese Wanderung, aber vor allem zwischen Álftavatn und Hrafntinnusker eröffnet sich jenes Bilderbuch-Island, von dem die meisten Wanderer geträumt hatten. Bald nach Tagesanbruch sind die dampfenden und nach Schwefel riechenden heißen Quellen überall zu sehen. Das Panorama ist überwältigend. Am fünften Wandertag wird der mit 1027 Metern höchste Punkt des Laugavegur erreicht. Lohnenswert für alle, die jetzt noch nicht genug haben von den vielfältigen optischen Eindrücken, ist der Besuch der Eishöhle. Türkisfarbene Tümpel blubbern vor sich hin, es brodelt und dampft aus der Erde und aus dem ein oder anderen Loch schießen mit etwas Glück kleine Wasserfontänen. Das geothermische Gebiet Stórihver, das als Schlusspunkt dieser Weitwanderung vorgesehen ist, hat seine Besucher schon immer fasziniert, für Fotografen ist es ohnehin ein Traum. Als wäre das noch nicht genug, führt der Weg kurz vor dem Ziel des sechsten Tages noch durch einen erstarrten Lavastrom.

Doch dann haben sich die Wanderer die Belohnung verdient. Ein Bad in den warmen Quellen von Landmannalaugar lässt kaum jemand nach einer Wanderung wie dieser aus.

*Der Laugavegur gilt als schwere Tour, die nicht unterschätzt werden sollte.*

*Das Felsentor der Halbinsel Dyrhólaey wirkt wie von Menschenhand geschaffen – dabei ist es natürlich entstanden.*

*Sind niedlich anzusehen, halten aber einiges aus: Papageitaucher vertragen Kälte, lieben steile Felsen und rohen Fisch.*

## Kap Dyrhólaey

**Lage:** Dyrhólaey – die »Türlochinsel« – ist eine Halbinsel, die im äußersten Süden Islands in den Nordatlantik ausgreift. Die Klippen des vulkanisch geformten Landvorsprungs ragen bis zu 120 Meter auf.

**Highlights:** Bei einem Spaziergang bis zu dem namengebenden Felsentor an der Spitze hat man einen großartigen Blick auf das Meer, die Küste und den Gletscher Mýrdalsjökull im Norden. Im Sommer ist Dyrhólaey von Papageitauchern bevölkert, weshalb im Mai und Juni der Zutritt beschränkt ist.

**Tipps:** Östlich von Dyrhólaey ragen die bizarren schwarzen Basaltnadeln von Reynisdrangar aus dem Meer. Besonders gut sieht man sie von Víks Lavastrand aus, einem der schwärzesten Stränden der Welt.

---

Kap Dyrhólaey und das einige Kilometer weiter östlich gelegene Kötlutangi beanspruchen beide für sich, südlichster Punkt Islands (ohne Vestmannaeyjar) zu sein. Es geht um wenige Meter. Da die Küstenlinie jedoch immer wieder ihren Verlauf ändert, gibt es keinen klaren Sieger. Sehenswert ist die Halbinsel Dyrhólaey, eine bis zu 120 Meter hohe Klippe, aber allemal. An der Spitze des Kaps fällt ein von der Erosion zerfressenes, schwarzes Felsentor ins Auge. Es ist groß genug, dass kleinere Boote hindurchfahren können. Vom Leuchtturm, der das Kap krönt, genießt man in Richtung Osten einen weiten Blick bis zum Reynisfjall und den Reynisdrangar bei Vík í Mýrdal. In Richtung Westen erstreckt sich ein schwarzer, einsamer Traumstrand bis zum Horizont. Auf den grasbewachsenen Vorsprüngen des Kaps sitzen Dutzende Papageitaucher und machen sich startklar für den nächsten Beutezug.

*Heute können Wanderer und Naturbegeisterte die stille Ruhe an den Laki-Kratern genießen.*

## Lakagígar

**Lage:** Die Laki-Krater (isländisch: Lakagígar) sind eine 25 Kilometer lange Reihe von rund 140 Kratern im südlichen Island, die 1783/84 durch Eruptionen des Vulkansystems Grímsvötn entstanden sind. Die bizarre Landschaft aus schwarzer Lava und grün-gelbem Moosbewuchs ist Teil des Nationalparks Vatnajökull.
**Highlights:** Organisierte Touren in das 565 Quadratkilometer große Lavafeld bieten zahlreiche Unternehmen an, Informationen dazu gibt auch das Nationalparkzentrum in Skaftafell.

**Tipps:** Östlich von Kirkjubæjarklaustur liegt an der Straße 203 der Kirkjugólfið (Kirchenboden), eine Formation aus Basaltsäulen, die auf Bodenhöhe erodiert sind und wie ein Fliesenboden aussehen.

---

Die Laki-Katastrophe in den Jahren 1783 und 1784 war einer der verheerendsten Vulkanausbrüche seit der Besiedlung Islands. Am 8. Juni 1783 erzitterte der Süden der Insel, und bald verfinsterte eine dunkle Wolke den Himmel. Aus einer 25 Kilometer langen Spalte loderten zahlreiche Feuer, ein breiter Lavastrom begrub fruchtbares Land unter sich, Asche bedeckte den Boden, und die Luft roch beißend nach Schwefel. Rund 140 Krater schleuderten Lavafontänen in die Atmosphäre, insgesamt verwüsteten mindestens 14 Kubikkilometer Lava die Landschaft. Dazu kamen Aschewolken, die den Himmel verdunkelten, und Schwefel, der die Luft verpestete. Rund zwei Drittel des Viehbestands verendeten, weil ein Großteil des Weidelandes auf Jahre vergiftet war. Über Island brach eine verheerende Hungersnot herein, der rund ein Fünftel der gesamten Bevölkerung zum Opfer fiel.

*»Örfi« – Niemandsland: So nennen die Isländer die wilde Gegend rund um den Berg Skaftafell im Südosten der Insel.*

## Nationalpark Vatnajökull

**Lage:** Der riesige Nationalpark umfasst den Gletscher Vatnajökull sowie die angrenzenden Gebiete, darunter Skaftafell im Südwesten und Jökulsárgljúfur im Norden und damit 14 Prozent der Landfläche Islands.
**Highlights:** Am Südrand des Vatnajökull fahren auf dem riesigen Gletschersee Jökulsárlón Boote bis zum Gletscherrand; Buchung über icelagoon.com.
**Tipps:** Von Ásbyrgi führt eine zweitägige, 32 Kilometer lange Wanderung durch die Jökulsárgljúfur-Schlucht zum gigantischen Wasserfall Dettifoss durch eine einmalige Naturlandschaft.

---

Ein seltsames Gefühl von Macht und Ohnmacht überkommt jeden Besucher des Vatnajökull: So klein und unwichtig der Mensch angesichts des größten Gletschers nicht nur Islands, sondern ganz Europas auch wirken mag, so stark kann er doch die Schöpfung beeinflussen und verändern. 3000 Kubikkilometer Volumen, 8000 Quadratkilometer Fläche, bis zu 1000 Meter dicke Eisschichten – das sind die nackten Zahlen dieser gewaltigen Welt aus Eis, die seit Jahrhunderten beständig gewachsen ist. In jüngster Zeit aber verliert sie an Größe, sehr wahrscheinlich wegen des Klimawandels und der Erderwärmung. Ihr Verschwinden aber wird noch nicht in naher Zukunft stattfinden. Der Nationalpark Vatnajökull besteht seit 2008 und umfasst seit seiner Erweiterung um Lakagígar, Langisjór und Krepputunga 14 200 Quadratkilometer.

## Schutzgebiet Skaftafell

**Lage:** Das ehemalige Nationalparkgebiet liegt im Südosten Islands und ist seit 2008 Teil des Vatnajökull-Nationalparks. Auf seinem Areal befindet sich mit dem Hvannadalshnjúkur (2110 Meter) der höchste Berg Islands. Dieser Vulkan ist auch Bestandteil des Öræfajökull-Gletscher-Vulkansystems.
**Highlights:** Für Bergsteiger ist der Hvannadalshnúkur ein besonders attraktives Ziel. Eine Besteigung über den Gletscher ist bei entsprechender Ausrüstung und Kondition aber auch für Amateure möglich.
**Tipps:** Auf einer kurzen Wanderung kann man vom Besucherzentrum Skaftafell aus den berühmten Bilderbuch-Wasserfall Svartifoss bewundern.

---

Sie glaubten, ihr Paradies gefunden zu haben, doch dann wurden sie von der Natur mit brachialer Gewalt eines Besseren belehrt. Schon wenige Jahre, nachdem die ersten Siedler aus Norwegen nach Island gekommen waren, ließen sich Bauern wegen des milden Klimas in Skaftafell nieder und errichteten ein großes Gehöft. Ein paar Hundert Jahre lang lebten sie glücklich und zufrieden auf ihrem

*Nur in den Polarregionen gibt es größere Gletscher als den Vatnajökull, der acht Prozent der Fläche Islands bedeckt.*

Land und hätten es gewiss noch ein paar weitere Jahrhunderte getan, wäre nicht der Vulkan Öræfajökull im Jahr 1362 ausgebrochen. Für die Menschen zu seinen Füßen war es wie die Apokalypse: Keine einzige Seele überlebte die Eruption. Trotzdem siedelten bald wieder Bauern in dieser verwüsteten Gegend und wurden in der Folgezeit von den Launen des Vulkans Grímsvötn tyrannisiert. Er bedeckte das Land mit einem Leichentuch aus Asche, überflutete die Weideflächen mit seinen Gletschern und vertrieb schließlich auch die letzten Aufrechten. Die Überreste ihrer Bauernhöfe hat man restauriert. Sie sind ein Mahnmal der menschlichen Ausdauer, aber auch eine Mahnung, dass gerade auf Island der Mensch der Natur immer mit Respekt begegnen muss. Leichter tun sich hier die Tiere, allen voran die Vögel: Zaunkönige, Alpenschneehühner, Goldregenpfeifer und Wiesenpieper brüten und leben hier.

*Heißwasserflüsse formen Eishöhlen, deren Decken wie geschliffenes Glas wirken.*

*Das Tal von Jökulsárgljúfur: eine Ansammlung vieler einzelner Wasserfälle.*

## Schutzgebiet Jökulsárgljúfur

**Lage:** Der 1973 gegründete ehemalige Nationalpark Jökulsárgljúfur im Nordosten Islands gehört seit 2008 zum großen Nationalpark Vatnajökull. Das 150 Quadratkilometer große Schutzgebiet umfasst eine bizarre Vulkanlandschaft mit der 500 Meter breiten und bis zu 120 Meter tiefen Schlucht des Flusses Jökulsá á Fjöllum zwischen Ásbyrgi im Norden und dem Wasserfall Dettifoss im Süden.

**Highlights:** Den 44 Meter hohen Dettifoss, Europas mächtigsten Wasserfall, erreicht man von der Ringstraße 1 über Straße 864. Von dort führen Wanderwege zu den Wasserfällen Selfoss (zwei Kilometer flussaufwärts) sowie Hafragilsfoss (fünf Kilometer flussabwärts).

**Tipps:** Die 3,5 Kilometer breite hufeisenförmige Ásbyrgi-Schlucht, in deren bis zu 100 Meter hohen Klippen u. a. Eissturmvögel brüten, liegt östlich von Húsavik abseits der Straße 85.

Wer begreifen will, warum Island die Heimatinsel der Geister und Götter ist, wer wissen will, warum es hier nur so von Gnomen und Giganten wimmelt, der findet die Antwort bei den Wasserfällen im Schutzgebiet Jökulsárgljúfur im Norden der Insel. Denn hier wird jedem sofort klar, wie überirdisch Islands Schönheit ist. Es ist eine Landschaft, die nicht von dieser Welt sein kann, geschmiedet von Urkräften, die jedes Maß menschlicher Vorstellungskraft sprengen. Das, was hier vor achttausend Jahren geschah, kann nur das Werk von himmlischen oder auch höllischen Mächten sein. Damals brach ein Vulkan unter dem Gletscherfluss Jökulsá á Fjöllum aus und rührte eine hochexplosive Mischung aus Feuer, Gas und Wasser an. Sie wirkte wie Sprengstoff und pulverisierte die Berge in der Umgebung, als seien sie aus Pappmaché. Nachdem sich die Elemente wieder beruhigt hatten, kam ein Naturwunder zum Vorschein, wie man es kein zweites Mal findet: eine 100 Meter hohe Schlucht, an der der wasserreichste Wasserfall Europas in die Tiefe stürzt, der Dettifoss. Wer, wenn nicht Götter und Giganten, sollte sich hier seine Hände waschen?

*Der Dettifoss ist der mächtigste Wasserfall Islands, der die ungezähmte Kraft der Natur eindrucksvoll zur Schau stellt.*

**Hafragilsfoss im Schutzgebiet Jökulsárgljúfur**
*Der Wasserfall stürzt rund 27 Meter in die Tiefe und befindet sich am Jökulsá á Fjöllum, dem zweitlängsten Fluss Islands, der sich durch die faszinierende Jökulsárgljúfur-Schlucht windet. Der Wasserfall mag weniger bekannt sein als sein berühmter Nachbar Dettifoss, aber gerade das macht ihn zu einem besonderen Ziel. Die Stille und Abgeschiedenheit, die man hier findet, lassen einen die Natur in ihrer reinsten Form erleben.*

*Der mit dem Braunbären verwandte Eisbär hat sich erst vor rund 50 000 Jahren auf die nordpolaren Küsten spezialisiert.*

# Norwegen

Norwegen nimmt den westlichen Teil der Skandinavischen Halbinsel ein und liegt zu einem Drittel nördlich des Polarkreises. Der Golfstrom sorgt dafür, dass die gesamte Küste eisfrei bleibt. Im Norden dominieren Moore und kleine Seen, während den Süden Gebirgsketten durchziehen.

## INFO*

**NORWEGEN**
**Fläche:** 386 958 km²
(inkl. Spitzbergen und Jan Mayen)
**Bevölkerung:**
5,4 Mio. Einwohner
**Hauptstadt:** Oslo (700 000 Einw.)
**Höchster Berg:**
Glittertinden (2472 m)
**Längster und tiefster Fjord:**
Sognefjord (205 km lang, 1303 m tief)

### Nationalpark Nordvest-Spitsbergen

**Lage:** Der Nationalpark wurde 1973 gegründet. Er umfasst im Nordwesten der Hauptinsel Spitzbergen und auf den vorgelagerten Inseln knapp 3700 Quadratkilometer Landfläche mit zerklüfteten Bergen, Gletschern und heißen Quellen sowie mehr als rund 6200 Quadratkilometer Meeresfläche in der angrenzenden Grönlandsee.

**Highlights:** Der Nationalpark kann zu Fuß und per Boot erkundet werden. Die meisten Besucher kommen per Kreuzfahrtschiff und unternehmen Boots- und Wandertouren von der Küste aus ins Inland.

**Tipps:** Im Spätwinter und Frühjahr kann man, organisiert über spezialisierte Reiseanbieter, per Ski und Hundeschlitten durch die Region streifen.

---

Dort, wo die Welt fast zu Ende und von der Sanftmut der Natur nichts mehr geblieben ist, dort liegt Spitzbergen – eine Inselgruppe im Arktischen Ozean mit zerklüfteten, von Fjorden zerfressenen Küsten, zur Hälfte begraben unter dem Eis ihrer Gletscher. Im Winter geraten die Inseln in die Ge-

# Walrosse

Das Walross ist das mythische Tier der arktischen Völker. Sie verehren es in ihren Legenden aus gutem Grund, denn über Jahrtausende hat es ihr Überleben gesichert. Sein Fleisch machte sie satt, sein Tran heizte ihre Hütten, aus seiner Haut und seinen Knochen nähten sie ihre Kleidung und bauten sie ihre Boote. Und ihre Kunstwerke schnitzten sie aus den Stoßzähnen, die das Walross universell einsetzt. Sie sind seine Waffe gegen Feinde und sein Werkzeug zum Aufbrechen des Eises, und mit ihrer Hilfe hievt es sich vom Wasser an Land. Und schließlich zeigt die Größe der Zähne an, welches Alter und welchen Rang ein Walross besitzt.

# Eisbären

Es ist eine seltsame Laune der Natur, dass das größte an Land lebende Raubtier der Erde ausgerechnet in einer der unwirtlichsten Weltgegenden mit dem geringsten Nahrungsangebot zu Hause ist. Nur in den nördlichen Polarregionen kommt der Eisbär vor, der bis zu drei Meter groß und 800 Kilogramm schwer werden kann. Ein öliges Fell und eine handbreit dicke Fettschicht schützen ihn vor der Kälte, und ein phänomenaler Geruchssinn sichert sein Überleben. Noch in einem Kilometer Entfernung und durch eine ein Meter dicke Eisschicht können Eisbären Robben wittern, ihre absolute Leibspeise. Haben sie Nachwuchs, ist eine erfolgreiche Jagd doppelt lebensnotwendig. Zur Überlebensstrategie gehört auch das Talent, tagelang schwimmen zu können; der Rekord liegt bei fast 700 Kilometern und neun Tagen ohne Landgang.

# Bartrobben

Wer in den Polarregionen überleben will, muss extrem anpassungsfähig sein. Die Bartrobben haben es darin zur Meisterschaft gebracht. So haben sie sich im Laufe der Evolution einen Bart stehen lassen, mit dem sie ihre Nahrung am Meeresboden aufspüren können. 200 Meter tief tauchen diese erstaunlichen Tiere, und dort unten in der Finsternis helfen ihnen keine Augen mehr. Mit ihren Barthaaren aber finden sie Krebse und Muscheln. Außerdem sind sie in der Lage, mit ihren Schädeln das Eis aufzubrechen, um Atem holen zu können. Unter Wasser kommunizieren sie mit einem System von Lauten und Gesängen.

*Der 14e Julibreen ist ein beeindruckender Gletscher im Nordwesten von Spitzbergen, der in den Krossfjorden mündet.*

fangenschaft des Packeises, während die Polarnacht für Monate wie ein göttlicher Fluch über das Land fällt. Und dennoch ließen sich die Menschen von der Unerbittlichkeit der Natur nicht abschrecken. Einst hausten Walfänger und Robbenjäger auf den Inseln, dann verschlug es Minenarbeiter wegen der reichen Kohlevorkommen hierher. Und heute kommen begeisterte Besucher. »Kühle Küste« – Svalbard – nennen die Norweger ihren nördlichsten Außenposten, die Inselgruppe Spitzbergen. In der rauen Umwelt der Arktis sind Tiere und Pflanzen besonders störanfällig und schutzbedürftig. Rund drei Viertel der Fläche sind als Nationalparks oder Naturreservate ausgewiesen. Die Nationalparks Nordvest-Spitsbergen und Sør-Spitsbergen nehmen jeweils die nördlichsten und südlichsten Regionen der Hauptinsel Spitzbergen ein. In den Parks liegen mehrere Vogelschutzgebiete, etwa mit Kolonien der drolligen Papageitaucher. Auch Eisbären, Polarfüchse, Rentiere leben hier.

## Nationalpark Varangerhalvøya

**Lage:** Der Nationalpark (gegründet 2006) mit einer Fläche von 1804 Quadratkilometern liegt im äußersten Norden des Landes in einer arktischen Gebirgslandschaft auf einer Halbinsel zwischen dem Syltefjord und dem Varangerfjord.

**Highlights:** Die Varanger-Halbinsel ist für ihren Vogelreichtum bekannt. Das Wappentier des Parks ist die Falkenraubmöwe. Vogelbeobachtungen im Nationalpark können über varanger.com gebucht werden.

**Tipps:** Die Flüsse und Seen des Nationalparks sind bei Anglern äußerst beliebt, in den Hauptzeiten der Fangsaison herrscht hier reger Betrieb.

---

»Die Großartigkeit, diese wunderbare Melancholie dieser Szenerie ist mit Worten nicht zu beschreiben«, so schwärmt der norwegische Geograf Baltazar Mathias Keilhau 1831 von der

*Liebt die vielen Feuchtgebiete auf Varanger: das Blaukehlchen.*

*Vogelparadies Varanger-Halbinsel: ein Steinadler mit erbeutetem Schneehuhn.*

Varanger-Halbinsel und lobt weiter ihre »heilige Einsamkeit«. Bis ins Jahr 2006 sollte es allerdings dauern, bis auch die norwegische Regierung die Besonderheit der Region erkannte und sie als Nationalpark schützen ließ. Hier findet man neben einer bemerkenswerten Flora und Fauna mit typisch arktischen Flechtenpflanzen sowie Polarfuchs und Saat- und Zwerggans auch zahlreiche Heiligtümer, Opferplätze und Fanganlagen der Samen, die hier noch leben und ihre Rentierzucht betreiben dürfen. Die ältesten Funde datieren aus der Zeit von 4500 v. Chr. Der Wappenvogel des Parks ist die Falkenraubmöwe, die hier aber nur Sommergast ist.

*Die karge Varangerhalvøya ist Norwegens größte Halbinsel.*

*Litlverivassfossen, der 250 Meter hohe größte Wasserfall des Nationalparks Rago, wird von einem Bergsee gespeist.*

*Die Hochebene des Nationalparks Saltfjellet Svartisen zieht Naturliebhaber und Abenteurer an.*

## Nationalpark Rago

**Lage:** Der 170 Quadratkilometer große Nationalpark umfasst im nordöstlichen Norwegen (etwa 150 Kilometer südlich von Narvik) eine einsame Landschaft mit Bergen, Wäldern, Seen und Gletschern.

**Highlights:** Der Nationalpark bietet zahlreiche Möglichkeiten zum Wandern in unberührter Natur. Von Lakshol führt eine abwechslungsreiche, markierte zweitägige Rundtour zu den Seen Storskogsvatnet und Litlverivatnet.

**Tipps:** Mit Angelschein ist es im Park erlaubt zu angeln.

Der bereits 1971 gegründete Park liegt östlich von Bodø, der Hauptstadt der Provinz Nordland. Zusammen mit den angrenzenden schwedischen Nationalparks Padjelanta, Sarek und Stora Sjöfall bildet er das größte zusammenhängende Naturschutzgebiet Europas. So sind auf einer Gesamtfläche von 5700 Quadratkilometern eiszeitlich geprägte Landschaftsformen mit den unterschiedlichen Biotopen ausgebildet. Große Nadelwälder, Seen sowie Gebirgszüge mit tiefen Schluchten, Gletschern und wild fließende Bachläufe bieten stabilen Populationen seltener Tier- und Pflanzenarten einen Lebensraum. Der höchste Berg des Parks ist mit 1312 Metern der Ragotjahkka, während der 250 Meter hohe Litlverivassfossen wohl der beeindruckendste der zahllosen Wasserfälle ist. Mit riesigen freiliegenden Felsen bilden sie eine urtümliche, karge und fast mystische Welt.

*In den Wäldern von Rago findet man vor allem Elche und Schneehühner.*

## Nationalpark Saltfjellet-Svartisen

**Lage:** Der »Salzberg-Schwarzeis«-Nationalpark ist mit einer Fläche von 2192 Quadratkilometern der viertgrößte Nationalpark Norwegens. Der 1989 gegründete Park liegt etwa auf der Höhe des Polarkreises, er ist gebirgig und teilweise vergletschert.

**Highlights:** Im Westen des Parks befindet sich der 370 Quadratkilometer große namensgebende Svartisen-Gletscher, dessen Gletscherzungen teilweise bis an die Nordmeerküste heranreichen.

**Tipps:** Etwa 70 Prozent aller natürlichen Grotten Norwegens liegen im Saltfjellet-Gebirge im östlichen Teil des Parks. Eine bekannte Touristenattraktion und sehr sehenswert ist die Grotte von Mo i Rana südlich von Storjord, die man gut über die E6 erreichen kann.

Saltfjellet-Svartisen am Polarkreis ist der abwechslungsreichste Nationalpark Norwegens. Vom Nordfjord an der vom Golfstrom erwärmten Küste schwingt sich das Gelände hinauf zum Plateaugletscher Svartisen: »Schwarzeis« ist der zweitgrößte Gletscher Norwegens nach dem Jostedalsbreen im Vestlandet. Östlich der Eismassen setzt sich der Nationalpark fort in den fruchtbaren Flusstälern und eisigen Hochgebirgslandschaften des Saltfjellet, des »Salzberges«. Auf dem kalkreichen Gestein gedeiht im kurzen, intensiven Sommer eine einzigartige Flora. Dieser Park bildet die südliche Verbreitungsgrenze für seltene arktische Pflanzenarten am Polarkreis. Das Volk der Samen nutzt dieses Gebiet seit Menschengedenken zur Rentierdrift. Heute bietet Saltfjellet-Svartisen markierte Wanderwege und Übernachtungshütten.

*Der Nykkjesøyfossen in der Hardangervidda stürzt in einer spektakulären Kaskade von etwa 60 Metern in die Tiefe.*

## Nationalpark Dovrefjell-Sunndalsfjella

**Lage:** Der 1693 Quadratkilometer große Nationalpark erstreckt sich in der Tundralandschaft der Gebirgsregion des Dovrefjell zwischen 900 und 2286 Meter Höhe. Er bewahrt Europas letztes intaktes Hochgebirgsökosystem und bildet zusammen mit den angrenzenden Landschaftsschutzgebieten Norwegens größtes Schutzgebiet.

**Highlights:** Auf der 2286 Meter hohen Snøhetta belohnt eine fantastische Aussicht alle Mühen des Aufstiegs. Eine Tagestour ist ab der DNT-Hütte Snøheim (1474 Meter, mit dem Bus ab Hjerkinn erreichbar) auf gut markieren Wegen möglich.

**Tipps:** Im Park lebt eine der größten Moschusochsenherden weltweit, die Tiere sind jedoch scheu. Am besten kann man sie auf geführten Safaris beobachten.

»Einig und treu, bis Dovre fällt«, schworen die Abgeordneten, als sie 1814 in Eidsvoll die bis heute gültige Verfassung des demokratischen Königreichs Norwegen verabschiedeten – und erhoben das Dovrefjell zu Norwegens Nationalgebirge. Dessen Gipfel Snøhetta (2286 Meter), »Schneekapuze«, galt damals noch als höchster des Landes. Tatsächlich aber überragt ihn der Galdhøpiggen (2469 Meter) im Jotunheimen-Gebirge um knapp 200 Meter. Seit 1974 sind die Höhen des Dovrefjell wegen ihrer landschaftlichen Schönheit, ihres botanischen Reichtums und als Rückzugsgebiet seltener Flora und Fauna als Nationalpark geschützt. Im Jahr 2002 fast bis zur Fjordküste erweitert, heißt der bei Wanderern sehr beliebte Park seit

*Etwa 300 Moschusochsen leben inzwischen wieder in Dovrefjell-Sunndalsfjella.*

*Mehrere Wasserläufe durchziehen das Dovrefjell.*

2002 Dovrefjell-Sunndalsfjella. Hier leben rund 4000 Wildrentiere, Polarfüchse und seltene Greifvögel.

## Nationalpark Hardangervidda

**Lage:** Der mit 3422 Quadratkilometer Fläche größte Nationalpark Norwegens ist durch Wanderwege und Hütten gut erschlossen und ein beliebtes Ziel für Outdoorfans.
**Highlights:** Unschlagbar ist der Blick vom 1883 Meter hohen Gaustatoppen. Zum Gipfel führt vom Parkplatz Stavsro bei Rjukan eine dreistündige Wanderung oder von der Fv 651 bei Rjukan eine Fahrt mit der unterirdischen Standseilbahn Gaustabanen.

Der im Jahr 1981 gegründete Nationalpark umfasst einen Teil der Hardangervidda, der größten Fjell-Hochebene Europas. Das Plateau, das oberhalb der Waldgrenze zwischen 1200 und 1400 Metern hoch liegt, präsentiert sich als weiter, schier endloser Naturraum. Er ist durchzogen von vielen kleinen Flüssen und mit klaren Seen übersät. Gräser, Moose und viele Zwergsträucher dominieren die Pflanzenwelt. Obwohl die Hochebene in Südnorwegen liegt, herrscht hier aufgrund der großen Höhe ein fast schon arktisches Klima. Auch in den kurzen Sommern ist es auf der Hardangervidda selten wärmer als 10 °C. Im Winter, der meist im September beginnt und bis in den Mai hinein geht, können die Temperaturen sogar bis auf −40 °C fallen. Das Plateau ist deshalb das südlichste Verbreitungsgebiet von arktischen Tierarten auf der Erde.

# Moschusochsen

Die trägsten Tiere sind oft die unberechenbarsten. Dieses Naturgesetz gilt auch für die Moschusochsen, die meist friedlich grasend durch ihr Revier trotten. Doch wehe, sie werden von ihren Fressfeinden wie Polarwölfen oder Braunbären angegriffen. Dann reagieren sie wie einst die Legionen des Römischen Imperiums: Sie rasen zunächst auf eine Anhöhe und bilden dann eine Phalanx, die den Feinden direkt in die Augen schaut. Kommen die Angreifer als Rudel und kreisen die Moschusochsen ein, wird die Phalanx zu einem Kreis verändert, in dessen sicherer Mitte sich die Jungtiere sammeln. Und dann starten die stärksten Tiere ihre Überraschungsangriffe, brechen ein ums andere Mal aus der Formation aus, attackieren die Gegner und ziehen sich dann sofort wieder in den Schutz der Gruppe zurück. Dank dieser hocheffizienten Überlebenstaktik waren Moschusochsen einst in ganz Eurasien und Nordamerika verbreitet, sogar bis nach Frankreich und Spanien drangen sie vor. Doch die Jagd auf die Tiere dezimierte die weltweite Populationszahl erheblich. Heute gibt es nur noch wenige Zehntausend Tiere, darunter die 300 Moschusochsen des Dovrefjell-Nationalparks. Die Moschusochsen gelten als Überlebende der letzten Eiszeit.

Norwegen

WANDERUNG

*Der größte Nationalpark Norwegens ist geprägt von sanften Hügeln und vielen Seen.*

## Durchquerung der Hardangervidda

**Vidda heißt auf Norwegisch Weite, was Wanderer auf dem Trek durch das riesige Plateaufjell im Herzen Südnorwegens eindrucksvoll in allen Facetten erleben können. Auch wenn die Hardangervidda zu den beliebtesten Wanderregionen des Landes zählt und mit Hütten recht gut erschlossen ist, ist man ist man bei einer Mehrtagestour meist allein unterwegs.**

Zwischen Bergen im Westen und Oslo im Osten liegt Europas größte zusammenhängende Hochebene, die rund 8600 Quadratkilometer umfassende Hardangervidda. Und gleich noch ein Superlativ: Gut 3400 Quadratkilometer davon bilden Norwegens größten Nationalpark. Einerseits hält es sich in dem Areal mit der Kraxelei im Rahmen, weil die höchstem Erhebungen die 1500 Meter kaum übertreffen. Andererseits sollte man das raue Klima im Kopf haben, das selbst im Sommer für höchst ungemütliche Bedingungen sorgen kann. Auch die Wegverhältnisse sind nicht zu unterschätzen; Geröllfelder ohne Beschilderung sind keine Seltenheit, Schneefelder können unsichtbare Gefahren unter sich verbergen und einbrechen. Mit Matsch ist da, wo es nicht über Steine geht, immer zu rechnen. Dafür kann man die endlos erscheinende Weite genießen, die ihresgleichen sucht, ohne einen einzigen Menschen zu sehen. Und die Natur präsentiert sich in all ihren Facetten: Fjorde im Westen, Wasserfälle und sich durch die Landschaft windende Flüsse, Rentierherden, die an Flechten knabbern, Gletscher. Zum Beispiel der Hardangerjøkulen, der Star-Wars-Fans bekannt vorkommen dürfte, weil hier die Szenen des Eisplaneten Hoth gedreht wurden. Auch das macht die Hochebene zu einem der beliebtesten Wandergebiete des Landes: Sie ist durch Hütten und Wege, von kurz bis lang, von gemütlich bis sehr herausfordernd, bestens erschlossen. Straßen und Ortschaften mit Pensionen und Hotels tun ein Übriges und ermöglichen individuelle Planungen von der Tagestour bis zum mehrwöchigen Urlaub. Startpunkt einer klassischen Durchquerung ist die stattliche Mogen-Hütte am südöstlichen Rand des Nationalparks in der Provinz Telemark. Selbstverständlich ist es genauso gut möglich, von West nach Ost zu laufen, also in Kinsarvik zu starten – reine Geschmackssache. Zunächst muss die Richtung Norden heißen, denn dort liegt die Weite der Hardangervidda, von einigen nur knapp die Vidda genannt. Kurz gewachsene Birken bleiben hinter einem zurück, während man auf den See Gjuvsjåen zustrebt. An seinem östlichen Ufer entlang immer weiter nördlich bis zur Hütte von Lågaros. Der Abschnitt von Lågaros nach Sandhaug ist als Tagesmarsch zu machen, allerdings muss man dafür früh aufstehen und auch stramm wandern. Kein Problem, denn große Auf- oder steile Ab-

# DURCHQUERUNG DER HARDANGERVIDDA

**Routensteckbrief:**
**Distanz:** 94 km | **Dauer:** 5 Tage | **Höhenmeter:** ca. 2000 m
**Stationen:** Mogen-Hütte – Lågaros → 16 km | Lågaros – Sandhaug → 25 km | Sandhaug – Hadlaskard → 20 km | Hadlaskard – Stavali → 19 km | Stavali – Kinsarvik → 14 km

stiege sind nicht zu erwarten. Dafür zeigt sich auf diesem Stück besonders eindringlich, wie weit Himmel und Horizont sein können.

Einen Höhepunkt der ganz eigenen Art hält die dritte Etappe bereit: Während es Schritt für Schritt durch eine Moränenlandschaft geht, die immer wieder den Eindruck vermittelt, auf einem anderen Planeten zu sein, bleibt der 1690 Meter hohe Tafelberg Hårteigen stets im Blick. Er ist die zweithöchste Erhebung der Hardangervidda, sein Name bedeutet passenderweise »grauer Wegweiser«. Tatsächlich kann man sich gut an ihm orientieren auf der Strecke zwischen Nordmannslågen im Süden und Nordvatnet im Norden hindurch in Richtung Nordwest. »Auf und ab«, so könnte man die vorletzte Tagesetappe umschreiben. Je weiter es in Richtung Westnorwegen geht, desto hügeliger wird das Gelände. Hier angekommen, versteht man, warum es sich empfiehlt, die Route in dieser Richtung zu wählen. Zwar ist es recht beschwerlich, immer wieder bergauf zu stapfen, um sich gleich darauf auf abschüssigem Relief zu bremsen, dafür zeigt sich die Landschaft üppiger und farbenfroher. Und dann lässt man die berühmte Hochebene auch schon hinter sich – kein Anlass, um traurig zu sein. Erstens darf man jederzeit wiederkommen, um beispielsweise die Durchquerung mal von Norden nach Süden zu probieren. Zweitens hat man eine schöne Strecke zum Fjord vor sich, die eher einfach zu laufen ist, wenn auch an einigen Passagen ziemlich steil. Erst einmal windet sich der Pfad noch nach Norden und schon ganz leicht westwärts. Dann steuert man, sich stark links haltend und am Nordufer des Vierdalsvatnet vorbei, den Kinso-Fluss an. Man begleitet seinen Lauf bis zum Ziel Kinsarvik und darf sich nicht nur über wunderschöne Aussichten auf den Hardangerfjord freuen, sondern auch über spektakuläre Wasserfälle. Der erste, den man zu sehen bekommt, ist der Nykkjesøyfossen. Zwischen nicht gerade dichtem Baumbestand rauschen die Fluten in die Tiefe. Das macht Lust auf mehr. Kann man haben: Der Kinso stürzt auf seinem Weg in den Fjord an vier Stellen in die Tiefe. Alle vier lassen sich auf einer Wanderung durch das Husedalen, wie das Tal heißt, bewundern. Gut elf Kilometer kommen zusammen, wenn man am Wanderparkplatz bei der Kartbahn außerhalb der Ortschaft startet. Trittsicherheit ist gefragt! Vorbei an dem Kraftwerk, folgt gleich danach der Tveitafossen. Steil hoch zu einem Staubecken, ein Fußmarsch von maximal einer Stunde, und man hört das Tosen des Nyastølfossen. Nach wiederum einer Dreiviertelstunde erreicht man eine hübsche Rastmöglichkeit mit Blick auf den Nykkjesøyfossen. Und schließlich die Krönung: der Søtefossen, der über zwei Stufen und etwa 250 Meter abwärts stürzt.

*»Vidda« bedeutet im Norwegischen nicht nur Hochebene, sondern auch Weite – wie passend für die Hardangervidda.*

Norwegen 41

## Nationalpark Jostedalsbreen

**Lage:** Der 1310 Quadratkilometer große, 1991 gegründete Nationalpark erstreckt sich im südwestlichen Norwegen. Der zwischen 300 Meter und am Gipfel des Lodalskåpa 2083 Meter hoch gelegene Nationalpark schützt den 474 Quadratkilometer großen Gletscher Jostedalsbreen sowie die nahezu unberührte umliegende Gletscherlandschaft.

**Highlights:** Geführte Wanderungen über das riesige Eisfeld bietet das Nationalparkzentrum in Oppstryn an. Dort werden auch Ausstellungen über Flora, Fauna und Geologie der Region gezeigt.

Der Jostedalsbreen gilt als größter Gletscher des europäischen Festlands. Von den inneren Ausläufern des Sognefjords reicht der bis zu 15 Kilometer breite Plateaugletscher etwa 100 Kilometer nach Nordosten. An manchen Stellen misst sein Eis bis zu 500 Meter Dicke. In der Mitte des Gletschers liegt »Høgste Breakulen«, eine 1957 Meter hohe Gletscherkuppel. Hier überzieht das Eis einen Berggipfel. Nur wenige Felseninseln durchbrechen die gefrorenen Massen, unter ihnen als höchster die Lodalskåpa. Der Gletscher reicht mit seinen Seitenarmen bis in das 50 Kilometer lange Jostedalen. Der Brigsdalsbreen ist der bekannteste Gletscherarm auf der sonnigen Nordwestseite des Jostedalsbreen. Seit 200 Jahren zieht sich der Gletscher kontinuierlich zurück. Dennoch besitzt seine einmalige Landschaft eine überraschend artenreiche Fauna und Flora.

## Nationalpark Jotunheimen

**Lage:** Der 1155 Quadratkilometer große, 1980 gegründete Nationalpark schützt im südlichen Ostnorwegen die nahezu unberührte Gebirgslandschaft von Jotunheimen, die mit dem 2469 Meter hohen Galdhøpiggen den höchsten Gipfel Norwegens aufweist.

**Highlights:** Jotunheimen ist mit seinen vielen Gletschern und Seen perfekt zum Wandern, Mountainbiken, Reiten und Skifahren geeignet. Mit dem Auto erlebt man die Gebirgslandschaft höchst beeindruckend auf dem bis zu 1434 Meter hohen Sognefjellsveien. Diese höchste Passstraße Nordeuropas verbindet als Teil der Rv55 die Orte Gaupne und Lom.

Die höchsten Gipfel Nordeuropas umfasst der Nationalpark, Teil der gleichnamigen Gebirgsregion. Der Park gilt als die besterschlossene Wander- und Bergsportregion Norwegens. Die Ausblicke und Panoramen sind fantastisch. Am Ostrand dieses Nationalparks führt die berühmteste Wanderstrecke Norwegens hoch über dem oft smaragdgrünen See Gjende den Besseggengrat entlang. Der Galdhøpiggen bildet die höchste Erhebung Skandinaviens; mehr als 200 weitere Gipfel überragen die 2000-Meter-Marke in diesem vergletscherten Gebirge. Selbst jenseits der Baumgrenze, die im Jotunheimen auf über 1000 Metern liegt, findet sich eine artenreiche Vegetation. Überdies ist das Gebirge Heimat vieler Tierarten: Rentiere, Elche, Rehe, Füchse, Marder, Nerze und Luchse leben hier. Die Vestland-Seite ist alpin, die Østland-Seite weist liebliche Formen auf.

*Der Name ist Programm: Gegenblättriger Steinbrech.*

*Speziell in Höhen zwischen 300 und 600 Metern gedeihen viele Pflanzen im Nationalpark Jotunheimen besonders üppig.*

*Auf der vereinigten Zunge des Austerdalsbreen lagern sich die Schutt- und Geröllmassen der Seitenmoränen ab.*

Norwegen 43

*Femundsmarka: sanft fallende Ebenen, durchzogen von Seen und Teichen.*

*Eine Bärenmutter mit ihren zwei Jungen ruht sich auf bemoosten Felsen aus.*

## Nationalpark Rondane

**Lage:** Der etwa 300 Kilometer nördlich von Oslo (etwa vier Fahrstunden) im Landesinneren liegende Park zeichnet sich durch eine Hochgebirgslandschaft mit größeren Hochebenen aus, seine Gesamtfläche beträgt 963 Quadratkilometer.
**Highlights:** In Rondane leben die letzten Bestände wilder Rentiere in Europa, geschätzt sind es 2000 bis 4000 Tiere.
**Tipps:** Im Park lassen sich in ungestörter Natur ausgedehnte Wanderungen unternehmen. Für den motorisierten Verkehr ist der Park weitgehend gesperrt, der norwegische Wanderverein (Den Norske Turistforening) unterhält hier ein weitverzweigtes Netz von Berghütten.

---

Der nordöstlich des idyllischen Gudbrandstals gelegene Nationalpark wurde bereits im Jahr 1962 gegründet und ist damit der älteste Norwegens. Seine Schluchten, Täler und Gipfel machen ihn zu einem bedeutenden Wandergebiet. Hier finden sich Geröllwüsten, Moränenterrassen, Toteislöcher und Gletscherkare, zwischen denen sich Pflanzenoasen wie Moore und Kiefernwälder verstecken. Im Herzen des Gebirges liegt malerisch der See Rondvatnet – »rundes Wasser«. Zahlreiche vom norwegischen Wanderverein betriebene Hütten bieten Übernachtungsmöglichkeiten. Wie die benachbarten Nationalparks bildet auch Rondane ein Rückzugsgebiet für das Wildren, und auch Luchse fühlen sich hier wohl. Oberhalb der Baumgrenze dominieren Heidekraut und die graugelbe Rentierflechte.

*Trotz der geringen Höhe gilt der Storulfossen im Nationalpark Rondane als einer der schönsten Wasserfälle Norwegens.*

## Nationalpark Femundsmarka

**Lage:** Der 597 Quadratkilometer große Nationalpark (1971 gegründet) erstreckt sich im Femundsmarka-Gebirge in den norwegischen Provinzen Hedmark und Sør-Trøndelag an der Grenze zu Schweden. Er umfasst eines der letzten Wildnisgebiete im südlichen Skandinavien. Eine Besonderheit sind Toteisformationen aus der letzten Eiszeit.

**Highlights:** Von Elgå aus führt ein markierter Wanderweg in einer Tagestour zum isoliert gelegenen Hof Haugen Gård am Femundsee. Von dort aus gibt es weitere Touren in die Berge.

**Tipps:** Im Nationalparkzentrum in Elgå kann man Fahrräder ausleihen und bis Svukuriset radeln. An dem bewirtschafteten Hof beginnen mehrere Wanderungen.

---

Dieses Schutzgebiet ist eine urtümliche, von eiszeitlichen Gletschern geformte Wildnis. Der Nationalpark Femundsmarka liegt zwischen dem Femundsee und der schwedischen Grenze. Das Gebiet umfasst große Teile der Femundsmarka, einer Gebirgsregion, deren höchste Gipfel bis rund 1500 Meter aufragen. Der Nationalpark präsentiert sich dabei als urtümliche Landschaft: Kiefernwälder und Strauchgewächse dominieren die Vegetation. Trotz seiner Abgeschiedenheit, oder vielleicht gerade deswegen, lockt das Gebiet viele Aktivurlauber an. Es ist von markierten Wanderwegen durchzogen, die Seen und Flüsse sind ein Eldorado für Kanuten und Angler. Innerhalb des Parks bieten zwei Hütten Übernachtungsmöglichkeiten an.

*In direkter Nachbarschaft zum Kebnekaise steht der markante Tuolpagorni (1675 Meter, rechts im Bild).*

# Schweden

**Schweden bildet die geografische Mitte Skandinaviens und liegt auf dem über 2,5 Milliarden Jahre alten fennoskandinavischen Schild. Die Eiszeiten haben die Landschaft geprägt, doch während im Süden die Eismassen vor 15 000 Jahren abgeschmolzen sind, bedecken die nordwestlichen Gebirgsregionen noch heute dicke Eisschichten.**

## INFO*

### SCHWEDEN
**Fläche:**
449 964 km²
**Bevölkerung:**
10,4 Mio. Einwohner
**Hauptstadt:**
Stockholm (950 000 Einwohner)
**Höchster Berg:**
Kebnekaise (2111 m)
**Größter See:**
Vänern (5519,1 km²)

### Nationalpark Abisko
**Lage:** Der schon 1909 gegründete Nationalpark schützt rund 200 Kilometer nördlich des Polarkreises ein 77 Quadratkilometer großes Gebiet im Grenzgebirge zu Norwegen.
**Highlights:** Abisko gehört weltweit zu den Orten, an denen sich am besten Nordlichter beobachten lassen. Optimal ist der Blick von der Aurora Sky Station auf dem Nuolja, die man von Abisko aus mit dem Sessellift erreicht.
**Tipps:** In Abisko beginnt der Fernwanderweg Kungsleden, der durch den gesamten Park führt und mit Hütten zum Übernachten gut erschlossen ist. Wer lieber einmal mit einem Hundeschlitten fahren möchte, wendet sich an Abisko Dogsled, abisko.net/dogsled.

Schwedisch-Lappland, das nördlichste Drittel des Landes, ist von beinahe melancholischer Schönheit und fast menschenleerer Weite. Nur die Rentierherden der Samen finden im kargen Reich der Mitternachtssonne ausreichend Nahrung: Seit Tausenden von Jahren bewohnen die Sámi oder Samek (»Sumpfleute«), wie sie sich selbst nennen, die nördlichen Regionen Skandinaviens. Traditionell ziehen sie mit ihren riesigen Rentierherden über das dünn besiedelte Land und legen dabei pro Jahr Hunderte von Kilometern zurück. Zum Einzugsgebiet zählt auch der im schwedisch-norwegischen Grenzgebiet gelegene, für seine reiche Gebirgsflora und die anmutige Fjälllandschaft bekannte Nationalpark Abisko, der zu den neun schwedischen Nationalparks gehört, die 1909 als erste in Europa gegründet wurden. In dem »arktischen Kräutergarten« beginnt der »Königsweg«, der von hier aus südwärts durch die schwedische Bergwelt führt (siehe nachfolgende Seiten).

## Kebnekaise

**Lage:** Der 2104 Meter hohe Kebnekaise in Lappland ist Schwedens höchster Berg. Er bildet das Zentrum des gleichnamigen Gebirgsmassivs.
**Highlights:** Eine landschaftlich beeindruckende und abwechslungsreiche Wandertour führt von der rund 85 Kilometer westlich von Kiruna gelegenen Fjällstation Kebnekaise in etwa einer Woche um den Berg.
**Tipps:** Im Samen-Dorf Nikkaluokta kann man in Hütten übernachten. Es ist zudem eine Station auf dem nördlichen Abschnitt des Fernwanderwegs Kungsleden.

---

Wenn es hier zu schneien beginnt, sollte die Tour abgebrochen werden. Denn der Kebnekaise ist mit rund 2100 Meter Höhe nicht nur der höchste Berg Schwedens, sondern ragt auch 200 Kilometer nördlich des Polarkreises in den Himmel. Da wird es oft ungemütlich, das Wetter wechselt schnell. Bei guter Sicht gibt es täglich geführte Touren die steilen Hänge hinauf, Ausgangspunkt dafür ist die Kebnekaise Fjällstation. Nur 13 Kilometer weiter trifft der Weg auf den Kungsleden – eine Option für alle, die den Aufstieg nicht wagen oder verschieben wollen. Wer den Gipfel in Angriff nimmt, hat zwei Möglichkeiten: den westlichen Weg über steinige Hänge, der rund zehn Kilometer lang ist und für den auch geübte Wanderer bis zu sieben Stunden einkalkulieren sollten, oder das Klettern über den Gletscher.

*Vom vergletscherten Südgipfel des Kebnekaise schweift der Blick über das Land.*

*Trotz steinigen Untergrunds reihen sich Laubbäume am Ufer des Abiskojåkka.*

WANDERUNG

*Für Anfänger ist dieser Trekkingpfad gut geeignet. Allerdings sind je nach Abschnitt auch etliche Höhenmeter zu bewältigen.*

## Auf dem Kungsleden vom Abisko-Nationalpark ins Schutzgebiet Vindelfjällen

**Insgesamt ist Schwedens »Königsweg« 400 Kilometer lang und teilt sich in zwei Abschnitte, die atemberaubende Landschaftserlebnisse bieten. Eine der schönsten Teilstrecken verläuft von Abisko nach Vakkotavare im Nordabschnitt.**

Zugegeben: Schweden mag nicht unbedingt der erste Gedanke gelten, wenn Wanderfreunde auf die Suche nach neuen Zielen gehen. Denn kaum jemand weiß, dass im Land von Pippi Langstrumpf gut 400 Wanderwege angelegt sind, auf die das schwedische Fremdenverkehrsamt verweist. Der bekannteste ist vor allem bei Weitwanderern längst legendär, und er gilt als einer der schönsten Trekking-Trails weltweit: der Kungsleden. Auf Deutsch heißt das nichts anderes als »Königsweg«, auch wenn so genau niemand mehr weiß, woher der Name stammt. Vielleicht ist es einfach die enorme Länge von 440 Kilometern, die den Trekkingweg adelt.

Seine Ursprünge gehen auf das Ende des 19. Jahrhunderts zurück. Damals wurde eine Eisenbahnstrecke zum Transport von Erz geplant und gleichzeitig vom bereits bestehenden schwedischen Tourismusverein die Gelegenheit ergriffen, das lappländische Fjäll für Besucher zugänglicher zu machen. Bereits um 1920 wurde der bestehende einfache Pfad mit einigen Hütten ausgestattet, die Strecke von Abisko bis Kvikkjokk wurde aber erst 1926 fertiggestellt. Zwei Jahre später war erstmals offiziell vom »Kungsleden« die Rede. Die Verlängerung des Weges bis Hermanvan feierten die Schweden schließlich im Jahr 1975.

Der Weg teilt sich in zwei Abschnitte, den nördlichen und den südlichen Teil. Weit mehr Wanderer konzentrieren sich auf den Nordabschnitt und vor allem auf die 107 Kilometer lange Teilstrecke zwischen Abisko und Vakkatovare, die als der schönste Teil der Wanderung gilt. Die Landschaft ist aber auf dem gesamten Weg überwältigend. Sie wechselt in den Bergen Lapplands zwischen alpinem Gelände, Hochmooren und in der Sonne tiefblau schillernden Seen und Birkenwäldern. Vor allem die moorigen Passagen erfordern etwas Aufmerksamkeit und – wenn die Wege nicht durch grob behauene Holzbohlen ein wenig gangbarer gemacht wurden – auch Kondition. Mitunter müssen Flüsse überquert werden. Seen sind dagegen kein Problem. Entweder organisieren die einheimischen Samen Transfers per Boot oder es liegt ein Ruderboot am Ufer, verbunden mit der Aufforderung für die Wanderer, nun doch selbst die Paddel zu ergreifen.

Ein wenig Aufmerksamkeit erbitten sich die Nationalparkwächter und vor allem die Samen für ihre Rentiere. Die halbwilden Tiere, die seit Langem von dieser Volksgruppe gezüchtet werden,

# KUNGSLEDEN

## Routensteckbrief:

**Distanz:** 440 km | **Dauer:** nördlicher Teil ca. 26–35 Tagesetappen | **Höhenmeter:** 1124 m
**Stationen:** Abisko – Abiskojaure → 15 km | Abiskojaure – Alesjaure → 20 km | Alesjaure – Tjäktja → 13 km | Tjäktja – Sälka → 14 km | Sälka – Singi → 12 km | Singi – Teusajure → 24 km | Teusajure – Vakkotavare → 15 km | Saltoluokta – Sitojaure → 20 km | Sitojaure – Aktse → 13 km | Aktse – Parte → 24 km (inkl. 3 km per Boot) | Parte – Kvikkjokk → 18 km | Kvikkjokk – Tsielekjakk → 15 km (inkl. 4 km per Boot) | Tsielekjakk – Tjieggelvas → 20 km | Tjieggelvas – Vuonatjviken → 31 km | Vuonatjviken – Jäkkvik → 30 km (inkl. 22 km per Boot) | Jäkkvik – Pieljekaise → 9 km | Pieljekaise – Adolfsström → 18 km | Adolfsström – Sjnjultje → 23 km | Sjnjultje – Rävfallstuga → 25 km | Rävfallstuga – Ammarnäs → 21 km | Ammarnäs – Aigerstuga → 8 km | Aigerstuga – Servestuga → 19 km | Servestuga – Tärnasjöstuga → 14 km | Tärnasjöstuga – Syterstuga → 14 km | Syterstuga – Viterskalsstuga → 12 km | Viterskalsstuga – Hemavan → 12 km

sind überall im Gelände unterwegs und leicht aufzuschrecken.

Trotz der durchaus anstrengenden Passagen ist der nördliche Kungsleden auch für Anfänger gut geeignet. Die Steigungen sind überschaubar und die weite Fjäll-Landschaft von betörender Schönheit. Der gut markierte Weg führt durch gleich vier Nationalparks, die im UNESCO-Weltkulturerbe »Laponia« zusammengefasst wurden: Abisko, Stora Sjöfallet, Sarek und Pieljekaise.

Das am häufigsten gewählte Teilstück ist das von Abisko nach Nikkaluokta, vor allem, da es sich gut für eine kürzere Wanderung eignet. Der Zeitbedarf beträgt sechs bis sieben Tage, und die Tourenlänge ist mit etwas mehr als 100 Kilometern überschaubar. Start ist die Bergstation Abisko, dichter Birkenwald im gleichnamigen Nationalpark schließt sich an. Vor allem die Hochebenen sind beeindruckend, denn sie weisen Moorlandschaften, Seen, Flüsse und – je nach Witterung – sogar schneebedeckte Berge auf. Ob des außergewöhnlichen Panoramas ist es auch nicht allzu störend, dass der Weg hauptsächlich über Fels führt. Fünf Hüttenstationen bieten den Wanderern Unterkunft. Keineswegs sind die Hütten aber mit deutschen oder österreichischen Berggaststätten vergleichbar. Meist sind sie unbewirtschaftet, nur hin und wieder ist ein Hüttenwirt vor Ort, und manchmal können die ausgehungerten Wanderer bei ihm Lebensmittel kaufen. Es gilt also nach wie vor: Verpflegung selbst mitbringen! Dem entgegen bestehen inzwischen aber auch einige Hütten, die sich quasi als Supermärkte präsentieren, und in denen vom Wanderrucksack bis zum Rentierfilet alles angeboten wird. Es ist also wichtig, spätestens beim Start genau zu wissen, wie viel Verpflegung auf welcher Strecke mitgebracht werden muss – und welche Hütten in dieser Art und Weise momentan bewirtschaftet werden. Schließlich ist nur weniges unangenehmer, als bei besser ausgerüsteten Wanderfreunden um etwas zu essen bitten zu müssen! Die Wasserverpflegung ist dagegen auf der gesamten Strecke völlig problemlos. Das Wasser aus den Bächen ist trinkbar. Wer auf der sicheren Seite sein will, verwendet einen Wasserfilter.

Weit einsamer und kürzer ist mit gut 360 Kilometern der südliche Kungsleden. Er verläuft von Storlien nach Sälen und entlang der Grenze nach Norwegen. Auf dieser Wanderung durch die schwedischen Provinzen Jämtlands Län und Dalarnas Län reizen fantastische Moränenlandschaften des Rogengebietes, alpine Fjällregionen und ausgedehnte Sumpfgebiete. Auch durch Kiefern- und Birkenwälder führt dieser Weg. Optisch gilt er vielen als nahezu gleichwertig, nur ein wenig ruhiger ist es dort. Aber genau das suchen viele Wanderer ja auch auf diesem nicht minder reizvollen südlichen Teil des Kungsleden.

*Ein Zelt ist nur notwendig, wenn die Hütten entlang des Weges belegt sind.*

**Schweden** 49

*Padjelanta: Vom Ufer des Sees Virihaure aus blickt man auf das Bergmassiv Sulidälbmá und auf die norwegische Grenze.*

*Weitab von aller Zivilisation entfaltet die Natur im Nationalpark Stora Sjöfallet ihren wahren Zauber.*

### Nationalpark Padjelanta

**Lage:** Der Nationalpark wurde im Jahr 1962 gegründet. Er liegt im Norden Schwedens an der Grenze zu Norwegen und grenzt an den dortigen Nationalpark Rago.

**Highlights:** Durch den Park führt der beliebte 160 Kilometer lange Padjelantaleden in einfachen Etappen. Den gepflegten Fernwanderweg säumen zahlreiche Hütten, in denen übernachtet werden kann. Unterwegs trifft man auch auf die riesigen Rentierherden der Samen, für die das Gebiet ein ideales Sommerweideland ist.

**Tipps:** Mit einem gültigen Angelschein darf man im Park nach strengen Bestimmungen zur Selbstversorgung angeln.

Padjelanta bedeutet in der Sprache der Samen »das höhere Land« – weiter nördlich geht es auch kaum in Schweden. Mit 1984 Quadratkilometern ist er der größte Nationalpark des Landes und gehört seit 1996 zum UNESCO-Welterbe »Laponia«. Er liegt an der Grenze zu Norwegen in der lappländischen Provinz Norrbottens län und ist ein Wanderparadies. Der markierte Wanderweg Padjelantaleden führt hindurch und bietet Hütten zum Einkehren oder Übernachten. Jedoch sind die Hütten nur im Sommer bewirtschaftet. Mit etwas Glück lassen sich Polarfüchse oder Steinadler entdecken, auch Lemminge und Vielfraße. Die Flora besteht hauptsächlich aus Bergtundra, denn der größte Teil des Gebiets liegt auf einem Hochplateau, 800 bis 1000 Meter über dem Meeresspiegel.

### Nationalpark Stora Sjöfallet

**Lage:** Der Nationalpark, im äußersten Norden Schwedens in der Nähe der norwegischen Grenze gelegen, bildet mit drei anderen Nationalparks in Lappland das Laponia-Welterbe. Der bereits seit dem Jahr 1909 bestehende Nationalpark war einer der Ersten seiner Art in Europa. Er erstreckt sich über eine Fläche von 1278 Quadratkilometern, ist gebirgig und hat mehrere vergletscherte Berggipfel.

**Highlights:** Die größte Attraktion des Parks – neben der einsamen Natur – ist der Wasserfall Stora Sjöfal-

*Stora Sjöfallet: Berggipfel, gewaltige Wassermassen und uralte Wälder zeigen die ganze Bandbreite nordischer Schönheit.*

let, der beste Besichtigungstermin für ihn ist während der Schneeschmelze im späten Frühjahr.
**Tipps:** Ein einmaliges Erlebnis ist eine Wanderung im Park zur Zeit der Mitternachtssonne (Juni/Juli). Geführte Touren können im Welterbe-Besucherzentrum gebucht werden.

---

Mückenschutz ist hier ein Muss – wie eigentlich überall in Schweden, zumindest im Sommer. Wer auf seiner Wanderung durch den Nationalpark Stora Sjöfallet dort auch übernachten will, sollte ein eigenes Moskitonetz im Gepäck haben. Rustikal und mit einem Touch von früheren Zeiten schläft es sich bei einer Samí-Familie. Sie stellen Hütten zur Verfügung: al-

*Schnee-Eulen sind an das entbehrungsreiche Leben in der Tundra angepasst.*

lerdings ohne Strom. Den Akkajaure-Stausee nutzte man für ein Wasserkraftwerk und gliederte ihn aus dem Nationalpark aus. Seinen Namen hat das Schutzgebiet von dem Wasserfall Stora Sjöfallet, der allerdings nicht mehr so spektakulär ist, seit der Fluss gestaut wurde.

**Schweden**

*Muddus: Die Natur verwandelt sich je nach Jahreszeit in ein farbenfrohes Meer.*

*Im Winter sind die trockenen Flechtengebiete Nahrungsquelle für Rentiere.*

*Sarek wird von Tieren besiedelt, die der rauen Natur trotzen, wie die Lemminge.*

## Nationalpark Sarek

**Lage:** Der 1970 Quadratkilometer große Park schützt seit 1909 eine Gebirgsregion, die traditionell von den Samen zur Rentierhaltung genutzt wird. Er gehört zum UNESCO-Welterbe Laponia.

**Highlights:** Der Sarek-Nationalpark ist weder durch markierte Wege noch durch Hütten erschlossen. Touren zum schönen Rapadalen, dem Flusstal des Rapaälven, beginnen u. a. an der Berghütte Aktse am Fernwanderweg Kungsleden.

**Tipps:** An der Ortschaft Kvikkjokk am Kungsleden und Padjelantaleden beginnen auch Tagestouren in den Sarek. Dort hält die STF-Kvikkjokk-Fjällstation Unterkünfte, einen Laden und ein Restaurant bereit.

Der schwedische Geograf Axel Hamberg war ein Mann mit Prinzipien.

*Grünbraun und Blau sind die dominierenden Farben im Rapadalen. Zwei Flüsse fließen bilden hier ein sumpfiges Delta.*

Nachdem er zum ersten Mal die unbeschreiblich schöne Wildnis des Sarek in Schwedisch-Lappland besucht und sich Hals über Kopf in sie verliebt hatte, blieb er ihr die restlichen 37 Jahre seines Lebens treu. Jeden Sommer sollte er fortan im Sarek verbringen, um das Klima und die Geografie, die Flora und Fauna zu erforschen. In der restlichen Zeit des Jahres kämpfte er wie ein Löwe dafür, den Sarek unter Naturschutz zu stellen. Er bot den mächtigen Elektrizitätsgesellschaften die Stirn, die Wasserkraftwerke errichten wollten – und er gewann den Kampf des David gegen den Goliath: Im Jahr 1909 wurde die Landschaft mit all ihren Hochebenen, Tälern und Gletschern zum Nationalpark erklärt – zusammen mit gleich acht anderen Nationalparks in Schweden, das damit Vorreiter in Europa war.

### Nationalpark Muddus

**Lage:** Der 493 Quadratkilometer große Nationalpark schützt im nördlichen Schweden in der historischen Landschaft Lappland ausgedehnte Nadel- und Mischwälder sowie eine große Seenlandschaft mit einigen weitläufigen Moor- und Sumpfgebieten.

**Highlights:** Eine schöne, rund sieben Kilometer lange Wanderung führt vom Parkplatz in Skájdde zum Wasserfall Muttosgahtjaldak, der in der engen Gähpogårsså-Schlucht beeindruckende 42 Meter in die Tiefe donnert.

**Tipps:** Bei Muttosluoppal bestehen Übernachtungsmöglichkeiten, hier bietet ein hoher Turm einen weiten Blick über die Berge und Seen des Nationalparks sowie die Möglichkeit, die artenreiche Vogelwelt des Parks zu beobachten.

Der Muddus-Nationalpark wurde im Jahr 1942 gegründet und 1984 erweitert. Er liegt zwischen der Nationalstraße 97 und dem Fluss Stora Lule älv, südwestlich von Jokkmokk, am Eingang gibt es einen Parkplatz. Dichter Misch- und Nadelwald nimmt etwa die Hälfte des Naturschutzgebiets ein, die andere Hälfte besteht aus Seen und Moorgebieten. Ein rund 50 Kilometer langer Rundwanderweg führt durch die Landschaft, vorbei an Vogelschutzgebieten, die während der Brutzeit nicht betreten werden dürfen. Allerdings gibt es am Muddusluobal einen Aussichtsturm, von dem aus Hobby-Ornithologen die Vögel beobachten können. Auch Elche, Rentiere, Biber und Otter lassen sich entdecken, mit etwas Glück auch Bären oder Luchse. Auch dieser Park gehört seit 1996 zur Welterbestätte Laponia.

**Schweden** 53

# Elche

Jedes Kind wird auf die Frage, welches das typischste Tier Skandinaviens ist, nur eine Antwort kennen: der Elch. Vor etwas über 100 Jahren allerdings hätten die Kinder noch ganz anders geantwortet. Denn damals reichte das Verbreitungsgebiet der Elche bis nach Brandenburg, Mecklenburg und Schlesien. Dann aber vertrieb der Mensch den Elch, der sich in die Einsamkeit Skandinaviens zurückzog und zum Symboltier der nordeuropäischen Länder wurde. Doch der Elch ist ein wanderlustiges Wesen. Und so breitet er sich in jüngster Zeit wieder nach Süden aus. Selbst im Bayerischen Wald ist er inzwischen wieder gesichtet geworden.

Schweden

*Felsige Bergkuppen, Kiefernwälder und tiefe, durch Inlandeis überformte Täler prägen den Nationalpark Skuleskogen.*

## Nationalpark Skuleskogen

**Lage:** Der Nationalpark mit einer Fläche von 23,6 Quadratkilometern liegt in einer bergigen und abwechslungsreichen Gegend an der Ostseeküste Schwedens, an der sogenannten Höga Kusten (»Hohe Küste«). Hier war in der letzten Eiszeit das Inlandeis am dicksten, und das Land wurde stark nach unten gedrückt. Nach dem Abschmelzen der Gletscher und der Anhebung des Landes entstand eine teils bizarre Berg- und Felslandschaft.
**Highlights:** Ein Erlebnis ist die Slåttdalsskrevan, eine durch Erosion entstandene Schlucht mit hohen senkrechten Felswänden.
**Tipps:** Gut markierte Wanderpfade mit einer Gesamtlänge von etwa 30 Kilometern erschließen den Park, auch der Weitwanderweg Högakustenleden führt hindurch. Übernachtungs- und Rasthütten stehen kostenlos zur Verfügung.

---

Karg und rau zeigt sich die Natur im Nationalpark Skuleskogen, im bergigen Hinterland von Höga Kusten. Es gibt nicht viele angelegte oder gekennzeichnete Wege, die hindurchführen. Da sind feste Schuhe und Wanderstöcke gefragt, um auf den schmalen Pfaden trittsicher über die Felsen zu kommen. Wer sich die Mühe macht, wird mit spektakulären Ausblicken belohnt, etwa in der Schlucht Slåttdalsskrevan, die sich als nur sieben Meter breite Spalte rund 200 Meter lang durch die Landschaft zieht. Senkrecht ragen ihre Wände zu beiden Seiten 40 Meter in die Höhe – ein imposantes Naturschauspiel, ob aus dem Inneren der Schlucht betrachtet oder von einem Aussichtspunkt oberhalb. Am Ende des mit Gesteinsbrocken gespickten Weges wartet der See Tärnättvattnen, an dem zwei Schutzhütten stehen.

## Nationalpark Björnlandet

**Lage:** Der nur elf Quadratkilometer große Nationalpark wurde 1991 gegründet. Er schützt in der historischen Provinz Lappland nahe den Ortschaften Fredrika und Åsele ein nahezu unberührtes Urwaldgebiet mit Nadelbaumbestand.
**Highlights:** Björnlandet besteht aus mehr oder minder undurchdringlichem Urwald, dessen Terrain durch große Felsen und schroffe Felsabbrüche gekennzeichnet ist. Der einzige Wanderweg des Gebiets ist fünf Kilometer lang und führt im Süden zum See Angsjön. Man erreicht ihn von der Reichsstraße 92 aus über eine kleine unbefestigte Straße, auf der man nach etwa 25 Kilometern zu einem kleinen Parkplatz gelangt.

---

Wie von Riesen hingeworfen sehen sie aus, die hellen Felsen, die zwischen den Lärchen und Kiefern eine ganz eigene Landschaft formen. Sie sind Spuren davon, wie Wasser und Kälte Felsen sprengen können. Wenn im Winter das Wasser in den Felsspalten gefriert, brechen Brocken aus dem Fels heraus und kullern schon mal ins nächste Tal. Im Süden Lapplands hat sich ein borealer Urwald mit Kiefern, Lärchen und Fichtensümpfen erhalten. Dem Namen Björnlandet, also Bärenland, nach müssten eigentlich Braunbären hier leben, doch sie sind nur selten zu sehen. Ganz verschwunden sind die Vielfraße, die früher hier häufig vorgekommen sind. Zwischen den Farnen und Kronsbeersträuchern tummeln sich Marder und Schneehasen. Dreizehenspecht und Steinadler leben in den Baumkronen.

*Auch einige ruhige Bergseen findet man im Nationalpark Skuleskogen.*

*Krautige Pflanzen besiedeln die Täler und Wiesen des Skuleskogen. Die hohen Laubbäume ragen über sie hinweg.*

*Trotz des Namens findet man im Nationalpark Björnlandet eher kleinere Bewohner wie Eichhörnchen, aber keine Bären.*

*Während der Brutzeit ist der Austernfischer vom Menschen ungestört und kann sich auf seinen Nachwuchs konzentrieren.*

*Die 35 Eilande des Nationalparks sind allesamt unbewohnt, nur im 16. Jahrhundert lebten dort zeitweise Fischer.*

## Nationalpark Djurö

**Lage:** Der Nationalpark umfasst den Djurö-Archipel, eine einsam gelegene Gruppe von mehr als 30 Inseln im Vänersee im südlichen Schweden. Die Eilande sind für ihre artenreiche Vogel- und Amphibienwelt bekannt.
**Highlights**: Die felsige, teils bewaldete Landschaft kann man auf der Hauptinsel Djurö auf einem Wanderweg erkunden, der am interessanten Informationszentrum in Malbergshamn beginnt.
**Tipps:** Die Insel Gisslan hat die dichteste und artenreichste Vegetation aller Inseln. Sie darf von 1. April bis 31. Juli nicht betreten werden, ist aber außerhalb dieser Zeit unbedingt einen Besuch wert.

Der Vänersee ist Schwedens größter und Europas drittgrößter See, er ist zehnmal so groß wie der Bodensee. Sein Wellengang ist oftmals so rau wie das offene Meer. Mittendrin liegt der Nationalpark Djurö, bestehend aus winzigen Inselchen. Etwa 35 Eilande sind es, die allesamt unbewohnt sind, zumindest von Menschen; nur im 16. Jahrhundert lebten dort zeitweise Fischer. Die größten Inseln sind Djurö, Långön, Tribergsö, Kidhomen und Nyvikshomen. Heute hat sich eine Vielzahl von Vögeln auf den Inseln ein wahres Brutparadies zu eigen gemacht. Jedes Jahr sind deshalb Ost- und Südseite dieses kleinen Archipels als Vogelschutzgebiete von April bis einschließlich Juli für Besucher gänzlich gesperrt. Außerhalb der Sperrzeiten werden die Inseln im Sommer gern als Ziel für eine Tagestour genutzt. Auf der nördlichen Insel Djurö gibt es auch einen Zeltplatz, auf dem man für zwei Übernachtungen bleiben kann. Grundsätzlich kann man nur mit dem eigenen Boot in den Nationalpark gelangen, der 1991 gegründet wurde und 24 Quadratkilometer – davon 320 Hektar Landfläche – groß ist. Nur eine der Inseln weist eine artenreiche Pflanzenwelt auf, auf allen anderen sind die Böden eher nährstoffarm, und es gedeiht deshalb nur wenig Vegetation. Aus den Zeiten als Djurö Jagdrevier war, gibt es hier auch noch Damwild.

# Auerhühner

Ein kapriziöseres Federvieh als das Auerhuhn wird man im ganzen Tierreich nicht finden. Es ist sozusagen die Prinzessin auf der Erbse im Hühnervogelreich und gehört zur Familie der Fasanenartigen. Nur in alten, intakten Bergwaldregionen mag es leben, lichte Nadelwälder sind das einzige Terrain, das es akzeptiert, und außer Heidelbeerkraut kommt ihm kaum eine Nahrung in den Schnabel. Außerdem bevorzugt das Auerhuhn Südhänge mit einer leichten Neigung. Wenn es aber zur Balz kommt, schnellt der Testosteronspiegel des Fasanenvogels um das Hundertfache in die Höhe. Dann ist es besser, die Nähe der Tiere zu meiden.

*Ein Fischadler greift eine Regenbogenforelle im Nationalpark Tresticklan.*

*Die Biber genießen die Vorzüge ihres Lebensraums im Nationalpark Tiveden.*

## Nationalpark Tiveden

**Lage:** Der Nationalpark liegt zwischen den beiden großen Seen Vänersee und Vättersee. Der 1983 gegründete, 20,3 Quadratkilometer große Park ist geprägt durch eine fast unberührte Wald-, Seen- und Felslandschaft.

**Highlights:** Um die Felsformation Trollkyrka, die in früheren Zeiten als Opferstätte genutzt wurde, gibt es die sogenannte Trollkyrarunde, einen etwa sechs Kilometer langen Rundwanderweg, der einige der Sehenswürdigkeiten des Parks erschließt.

**Tipps:** Durch den Park führen einige Radwege. Fahrräder kann man sich am Campingplatz Tiveden ausleihen.

---

Nur etwa 150 Kilometer südwestlich von Stockholm zwischen den Seen Unden und Vättern liegt der Tiveden-Nationalpark. Ein Erdstück im Vätternsee ist heute die Insel Visingsö, um die sich viele Legenden ranken, und der ausgegrabene Boden ließ das Tivedstal entstehen. Lange galt der dichte Wald dort auch als Heimat der Trolle. Kein Wunder, denn das wilde, unzugängliche Terrain ist vor etwa einer Milliarde Jahren entstanden, als der Granitgrund tiefe Risse bekam; Überreste bis heute sind die vielen Risstäler, die sich auf dem Gelände des Nationalparks finden. Die Eiszeit ließ außerdem riesige Findlinge übrig; diese Steinblöcke sind Moränen aus der letzten Eiszeit. Seit dem Jahr 1983 steht der Tiveden unter Naturschutz. Heute durchziehen den Park 25 Kilometer ausgeschilderte Wanderwege.

*Selbst bei aufziehenden Regenwolken verliert der Nationalpark Tresticklan keineswegs seinen Reiz.*

## Nationalpark Tresticklan

**Lage:** Der Nationalpark liegt westlich des großen Vänersees direkt an der Grenze zu Norwegen. Der Park zeichnet sich durch eine wilde Wald- und Moorlandschaft aus. Seinen Namen verdankt er vermutlich der Form des auf seinem Areal liegenden See Stora Tresticklan (»Dreizack«).
**Highlights:** Vom Parkplatz Rabocken aus lässt sich der Nationalpark auf einem acht Kilometer langen Rundweg erkunden. Mit etwas Glück kann man dabei auch Auerhähne und Fischadler oder Elche beobachten.
**Tipps:** In der Budalsvika-Hütte an der schwedisch-norwegischen Grenze gibt es für Wanderer eine urwüchsige Übernachtungsmöglichkeit.

---

Der Nationalpark liegt im Nordwesten Dalslands. Im Jahr 1996 eingerichtet, gehört er mit knapp 29 Quadratkilometer Fläche zu den größeren der insgesamt 30 schwedischen Nationalparks. Die Bewegung der Gletscher in der letzten Eiszeit hat die Landschaft geformt. Sie hat Risse und Spalten in den Felsen entstehen lassen, in denen heute kleine Wasserflächen zu finden sind. Wer durch den Wald wandert, kommt immer wieder an bizarre, mit Gras und Moos bewachsene Uferlinien eines Gewässers: der dicht mit Bäumen umstandene namensgebende See Stora Tresticklan. In den lichten Wäldern stehen hohe Kiefern, Birken, Espen und Fichten, einzelne Bäume sind über 250 Jahre alt. Der Rundweg Tresticklaleden führt durch den Park.

Schweden

*Der Nationalpark Thy ist der älteste in Dänemark. Heute findet die Vogelwelt Nordeuropas hier Rast- und Ruheplätze.*

# Dänemark

Dänemark besteht aus der Halbinsel Jütland und mehr als 480 Inseln. Die Nordseeküste wird im Norden durch Nehrungen, Strandseen und Dünen charakterisiert, während sich im Süden Watt- und Marschgebiete befinden. Die Weichseleiszeit hat die fruchtbare Hügellandschaft Ostjütlands geprägt. Auch die Ostküste Jütlands weist mit ihren Förden ein eiszeitliches Erbe auf.

**INFO ✳**

**DÄNEMARK**
**Fläche:**
43 094 km²
**Bevölkerung:**
5,8 Mio. Einwohner
**Hauptstadt:**
Kopenhagen (1,8 Mio. Einwohner)
**Höchster Berg:**
Yding Skovhoj (173 m)
**Küstenlänge:**
7400 km

*Die Einsamkeit der Dünen täuscht: Viele Tiere tummeln sich in den Gräsern.*

## Nationalpark Thy

**Lage:** Der Nationalpark Thy erstreckt sich in einem etwa fünf bis zehn Kilometer breiten Streifen an der westlichen Küstenlinie Dänemarks von Hanstholm bis Agger. Er hat eine Fläche von 244 Quadratkilometern. Charakteristisch für den Park sind seine Dünenheiden.

**Highlights:** Der Park ist ein Vogelparadies. Beobachtungen mit kundiger Führung können über die Touristeninformationen in Thisted und Hurup gebucht werden.

**Tipps:** An den vielen markierten Wander- und Fahrradwegen durch den Park gibt es auch einfache Übernachtungsmöglichkeiten, sogenannte Shelters (überdachte Plattformen aus Holz).

Im Nordwesten Dänemarks liegt der im Jahr 2008 gegründete große Nationalpark Thy. Er erstreckt sich über etwa 200 Kilometer mit einer Breite von zwölf Kilometern entlang der Nordseeküste der großen Nordjütischen Insel, die seit der verheerenden Februarflut des Jahres 1825 durch den Limfjord vom Festland getrennt ist. Dieser Küstenabschnitt ist von einer einzigartigen Dünenlandschaft geprägt. Aufgrund starker Winde sind die Dünenkämme vegetationsfrei und immer in Bewegung. In geschützteren Lagen entwickeln sich artenreiche Heiden sowie lichte Waldbestände. Dadurch werden die starken Sandverwehungen, die ganz besonders den westlichen Teil des Nationalparks geprägt hatten, etwas gemindert. In Hanstholm befindet sich ein Wildreservat mit einigen Seen, in dem über 25 verschiedene Vogelarten brüten. Im südlichen Teil des Parks liegen Rast- und Ruheplätze für die Vogelwelt Nordeuropas; die ausgedehnten Strandwiesen sind bevorzugte Nahrungsgebiete großer Vogelkolonien. Als Besonderheit kann man im Frühling an speziellen Plätzen den berühmten Paarungstanz der Kraniche erleben: Es ist ein wunderbares Naturszenario. Der Park ist internationales Vogelschutzgebiet und unterliegt damit besonderen Richtlinien. Außerhalb des Parks ist die auch als »Cold Hawaii« bekannte Küste ein beliebtes Surfgebiet.

*Auch die Sumpfohreule lebt im Nationalpark und geht hier tagsüber auf Jagd.*

*Rohrweihen erreichen Flügelspannweiten von bis zu 130 Zentimetern.*

Dänemark

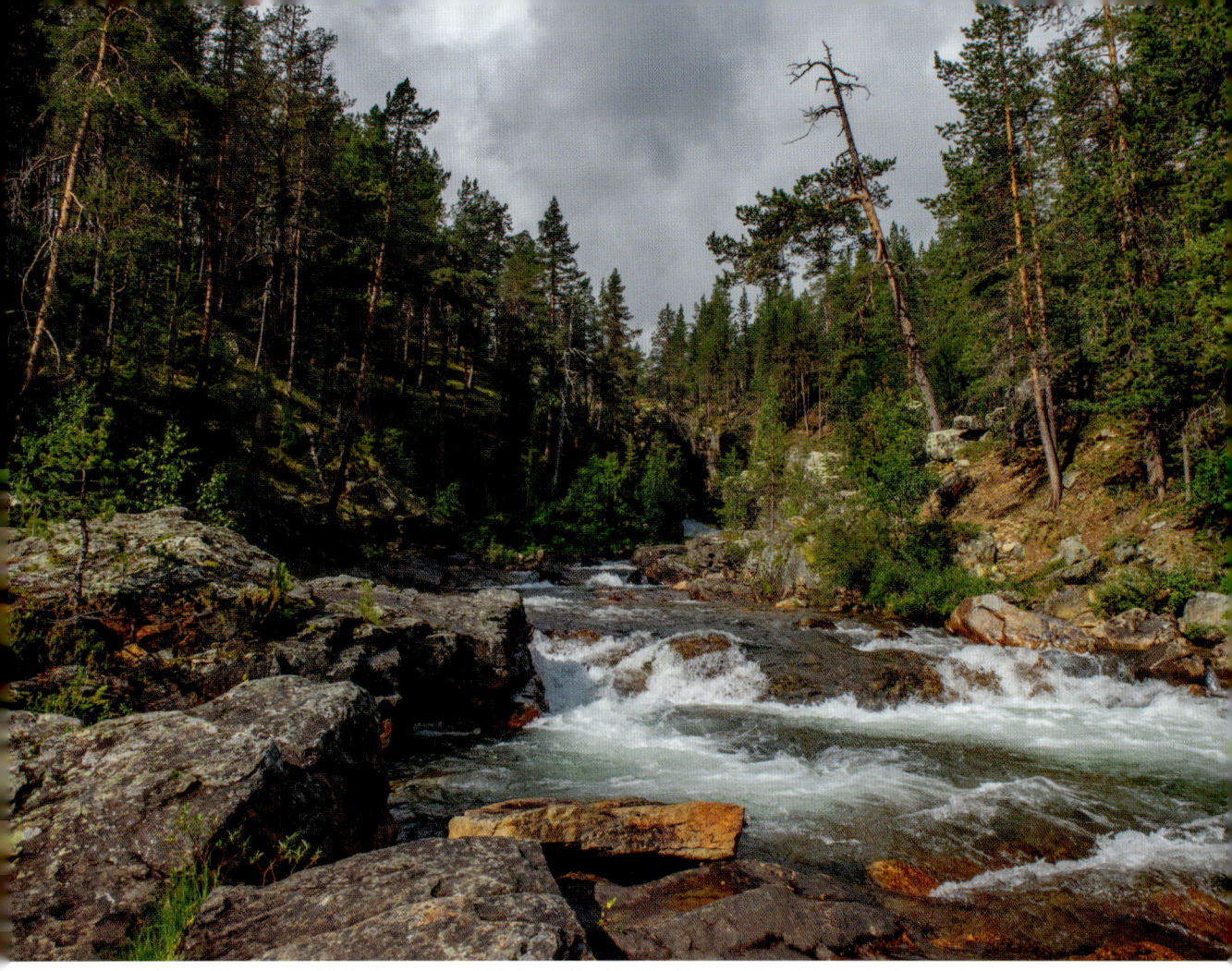

*Ruhig und beständig fließt der Lemmenjoki durch die Wildnis, die seit jeher Heimat der Samen ist.*

# Finnland

Norwegen nimmt den westlichen Teil der Skandinavischen Halbinsel ein und liegt zu einem Drittel nördlich des Polarkreises. Der Golfstrom sorgt dafür, dass die gesamte Küste eisfrei bleibt. Im Norden dominieren Moore und kleine Seen, während den Süden Gebirgsketten durchziehen.

## INFO

**FINNLAND**
Fläche:
338 144 km²
Bevölkerung:
5,5 Mio. Einwohner
Hauptstadt:
Helsinki (656 000 Einw.)
Höchster Berg:
Haltiatunturi (1324 m)
Größter See:
Saimaa (1377,05 km²)

### Nationalpark Lemmenjoki

**Lage:** Der 1956 gegründete Nationalpark liegt im äußersten Norden Finnlands an der Grenze zu Norwegen und dem dortigen Nationalpark Øvre Anárjohka. Mit rund 2850 Quadratkilometer Fläche ist Lemmenjoki der größte Nationalpark Finnlands.

**Highlights:** Der Nationalpark schützt eine unberührte Naturlandschaft zu beiden Seiten des Flusses Lemmenjoki. Erfahrene Wanderer können sich hier in eine wahre Wildnis aufmachen. Markierte Wanderwege beginnen in Njurkulahti, ein schöner Rundwanderweg (27 Kilometer) führt zudem vom See Ravadasjäri durch ehemalige Goldsuchergebiete zum Wasserfall Ravadasköngäs.

**Tipps:** Von Njurkulahti aus kann der Lemmenjoki auf mehrtägigen Bootstouren erkundet werden. Kanus und Kajaks können vor Ort gemietet werden, zudem gibt es Motorbootverbindungen.

---

Straßen und breite Wege sucht man vergebens, in diesem Schutzgebiet heißt es umsteigen auf das Boot oder Kanu. Wer den größten Nationalpark Finnlands erkunden will, tut es am besten vom Wasser aus. Immerhin durchströmt ihn der namensgebende Lemmenjoki, von dessen mäandrierendem Lauf sich viele kleine Nebenarme durch die Landschaft winden. Zwar gibt es auch ein Netz von Wanderwegen im Park, doch wer in die wirkliche Wildnis will, muss sich später durch das Unterholz schlagen, da das Herz des Parks kaum erschlossen ist. Zwischen den Trauerseggen und Arnikapflanzen tummeln sich Eichhörnchen, Vielfraße und Wölfe. Doch nicht nur Naturbegeisterte kommen, der Park ist auch bekannt unter Goldsuchern, die am Fluss nach Nuggets schürfen. Alte Häuser erinnern heute noch an den Goldrausch in den 1940er-Jahren.

## Nationalpark Pyhä-Häkki

**Lage:** Der nur 13 Quadratkilometer große Nationalpark wurde 1956 gegründet. Er schützt im südlichen Zentralfinnland, rund 80 Kilometer nördlich von Jyväskylä, eine Moor- und Waldlandschaft, die noch Urwaldcharakter aufweist. Den Nationalpark erschließt ein insgesamt 30 Kilometer langes Netz von Wegen, die sämtlich am Informationspunkt an der Landstraße 6510 beginnen.
**Highlights:** Eine rund 6,5 Kilometer lange Rundwanderung auf dem Kotajärvi-Weg führt u. a. zu einer über 350 Jahre alten Kiefer sowie zum Kotajärvi-See, in dem man baden kann.
**Tipps:** Im Winter lässt sich die hiesige Winterlandschaft mit Langlaufskiern und Schneeschuhen erkunden.

Es quietscht und schmatzt unter den Schritten – der Wanderweg im Pyhä-Häkki führt auf dicken Bohlen direkt durch das Moor. Manchmal liegen die Bretter nur auf dem weichen Boden, sodass die Füße nicht einsinken können oder zarte Flechten zerstören. Die aufragenden Grasbüschel beherrschen die Landschaft, in der Ferne zeigt sich Fichtenwald und ab und zu fügt sich das Nass zu einem See. Bis zu 250 Jahre alt sind die Kiefern und Fichten in diesem Nationalpark. Eine Kiefer stammt sogar aus dem Jahr 1741 und gilt als ältester Baum im Park. In dieser Moor-Wald-Landschaft haben sich nicht nur Dachse und Füchse niedergelassen, auch Fischotter finden einen reich gedeckten Tisch. Und wer genau hinhört, kann abends die Schreie des Bartkauzes hören, perfekt getarnt mit grauem Gefieder.

*Buntspecht in Pyhä-Häkki.*

*Moor und Wald halten sich flächenmäßig im Nationalpark Pyhä-Häkki die Waage; auch einige Seen gibt es.*

*Die Gewässer im Oulanka-Nationalpark sind mal rauschend oder still wie der See Ristikallio.*

*Ein Fluss selben Namens zieht sich durch den waldreichen Oulanka-Nationalpark.*

## Nationalpark Oulanka

**Lage:** Der 290 Quadratkilometer große Park wurde 1956 gegründet. Er liegt an der Grenze der Regionen Kuusamo und Salla und ist der Schwesterpark des russischen Paanajärvi-Nationalparks.

**Highlights:** Der 82 Kilometer lange Karhunkierros ist Finnlands berühmtester Wanderweg. Die »Bärenrunde« führt u. a. zur Oulanka-Schlucht. Der Einstieg ist am Besucherzentrum Karhunkierros (siehe nachfolgende Seiten).

**Tipps:** Über die Besucherzentren kann man Kanus für Fahrten auf dem Oulankajoki mieten, der untere Flussabschnitt ist auch für Anfänger geeignet.

---

Das Sprichwort sagt, dass man manchmal vor lauter Bäumen den Wald nicht mehr sieht. In Oulanka im südlichen finnischen Lappland sieht man vor lauter Bäumen nichts als Wald. Unvorstellbare zwei Drittel der Landesfläche Finnlands werden von Wäldern bedeckt, und nirgendwo wird dieses Übermaß eindrücklicher als in Oulanka, einer rauen, menschenleeren Welt aus Tälern, Canyons und unzugänglichen Mooren, in denen Luchse, Wölfe, Vielfraße und Bären hausen. Eine unglaubliche Stille liegt über diesem Land. Man hat den Eindruck, als habe es diesen Wald schon immer gegeben, doch um die Wende zum 20. Jahrhundert legte ein fürchterlicher Flächenbrand die gesamte Region in Asche. Der Wald ist also vergleichsweise jung und angesichts der harten Winter zudem extrem widerstandsfähig.

# Rentiere

Das Ren oder Rentier, eine nordische Hirschart, kann einige Superlative für sich beanspruchen. Es zählt zu den Säugetieren, die am weitesten nördlich leben – je nördlicher, desto kleiner ist die Unterart: Das kurzbeinige Svalbard-Ren ist nur knapp halb so groß wie das größte Tundren-Ren. Auch wandern diese Tiere von allen Landsäugern die weitesten Strecken: Um dem arktischen Winter zu entgehen, legen wilde Rener jedes Jahr bis zu 5000 Kilometer zurück. Die Rentiere in Lappland sind domestiziert oder halbwild. Sie leben in den Wäldern und ziehen im Sommer in die Bergregionen, begleitet von den Samen, die seit Jahrtausenden ihre Hüter sind. Heute nutzen viele Samen dabei Motorschlitten oder Geländemotorrad, um Schritt zu halten. Rentiere sind die einzige Hirschart, bei denen auch das Weibchen ein Geweih trägt.

# WANDERUNG

*Während der Zeit der Mitternachtssonne bringt die Bärenrunde besonders Spaß.*

## Auf der Bärenrunde durch den Oulanka-Nationalpark

**Atemberaubende Naturerlebnisse, absolute Einsamkeit, aber bestens markierte Wege: Die Bärenrunde im Norden Finnlands ist ein absolutes Muss für Outdoor-Liebhaber, die nur wenig Komfort benötigen und Lust auf Abenteuer haben. Bären allerdings werden die Wanderer nur sehr selten oder gar nicht zu sehen bekommen. Die Tiere wollen ihre Ruhe haben und trollen sich, wenn sie Menschen hören. Anders als die meisten anderen Touren ist die Bärenrunde auch für den Winter geeignet.**

Wer die nordischen Länder und vor allem Finnland liebt, ist auf der Bärenrunde genau richtig. Auf Finnisch heißt sie Karhunkierros und liegt inmitten des Nationalparks Oulanka. Wie landschaftlich spektakulär die Region ist, zeigt sich schon daran, dass sie bereits im Jahr 1897 geschützt werden sollte. Damals aber verhinderten ungeklärte Besitzverhältnisse und später der Ausbruch des Zweiten Weltkriegs das Vorhaben. Erst 1956 wurde der Park gegründet und später auf die heutigen 290 Quadratkilometer erweitert. Zählt man den direkt angrenzenden russischen Nationalpark Paanajärvi dazu, ergibt sich – ganz in der Nähe des Polarkreises – Europas größtes Schutzgebiet.

Die Bärenrunde ist eine ideale Möglichkeit, die von Wasser, Mooren und Wäldern geprägte Landschaft intensiv kennenzulernen. Entweder mit dem Zelt und der (sehr realistischen) Hoffnung, in einer der Hütten einen Schlafplatz zu bekommen, oder mit Tagesausflügen von der angrenzenden Stadt Ruka aus. Dann allerdings fehlt dieses intensive Erlebnis, tagelang im Einklang mit der Natur unterwegs zu sein, abends das eigene Essen zuzubereiten, einen selbst gefangenen Fisch über dem Lagerfeuer zu braten und den nächtlichen Geräuschen der Wildnis zu lauschen. Neben der klassischen Variante der Bärenrunde sind inzwischen etliche andere von ihr abzweigende Trails in dem Nationalpark entstanden. Sie sind vor allem für diejenigen gedacht, die noch mehr Einsamkeit lieben.

Die täglichen Gehzeiten auf dem Trail, der vier bis sechs Tage dauert, sind relativ gering. Doch die Erfahrung zeigt, dass nicht die absolvierten Kilometer wertvoll sind, sondern die Möglichkeit, zur Ruhe zu finden und die Natur intensiv betrachten zu können.

Der Startpunkt ist beim Infocenter in Hautajärvi, direkt auf dem Polarkreis gelgen. Die erste Etappe beträgt nur

## Routensteckbrief:

**Distanz:** 82 km | **Dauer:** 5–6 Tage | **Höhenmeter:** 800 m im Aufstieg, 645 im Abstieg
**Stationen:** Hautajärvi Infocenter – Perttumakoski → 7 km | Perttumakoski – Taivalköngäs → 12 km | Taivalköngäs – Ansakämppä → 16 km | Ansakämppä – Ylikota/Vennäänmutka → 12 km | Ylikota/Vennäänmutka – Porontimajoki → 18 km | Porontimajoki – Ruka → 16 km

moderate sieben Kilometer. Zunächst führt der Weg in einen Wald, ehe es danach über grandiose Moorlandschaften in Richtung Perttumakoski geht, der erste Rastplatz. Um nicht einzusinken, haben die Parkranger komfortable und gut gewartete Lattenstege gesetzt. So ist das Tagesziel recht mühelos bereits nach zwei Stunden erreicht.

Nur zwölf Kilometer weiter ist bereits der nächste Übernachtungsort vorgesehen. Immer am Fluss entlang geht es bis zur Savilampi-Hütte. Von dort aus lohnt sich ein Abstecher zum Oulanka-Canyon. Oben auf dem Aussichtspunkt angekommen, ist der Blick auf die Schlucht, durch die sich ein reißender Fluss seinen Weg zwischen den Felsen hindurch bahnt, grandios. Eine der Hauptsehenswürdigkeiten des Oulanka-Nationalparks, der im Fluss thronende, markante Rupakivi-Felsen, liegt ebenfalls auf dem Weg. Die offene Wildnishütte Taivalsköngäs, in der die zweite Übernachtung vorgesehen ist, befindet sich direkt am Ufer des Flusses Oulankajoki.

Beeindruckende Stromschnellen und der wacklige Weg über zwei Hängebrücken sind die Höhepunkte des dritten Tages, der zumindest zeitweise ein wenig mehr Komfort als zuletzt verspricht. Auf dem Campingplatz Oulanka und dem Oulanka-Besucherzentrum können die Vorräte aufgefüllt werden. Wer mag, kann sich auch eine der rustikalen Hütten mieten – oder den Aufenthalt ausdehnen. Die Betreiber bieten Mietkanus an – und natürlich die in Finnland obligatorische Sauna. Wer es einsamer liebt, geht dennoch weiter an diesem Tag und erreicht bald darauf das vor einigen Jahren neu errichtete Ansakämppä. Die alte Hütte brannte ab, da einige Wanderer zu stark einheizten und das Feuer nicht mehr in den Griff bekamen. Über die Unterkünfte Vennäänmutka und Porontimajoki führt der Weg in den nächsten Tagen durch eine Landschaft voller kleiner Bäche, Flüsse, Kräuterwälder, Wiesen und trockener Kiefernwälder in Richtung Ruka. Der letzte Abschnitt ist noch einmal unerwartet anstrengend: Das Kontaainen-Valtavaara-Bergmassiv ist auch für erfahrene Wanderer eine Herausforderung. Danach allerdings gilt es, sich in Ruka von den Anstrengungen zu erholen. Der Wintersportort bietet alles, was sich Wanderer nach einem langen Trip wünschen. Abgesehen natürlich von der Einsamkeit der Wälder und dem Gefühl, eine Zeitlang eins geworden zu sein mit der Natur.

*Stege überbrücken sumpfige Wanderabschnitte.*

## Nationalpark Pyhä-Luosto

**Lage:** Der 2005 gegründete Nationalpark umfasst im nördlichen Zentralfinnland (rund 100 Kilometer nordöstlich von Rovaniemi) die 35 Kilometer lange Bergkette der Fjells Pyhätunturi und Luosto, die im 540 Meter hohen Noitatunturi ihren höchsten Punkt erreichen. Zur Landschaft des Gebiets gehören auch Moore im Tiefland und bis auf etwa 400 Meter Höhe lockere Nadelwälder.

**Highlights:** Am Besucherzentrum beginnt die 13 Kilometer lange Rundwanderung Noitatunturin valloitus (grüne Markierung). Sie führt auf den Gipfel des Noitatunturi, zum Annikinlampi-See sowie durch die spektakuläre, 220 Meter tiefe Isokuru-Schlucht, Finnlands tiefste Schlucht.

**Tipps:** Der rund 35 Kilometer lange Pyhä-Luosto-Wanderweg führt vom Besucherzentrum Naava durch den Park zum nördlich gelegenen Parkplatz und Informationszentrum Luoston portti. Im Winter kann man dort auch mit Skiern oder Schneeschuhen unterwegs sein.

---

Am Boden wuchert das Heidelbeerkraut zu undurchdringbaren Büsche zusammen. Dazwischen ragen vereinzelt hohe Fichten in den Himmel. Im Südwesten charakterisiert eher trockene Steppe das insgesamt 142 Quadratkilometer große Schutzgebiet. Hier lockt ein Vogelbeobachtungsturm ornithologisch Interessierte an, während weiter gen Norden die bis zu 400 Jahre alten Kiefern nicht nur Fotografen in Staunen versetzen. Die Landschaft des Nationalparks Pyhä-Luosto mit ihren tiefen Tälern, Quellen, feuchten Mooren und unberührten Urwäldern gehört zu den ältesten Schutzgebieten Finnlands. Hier haben sich die Samen noch alte Riten erhalten, doch die wilden Rentiere, die sie früher gejagt haben, sind ausgestorben. Dafür durchstreifen Elche und Braunbären das Gebiet. Vogelfreunde lieben den Gesang des Unglückshähers, der mit seinen Warnrufen als Polizist des Waldes gilt.

*Der Herbst ist eine der schönsten Jahreszeiten im Nationalpark.*

*Klein, aber laut: Der Unglückshäher warnt vor Gefahr durch Raubvögel.*

# Braunbären

Mit seinen Knopfaugen, der breiten Schnauze und den kleinen, runden Ohren sieht er fast aus wie ein Teddy. Doch der Braunbär ist alles andere als ein knuffiges Kuscheltier. Bis zu drei Meter können sie groß werden, in Nordeuropa eher zwei Meter. Die finnischen Braunbären wiegen bis zu etwa 250 Kilogramm. Neben den Eisbären sind Braunbären die größten Landraubtiere der Welt, sie sind auch das am weitesten verbreitete Lebewesen ihrer Art. Noch im Mittelalter war *Ursus arctos,* so der wissenschaftliche Name, auch in Deutschland häufig zu finden, doch die Jagd auf diese Tiere hat sie zeitweilig aussterben lassen. Vor allem Skandinavien gilt als ihre Heimat in Europa, hier leben noch immer größere Bestände, allein in Schweden rund 3000 Tiere und in Finnland bis zu 600. Die meisten Bären des Kontinents leben in Russland und Rumänien.

*Keine kleinste Bewegung entgeht dem Blick des Bartkauzes, der über die Wälder des Nationalparks Kurjenrahka fliegt.*

*Der Pielinen gehört zu den fünf größten Seen in Finnland. Seine Wasserfläche ist mit rund 2000 Inseln gespickt.*

## Nationalpark Kurjenrahka

**Lage:** Der rund 50 Kilometer nördlich von Turku im Südwesten Finnlands gelegene, rund 29 Quadratkilometer große Nationalpark wurde 1998 gegründet und umfasst ein teils unberührtes Sumpf- und Waldgebiet. Zur artenreichen Fauna gehören Luchse sowie gelegentlich Braunbären und Wölfe, in den Feuchtgebieten auch Kraniche.

**Highlights:** Das Gebiet kann zu Fuß auf Wanderwegen sowie im Winter mit Schneeschuhen und Langlaufskiern erkundet werden. Ein beliebtes Ziel ist der Savojärvi-See, der im Sommer von Kranichen bevölkert wird, im Winter wie verzaubert still daliegt. Beim Campingplatz Rantapiha kann man auch schwimmen gehen.

**Tipps:** Wer sich so weit wie möglich selbst versorgen möchte, kann im Park angeln, eisfischen, Beeren und Pilze sammeln.

---

»Still, horch! Die Eule war's, die schrie, der traur'ge Wächter, die grässlich gute Nacht wünscht.« So schildert William Shakespeare den Moment, in dem Macbeth den legitimen König ermordet und Lady Macbeth den verhängnisvollen Schrei des Todesvogels hört. Es ist kein Wunder, dass Shakespeare eine Eule wählte, denn kaum ein anderes Tier ist in der Kulturgeschichte stärker mystifiziert worden als dieser unheimliche Herrscher der Nacht. Wenn man im finnischen Nationalpark Kurjenrahka einen Bartkauz mit lautlosen Flügelschlägen und durchdringendem Blick auf sich zukommen sieht, versteht man sofort, warum diese Vögel als Unglücksboten und Teufelsdiener gelten. Aber auch Weisheit symbolisieren die Eulen, so ist ein Kauz der Begleiter der Göttin Athene. Im Übrigen beherbergt der

*Geheimnisvolle Wege führen durch den Kurjenrahka-Nationalpark.*

Nationalpark im Südwesten Finnlands Luchse, Braunbären und Wölfe.

## Nationalpark Koli

**Lage:** Der 30 Quadratkilometer große Nationalpark schützt im Osten Finnlands seit 1991 den 347 Meter hohen Berg Koli am Pielinen-See samt Umgebung. Die Aussicht vom Gipfel des Bergs reicht über die weite Seenlandschaft Nordkareliens und gilt in Finnland als ikonisch.
**Highlights:** Das Gebiet kann zu Fuß, mit Schneeschuhen und Ski und auch zu Pferd erkundet werden. Durch den Park führt der Wanderweg Herajärvi während der schneefreien Zeit in verschiedenen 61, 35 oder 30 Kilometer langen Schleifen.
**Tipps:** Im Winter ist die Anfahrt über den vereisten Pielinen-See von Vuonislahti nach Koli ein besonderes Erlebnis.

---

Einem See mit kleinen Inselchen zu Füßen erhebt sich das Koli-Gebirge spektakulär im Osten Finnlands. Manche sehen aus wie kleine Flöße, auf denen Fichten wachsen. Als markante Erhebung im ansonsten flachen Finnland umweht die Koli-Berge schon von jeher ein mystischer Hauch. Soll hier doch der heidnische Gott Ukko seinen Sitz haben. Die Koli-Berge galten früher als heilige Opferstätte; dort haben die Anhänger der Naturreligionen ihre Rituale abgehalten, Münzfunde zeugen davon. Bis heute hat der Bergzug nichts von seiner Beliebtheit eingebußt, die Finnen machen vor allem im Winter gern Skiurlaub. So ganz ungestört also sind Gäste des Nationalparks nicht, immerhin führt eine Straße fast bis zum Gipfel. Auch Wanderwege, Kanuverleih und Hotels sucht man nicht vergebens. Doch am schönsten sind immer wieder die Panoramablicke über Täler und Wasserfälle.

**Pielinen im Nationalpark Koli**
*Der Pielinen-See liegt in der finnischen Region Nordkarelien vor den Toren des berühmten Koli-Nationalparks. Er erstreckt sich über etwa 100 Kilometer von Norden nach Süden und ist der viertgrößte See Finnlands. Die Stadt Lieksa liegt am östlichen Ufer des Sees und ist einer der besten Ausgangspunkte für Erkundungstouren. Im Sommer besteht eine Fährverbindung über den Pielinen-See nach Lieksa und Nurmes. Im Winter ist der See zugefroren und über eine Strecke von sieben Kilometern erreicht man Vuonislahti am gegenüberliegenden Ufer des Pielinen.*

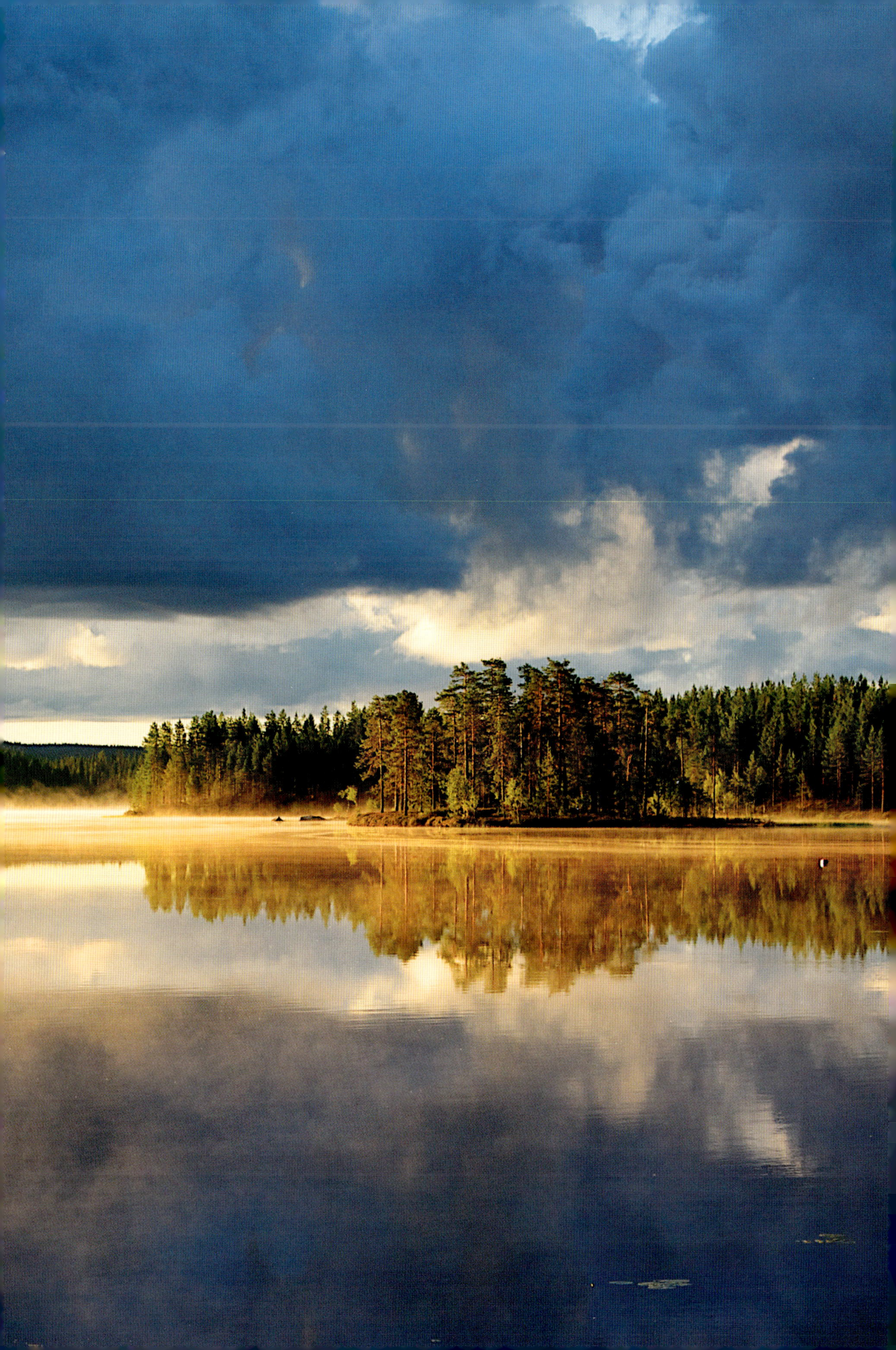

*Jede Tageszeit hat in den Sumpfgebieten von Endla ihren eigenen Reiz.*

# Estland

**Der nördlichste der drei baltischen Staaten grenzt im Norden an den Finnischen Meerbusen und im Westen an die Ostsee. Zu Estland zählen auch etwa 800 Inseln, die zehn Prozent der Landesfläche ausmachen. Moore, Sümpfe und zahlreiche Seen kennzeichnen das Landesinnere.**

## INFO *

**ESTLAND**
Fläche:
45 227 km²
Bevölkerung:
1,3 Mio. Einwohner
Hauptstadt:
Tallinn (437 000 Einwohner)
Höchster Berg:
Munamägi (318 m)
Größte Insel:
Saaremaa (2671 km²)

### Naturpark Endla

**Lage:** Das rund 250 Quadratkilometer große Reservat schützt seit 1985 ein bedeutendes Süßwassersystem mit verschiedenen Feuchtgebieten.
**Highlights:** Von Tooma führt ein sieben Kilometer langer Rundwanderweg zum Männikjärve-Moor, zum Fluss Mustjõgi und zum Männikjärve-See. Beeindruckend ist der 1,3 Kilometer lange Plankenweg durch das Moor.
**Tipps:** Im Naturreservat darf man auf den Straßen mit dem Auto fahren, für einen Geländewagen ist eine Erlaubnis erforderlich.

Am zweiten Schöpfungstag schied Gott laut Genesis das Wasser vom Land. In Estland aber hat er seine Arbeit nicht so gründlich erledigt wie in anderen Weltgegenden. Hier scheinen sich Wasser und Land niemals trennen zu wollen. Rund 7000 Moore gibt es in Estland, mehr als 150 000 Schwemmgebiete und unzählige Seen. Besonders eindrücklich ist die Symbiose aus Wasser und Erde im Naturschutzgebiet Endla im Herzen Estlands. Hier sieht das Land aus wie ein Schwamm, der mit Sümpfen, Flüssen, Bächen und uralten Mooren gespickt ist. Für Hunderte von Tier- und Pflanzenarten aber ist dieses große Feuchtgebiet ein Paradies auf Erden. Goldregenpfeifer und Stockenten, Blässgänse und Singschwäne leben in Endla, und die Zahl der Pilzarten geht sogar in die Tausende – was wiederum auch mal Menschen in einsame Landschaft zieht.

## Nationalpark Vilsandi

**Lage:** Der Nationalpark liegt ganz im Westen von Estland an der Westküste der Ostseeinsel Saaremaa. Der 180 Quadratkilometer große Park umfasst das Gebiet um die Insel Vilsandi, die Buchten Atla, Kihelkonna und Kuusnõmme sowie das umliegende Meeresgebiet (105 Quadratkilometer) mit etwa 160 zum Teil sehr kleinen Inseln.
**Highlights:** Im Parkgebiet kann man Kegelrobben beobachten. Informationen hierzu gibt es im Besucherzentrum im Gutskomplex Loona.
**Tipps:** Ein Naturerlebnispfad erschließt auf 20 Kilometer Länge den Nationalpark. Führungen bucht man im Besucherzentrum.

*Herrlich einsam: die Strandabschnitte im Nationalpark Vilsandi auf Saaremaa.*

Die Esten staunten nicht schlecht, als sie 1991 unabhängig wurden und plötzlich wieder ihre Ostseeinseln betreten durften, die während des Kalten Krieges militärisches Sperrgebiet gewesen waren. Dank dieser Isolation hat sich dort bis heute ein Naturparadies erhalten, wie man es in der Ostsee kein zweites Mal findet: die Vogelwelt von Vilsandi, der westlichsten bewohnten Insel Estlands – wobei bewohnt ein tollkühner Begriff ist, weil sich gerade einmal rund 20 Seelen hier verlieren. 250 verschiedene Vogelarten sind auf der Insel zu beobachten, die Hälfte von ihnen nistet auch hier. Der Bogen spannt sich von Eiderenten und Weißwangengänsen über Seeschwalben und Mantelmöwen bis zu Seeadlern und Steinwälzern. Wegen dieser einzigartigen Vielfalt wurde Vilsandi schon 1910 zum ersten Vogelschutzgebiet des Baltikums erklärt und 1971 in den Rang eines Nationalparks erhoben.

*Zur Dämmerung steigen oft Nebel aus den Mooren von Endla auf, was die Landschaft noch mystischer wirken lässt.*

*Soomaa, der zweitgrößte Nationalpark Estlands, bietet große, nahezu unberührte Moorgebiete.*

*Rehe kennen ihre Wege zwischen den Mooren und müssen sich vor ihnen nicht fürchten.*

### Nationalpark Soomaa

**Lage:** Der 1993 gegründete Nationalpark Soomaa (»Sumpfland«) liegt im Südwesten von Estland. Der Park besteht aus einer ausgedehnten Moor- und Sumpflandschaft mit einer Fläche von 397 Quadratkilometern. Soomaa wurde 1998 in die UNESCO-Welterbeliste aufgenommen. Charakteristisch für die Region ist die »fünfte Jahreszeit«, zwischen Winter und Frühling, in der es regelmäßig zu Überflutungen kommt.
**Highlights:** Beim Naturzentrum des Parks kann man auf einem angelegten Biberpfad einen Biberdamm und andere Bauten der fleißigen Nagetiere besichtigen.
**Tipps:** Der estnische Ökotourismus-Anbieter Soomaa.com vermittelt vor Ort Kanufahrten, Workshops zum Einbaum-Bauen und Sauna in der Wildnis.

---

Estland bietet eine weite, flache, unaufgeregte Landschaft, deren höchste Erhebung Suur Munamägi im Haanja-Höhenzug 318 Meter beträgt. Es ist ein sprödes, fast unnahbares Land ohne die fatalistische Zärtlichkeit der Wehmut, ohne den großen Weltschmerz, den man im Osten Europas so oft findet. Estland ruht stattdessen in größter Gelassenheit in sich selbst – so wie die Sumpflandschaft von Soomaa, der typischsten estnischen Landschaft überhaupt. Vier große Moore gibt es hier, die von großflächigen Sümpfen, Seen, Auen und Wäldern eingefasst sind und einmal im Jahr, immer nach der Schneeschmelze, nahezu vollständig überflutet werden. Die Metamorphose der Landschaft ist so erstaunlich, dass sie die Esten »die fünfte Jahreszeit« getauft haben. Hunderte von Quadratkilometern verschwinden dann unter meterhohen Wassermassen, die wochenlang nicht abfließen.

*Die natürlich verlaufenden Flüsse in Soomaa wirken wie der Inbegriff estnischer Natur.*

*In den unberührten Moorlandschaften von Ķemeri wachsen allerorts Wollgräser und niedrige Sträucher.*

# Lettland

**Lettland grenzt im Norden an Estland und an den Rigaischen Meerbusen. Die Niederung von Riga wird von den Livländischen und den Kurländischen Höhen umrahmt. Das Landschaftsbild ist geprägt von dichten Wäldern und mehr als 3000 Seen. Die Küste ist kaum gegliedert und weist meist Sandstrände auf.**

## Nationalpark Ķemeri

**Lage:** Der 1997 gegründete Nationalpark schützt auf knapp 428 Quadratkilometer Fläche rund 8000 Jahre alte Moore sowie Seen und Wälder.

**Highlights:** Vom Kurort Ķemeri führt der drei Kilometer lange Bohlenweg Laipa Lielaja Ķemeru tireli durch ein großes Moorgebiet im Südteil des Parks. Einen guten Teil der rund 260 Vogelarten im Park kann man im Moor sowie am Kaņieris-See bei Jaunķemeri und Lapmežciems beobachten.

**Tipps:** Zwischen Jaunķemeri und Lapmežciems bietet sich eine Strandwanderung durch die Dünenlandschaft am Rigaischen Meerbusen und die Fischerdörfer an.

---

Nicht nur empfindliche Vögel wie der Schwarzstorch oder der Wachtelkönig schätzen die Feuchtgebiete des Baltikums. Auch empfindsame Menschen mit der einen oder anderen Malaise suchen in den Sümpfen Balsam für ihre Körper und Seelen. Und so entstand schon im 18. Jahrhundert in der lettischen Sumpflandschaft Ķemeri ein florierender Kurbetrieb. Die heilsamen Schlammbäder und das schwefelhaltige Wasser lockten die Aristokratie und das Großbürgertum des halben Baltikums an die Bucht von Riga. Muße für die Schönheiten der Natur werden die wenigsten Kurgäste gehabt haben – was ein Jammer ist, denn der Ķemeri-Nationalpark zählt dank seiner Lagunen, Moore, Seen und Kiefernwälder zu den großartigsten Feuchtgebieten der Ostsee. Seit zehn Jahren werden Flussbegradigungen und Moorentwässerungen wieder rückgängig gemacht.

---

**INFO**

**LETTLAND**
**Fläche:**
64 589 km²
**Bevölkerung:**
1,9 Mio. Einwohner
**Hauptstadt:**
Riga (605 000 Einwohner)
**Höchster Berg:**
Gaizinkalns (312 m)
**Längster Fluss:**
Gauja (452 km)

*Die Küste ist seit der Antike bekannt für ihre reichen Bernsteinvorkommen.*

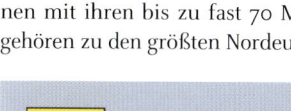

# Litauen

**Litauen ist Teil der Osteuropäischen Ebene und im Norden und Südosten leicht hügelig. Zwischen den Hügelketten liegen weite Ebenen mit zahlreichen Seen und Flüssen. Im Norden und Westen sind die Sümpfe vielfach noch nicht trockengelegt worden.**

### Nationalpark Nagliai

**Lage:** Das gut 16 Quadratkilometer große Naturreservat – benannt nach dem einst vom Sand zugewehten Dorf Nagliai (Negeln) – erstreckt sich zwischen Pervalka und Juodkranté über rund acht Kilometer auf dem nördlichen litauischen Teil der Kurischen Nehrung bei Klaipeda, die dort nur ein bis drei Kilometer breit ist. Es schützt die einzigartige Sandlandschaft der bis zu 53 Meter hohen, typisch grauen »Toten Dünen« zwischen Ostsee und Kurischem Haff.
**Highlights:** Das Dünengebiet kann auf Bohlenwegen zu Fuß erkundet werden, an manchen Stellen hat man Blick auf Haff und Ostsee gleichzeitig.
**Tipps:** Südlich von Juodkranté ist am Aussichtsberg Avikalnis eine Kolonie von Graureihern und Kormoranen aus der Nähe zu beobachten.

---

»Rau und öde« – so bezeichnete E.T.A. Hoffmann einst die Kurische Nehrung. Vielleicht mag sie es im November tatsächlich sein. Doch wenn die Sommersonne ihr helles Licht auf die Dünenberge wirft und das Auge weit auf das baltische Meer blickt, offenbart sich der Zauber dieser Landschaft. Thomas Mann war ihr so verfallen, dass er sein Sommerhaus dort errichtete. Besonders ursprünglich ist die Kurische Nehrung im litauischen Teil geblieben. Hirsche und Wildschweine leben in den Kiefernwäldern, die ihren typischen Duft über der nur zwei Kilometer breiten, aber 98 Kilometer langen Halbinsel verströmen. Gelegentlich kann man auch Elche beobachten. Der Landstreifen wird nicht umsonst litauische Sahara genannt, die Wanderdünen mit ihren bis zu fast 70 Metern gehören zu den größten Nordeuropas.

## INFO *

**LITAUEN**
**Fläche:**
65 301 km²
**Bevölkerung:**
2,8 Mio. Einwohner
**Hauptstadt:**
Vilnius (569 000 Einwohner)
**Höchster Berg:**
Juozapines (294 m)
**Höchste Düne:**
Parnidis-Düne (52 m)

# Britische Inseln
## Rau und liebreizend, sturmumtost und sanft

Kurze Sommernächte, dunkle Wintermonate – ein wenig ist es im Norden der Britischen Inseln wie in der Arktis. Doch dank des Golfstroms bleibt der Dauerfrost aus. Dafür erscheint ein ganz besonderes Licht. Vor allem im Sommer, wenn der Sonnenuntergang quasi den Sonnenaufgang einleitet. Dann werfen mystisch anmutende Felsformationen lange Schatten und Moose und Gräser schimmern intensiv in dem so eigentümlichen Licht. Die Britischen Inseln verfügen über eine abwechslungsreiche Landschaft, die wohl eines eint: das Grün. Es scheint hier 1000 Töne zu haben und überzieht wie ein Teppich Felsen und Plateaus.

# Map: Vereinigtes Königreich und Irland – Nationalparks

- Shetland Islands
- Orkney Islands
- St Kilda
- Isle of Lewis
- Inverpolly
- Isle of Skye
- Isle of Barra
- Cairngorms National Park
- Glen Coe
- Rannoch Moor
- Isle of Mull
- Connemara National Park
- Burren National Park
- Killarney National Park
- Lake District National Park
- Snowdonia National Park
- Pembrokeshire Coast National Park
- Brecon Beacons National Park
- Exmoor National Park
- Dartmoor National Park
- Jurassic Coast
- New Forest National Park

**NORD-IRLAND**

**IRLAND**

**VEREINIGTES KÖNIGREICH**

84

NORWEGEN

SCHWEDEN

DÄNEMARK

NIEDERLANDE

DEUTSCHLAND

*Bis zu 400 Meter hoch und fast senkrecht fallen die Steilwände der Shetland Islands ab.*

# Vereinigtes Königreich

Das Vereinigte Königreich bietet eine ungewöhnliche Vielfalt von Landschaften. Das Spektrum reicht von der Dramatik des schottischen Nordens bis zur Beschaulichkeit grüner Hügelketten im Herzen Englands.

## INFO *

**VEREINIGTES KÖNIGREICH**
**Fläche:**
243 610 km²
**Bevölkerung:**
67 Mio. Einwohner
**Hauptstadt:**
London (9,5 Mio. Einwohner)
**Höchster Berg:**
Ben Nevis (1344 m)
**Längster Fluss:**
Themse (320 km)

*Blitzschnell stürzen sich die Basstölpel senkrecht ins Wasser.*

## Shetland Islands

**Lage:** Die zu Schottland gehörende Inselgruppe liegt im Nordatlantik zwischen Norwegen, Färöer und den Orkneyinseln. Die Inseln sind sehr bergig und felsig. Es dominieren Gesteinsschichten, die zu den ältesten der Erde gehören, weshalb der Archipel auch »The old rock« genannt wird.

**Highlights:** Auf der nördlichsten Shetlandinsel Unst kann man über 100 000 Seevögel beobachten. Dort steht auch der nördlichste Leuchtturm Großbritanniens, das Muckle Flugga Lighthouse.

**Tipps:** Ein gesellschaftliches Großereignis ist das »Up Helly Aa«-Fest am letzten Dienstag im Januar. Tausende feiern hier eine Art von Wikinger-Karneval, bei dem am Ende ein nachgebautes Wikingerschiff den Flammen geopfert wird.

---

Selbst an windstillen Tagen krachen die langen Atlantikwellen gegen die Klippen der Shetlandinseln. Bei Sturm ergeben das Klatschen und Gurgeln der Brecher zusammen mit dem Geheul des Windes ein ohrenbetäubendes Konzert. Im Frühsommer herrscht reges Treiben, dann brüten Papageitaucher und viele andere Seevögel auf den Felsen. Die Sonne geht nur für wenige Stunden unter, weshalb die Shetlands auch »Inseln der Mitternachtssonne« heißen. Wilde Orchideen, Nelken und Erika blühen um die Wette. Zwar liegen die Shetlandinseln auf gleicher Höhe wie der Südzipfel Grönlands oder der Golf von Alaska, aber es ist nicht eiskalt. Der Golfstrom sorgt für relativ mildes Klima. Lediglich 15 von den 100 Inseln, die auf einer Fläche von etwa 80 mal 120 Kilometern im Nordatlantik verstreut liegen, sind bewohnt. Brochs, ringförmige Festungen aus der Bronzezeit, sind Zeugnis, dass die Shetlands schon in vorchristlicher Zeit besiedelt waren. Deutlich zu spüren ist der Einfluss der Wikinger, die ab dem 9. Jahrhundert die Inseln eroberten. Mit den tiefen Fjorden erinnert sogar die Landschaft an Norwegen.

## Orkney Islands

**Lage:** Der Orkney-Archipel besteht aus rund 70 Inseln vor der Nordküste Schottlands, von denen etwa 20 bewohnt sind. Sie kennzeichnet eine üppig grüne, flache Landschaft mit zerklüfteten Küsten, roten Sandsteinklippen, weißen Sandstränden und einem reichen historischen Erbe.

**Highlights:** Papageitaucher, Eissturmvögel und Alke lassen sich auf Mainland an den Klippen von Marwick Head, der größten Seevogelkolonie Orkneys, beobachten, zudem auf Eday und Hoy. Auf Sanday sieht man Robben und Otter an Sandstränden.

**Tipps:** Von Stromness auf Mainland führt ein rund 14 Kilometer langer Küstenwanderweg nach Skara Brae, zu den Relikten eines rund 5000 Jahre alten prähistorischen Dorfs.

---

Auf Mainland – der Hauptinsel der Orkneyinseln – finden sich viele Zeugnisse der ausgehenden Jungsteinzeit. Sie dokumentieren die kulturellen Leistungen der nordeuropäischen Völker im Zeitraum von 3000 bis 2000 v. Chr. Zu den faszinierendsten Monumenten zählt das Kammergrab Maes Howe mit einem Durchmesser von mehr als 30 Metern. Auch die Überreste des Steinkreises von Stenness stammen aus vorgeschichtlicher Zeit. Nicht weit davon entfernt liegt der Ring of Brodgar. Hier stehen in einem Kreis von rund 100 Meter Durchmesser Steine mit einer Höhe von bis zu 4,50 Meter. Besonders eindrucksvoll ist die Steinzeitsiedlung Skara Brae. Sie gilt als die am besten erhaltene Siedlung der Jungsteinzeit in Europa. Die von schottischen und skandinavischen Vorfahren abstammenden Einwohner auf der Isle of Hoy leben von Landwirtschaft, von der Fischerei und vom Tourismus. Nicht nur Felskletterer und Ornithologen sind von der höchsten Steilküste Großbritanniens (347 Meter) auf Hoy fasziniert. Die spektakuläre Landschaft und frühgeschichtliche Monumente begeistern die Besucher. Vor den Küsten tummeln sich Otter und Robben.

*Die Wikinger gaben dem grünen Eiland den Namen Haey – »hohe Insel«; daraus wurde schließlich der Name Hoy.*

*Jenseits der Relikte ehemaliger Besiedlungen zeigt sich St Kilda von ihrer wilden, ursprünglichen Seite.*

*Soay-Schafe sind eine der ältesten Schafrassen der Welt. Sie stammen von der kleinen Insel Soay im St-Kilda-Archipel.*

## St Kilda

**Lage:** St Kilda ist eine vulkanische Inselgruppe im Nordatlantik. Die Inseln, rund 60 Kilometer nordwestlich der Insel North Uist, gehören zu den westlichsten Inseln der Äußeren Hebriden. Die Inselgruppe ist seit 1986 UNESCO-Weltnatur-, seit 2005 auch Weltkulturerbestätte. Bis 1930 war sie besiedelt, Fundstücke von dort stammen teils aus dem Neolithikum.
**Highlights:** Die kleineren Felseninseln Boreray, Stac Lee und Stac an Armin sind ein Paradies für Vogelkundler. Dort befindet sich die weltweit größte Kolonie von Basstölpeln (bis zu 60 000 Brutpaare).
**Tipps:** Die Hauptinsel Hirta besitzt einige der höchsten Klippen Großbritanniens, die auf einer Inselwanderung besichtigt werden können.

---

Großbritanniens einsamster und abgelegenster Archipel ist ein paradiesischer Nistplatz mit der größten Tölpelpopulation der Erde. Der St.-Kilda-Archipel vulkanischen Ursprungs blieb während der letzten Eiszeit von Vergletscherung verschont und bewahrte sich so seine eigentümliche Landschaft. Die Inselgruppe »am Ende der Welt« umfasst Dùn, Soay, Boreray und die Insel Hirta, deren Bewohner 1930 umgesiedelt wurden. Die Inseln sind seitdem nicht mehr bewohnt, und die Natur ist sich selbst überlassen. Riesige Tölpelbestände fanden hier ein Refugium, und für den Basstölpel sind die Inseln einer der weltweit wichtigsten Brutplätze; auch Kolonien von Papageitauchern sind zu beobachten. Die Inseln waren trotz ihrer rauen klimatischen Bedingungen schon vor 2000 Jahren besiedelt.

*Tangasdale nennt sich der westliche Teil der Isle of Barra, berühmt ist dieser Küstenabschnitt für seine Strände.*

## Isle of Barra

**Lage:** Die südlichste bewohnte Insel der Äußeren Hebriden ist knapp 59 Quadratkilometer groß und liegt im äußersten Norden von Schottland.
**Highlights:** Die Insel lässt sich auf Wanderungen und Kajaktouren erkunden, sie ist geprägt von einer imposanten Landschaft mit weißen Sandstränden, türkisfarbenem Meer, üppiger Vegetation auf Machair (fruchtbarer Boden), Hügeln und prähistorischen Stätten.
**Tipps:** Vom Hafen Castlebays aus führt eine kurze Bootsfahrt zum mittelalterlichen Kisimul Castle aus dem 11. Jahrhundert. Das »Castle in the Sea« ist ein Stammsitz des Clans MacNeil, Nachkommen des legendären nordirischen Königs Flaighbertach Ua Néill (vor 978–1036).

---

Am Abend des sechsten und letzten Schöpfungstages, so erzählt es die Legende, hatte Gott noch ein paar Krümel Land übrig, aber keine Lust mehr, sie sorgfältig auf die Erde zu setzen. Also warf er sie achtlos hinunter. Vor Schottland fielen sie ins Meer und verwandelten sich in grüne Perlen inmitten eines blauen Ozeans. Genau dort liegen die »Landreste« bis heute: die Isle of Barra und die anderen Äußeren Hebriden, spärlich bewohnte, dafür umso anmutigere Inselchen mit steilen Klippen und torfbedeckten Bergen, fruchtbaren Weiden und blütenweißen Stränden. Auf der Isle of Barra verlieren sich kaum mehr als 1000 Seelen, die sich mit der Zucht von Schafen und Krabben über Wasser halten und ansonsten die Ruhe und das Meer genießen. Und die weißen Sandstrände, die an einsame Südseeinseln erinnern.

*Zu den Äußeren Hebriden gehören die Doppelinsel Lewis und Harris mit Moorlandschaften und endlosen Stränden.*

*Die Landschaft um Loch Ba auf der Isle of Mull präsentiert sich hier fruchtbar im grünen Gewand.*

## Isle of Mull

**Lage:** Die im Nordwesten Schottlands gelegene Isle of Mull ist 875 Quadratkilometer groß und gehört zu den Inneren Hebriden.

**Highlights:** In den Meeresgewässern rund um die Insel tummeln sich Wale, Delfine, Robben, Otter und Haie. Zahlreiche Bootsexkursionen hat das Informationszentrum in Craignure sowie in Oban im Hafen im Angebot.

**Tipps:** Auch auf der Insel selbst finden sich viele Wildtiere, insbesondere eine artenreiche Vogelwelt mit Steinadlern, Seeadlern und Bussarden sowie Papageitauchern auf der nahen Insel Staffa. Anbieter von geführten Touren vermittelt das Informationszentrum in Craignure.

---

Auf der Isle of Mull vor der Nordwestküste Schottlands heißt man entweder MacLean oder MacLaine oder MacKinnon oder MacQuarrie oder MacDonald. Alle bedeutenden schottischen Clans haben irgendwann im Lauf der 8000 Jahre alten Geschichte der Insel ihre Vertreter hierhergeschickt, um ihre Interessen wahrzunehmen. Oft genug endeten diese Versuche der Einflussnahme in blutigen Fehden und generationenlanger Blutrache. Heute vertragen sich alle Schotten und stehen fest vereint in ihrem anti-englischen Patriotismus. Und die Konflikte der Vergangenheit haben der Isle of Mull immerhin wunderbare Burgen beschert wie das Torosay Castle mit seinem Märchengarten oder das Duart Castle der MacLeans, die älteste kontinuierlich bewohnte Burg Schottlands.

## Isle of Lewis

**Lage:** Die im Nordwesten Schottlands gelegene Isle of Lewis ist der nördliche Teil der Insel Lewis and Harris, der größten Insel der Äußeren Hebriden. Die rund 1769 Quadratkilometer große Region Lewis ist weniger gebirgig, dichter besiedelt und rund viermal größer als Harris.

**Highlights:** Der 16 Kilometer lange reizvolle Wanderweg Western Isles Walk führt nordöstlich von Stornoway nahe der B895 an der Küste von North Tolsta durch moorige Heidelandschaft zu schönen Stränden.

**Tipps:** Im Westen der Insel stehen unweit der A858 bei Callanish die Callanish Standing Stones – Großbritanniens größte Megalithanlage ist älter als Stonehenge und ebenso bedeutsam.

---

Die Isle of Lewis und die Isle of Harris sind wie Dr. Jekyll und Mr. Hyde der Äußeren Hebriden: zwei Teile derselben Insel, die so gegensätzlich sind, dass ihnen ihre Bewohner zwei Namen gegeben haben, obwohl sie nur von einem bescheidenen Gebirgszug und von keinem Ozean getrennt werden. Die Isle of Lewis ist der Nordteil dieses Zwitterwesens, ein flaches, baumloses Land voller Torfmoore, das selten höher als 250 Meter aufragt und im Vergleich zum Süden dicht besiedelt ist. Die höchste Erhebung ist der 280 Meter hohe Ben Barvas, ganz im Norden liegt Butt of Lewis. Seit 5000 Jahren leben Menschen auf der Isle of Lewis, auf der es nicht nur mit den Standing Stones of Callanish die größte megalithische Kultstätte der Britischen Inseln, sondern auch zahllose Menhire und Steinkreise aus einer rätselhaften Vergangenheit gibt.

*Die Küste bei Mangersta auf Lewis ist geprägt von dramatischen Klippen.*

Vereinigtes Königreich

»The Old Man of Storr« heißt der nadelförmig etwa 50 Meter hoch in den Himmel ragende Fels.

## Isle of Skye

**Lage:** Die im Nordwesten Schottlands gelegene Isle of Skye ist mit 1656 Quadratkilometer Fläche die größte Insel der Inneren Hebriden.
**Highlights:** Skye bietet eine typische Landschaft der schottischen Highlands mit Lochs (Seen und Meeresarme), Heide- und Moorgebieten sowie zahlreichen Bergen. Sehr reizvoll zum Wandern und Mountainbiken sind der spektakuläre Bergkamm Quiraing im Nordosten der Insel sowie der 992 Meter hohe Sgùrr Alasdair im Südwesten.

**Tipps:** Rund um die Insel ist im relativ warmen Wasser des Golfstroms eine artenreiche Fauna beheimatet, darunter verschiedene Wal-, Delfin- und Haiarten. Bootstouren vermittelt das Besucherzentrum in Portree.

---

Wenn die Natur ihre schönsten Tränen weint, rettungslos traurig und doch voller Anmut, dann sieht sie aus wie die Isle of Skye, die Insel des Regens und des Nebels und der ewig feuchten Augen. Nass ist es auf dem größten Eiland der Inneren Hebriden vor der Westküste Schottlands immer.

Als Samuel Johnson, der sich als Engländer mit Regen auskannte, 1773 auf die Insel kam, schrieb er zermürbt: »Das Wetter ist nicht anmutig. Die Hälfte des Jahres ist mit Regen überschwemmt.« Doch das ist nur die halbe Wahrheit. Die andere Tatsache beschreibt eine Zauberlandschaft aus endlosem Moorland, bizarren Berggipfeln und einer spektakulär zerfransten Küste. Die Insel gliedert sich in fünf Halbinseln: Sleat im Süden, Minginish, Duirinish im Nordwesten, Waternish (Vaternish) und Trotternish ganz im Norden.

*Die Cuillin Hills erstrecken sich als Bergmassive über die Insel Skye.*

Vereinigtes Königreich

*Inverpolly: Wenn sich die Sonne nicht hinter Wolken versteckt, kann sie zauberhafte Farbspiele auf die Felsen malen.*

## Inverpolly

**Lage:** Inverpolly ist eine unberührte Region in der Grafschaft Sutherland im Nordwesten Schottlands. Zu dem von Mooren und Lochs (Seen) geprägten Gebiet zwischen Ullapool und Lochinver gehört die 362 Hektar große Knockan Crag National Nature Reserve. Das gesamte Areal ist Teil des rund 2000 Quadratkilometer großen North West Highlands Geopark.

**Highlights:** Vom Besucherzentrum in Knockan Crag an der A835 gelangt man zu Fuß zum Moine Thrust bzw. einem Aufschluss der rund 420 Milliarden alten Überschiebung von europäischer auf amerikanischer Kruste – geologisch gehört das Gebiet eigentlich zu Amerika.

**Tipps:** Eine schöne Strecke für Mountainbiker führt bei Drumrunie von der A835 zum idyllischen Loch Lurgainn mit Sandstränden und baumbestandenen Inseln.

---

Wenn sie Geschichten erzählen könnten, würden sie viele Bücher füllen: Die Berge des Inverpolly-Nationalparks gehören zu den ältesten der Welt. Drei Milliarden Jahre haben sie auf ihren malerischen Buckeln. Sie locken mit ihren Gesteinen und Schichten nicht nur Geologen aus aller Welt nach Schottland, um frühere Zeitalter aus Mineralien und Fossilien abzulesen. Auch Naturfreunde kommen gerne her. Im Nordwesten zeigt sich das nordwestliche Schottland in seiner ganzen Pracht. Eiben und Ebereschenwälder haben sich zwischen den Felsen als ganze Wälder erhalten. Seltene Farne rauschen im Wind, der schnell kalten Nebel mit sich bringt, und mit Glück blühen auch Erikasträucher direkt am Wegesrand. In den Bächen, die das Schmelzwasser der Gipfel ins Tal rauschen lassen, sind ab und an Lachse zu sehen.

*Cairngorms: Romantisch zeigt sich Loch Morlich in der Abenddämmerung.*

*In den Wald- und Felsgebieten der Cairngorms leben Wanderfalken*

## Cairngorms National Park

**Lage:** Der mit rund 4528 Quadratkilometer Fläche größte Nationalpark Großbritanniens wurde 2003 gegründet. Er liegt im Nordosten Schottlands in den zentralen Highlands, durch ihn wird die unberührte Gebirgslandschaft der Cairngorm Mountains geschützt.

**Highlights:** Der Nationalpark ist durchzogen von einem Netz von Wanderwegen, besonders beliebt sind diejenigen am Fluss Spey. In Aviemore beginnt der schöne, knapp 100 Kilometer lange Fernwanderweg Speyside Way nach Buckie. Der Badenoch Way führt von Dalraddy nach Kingussie.

**Tipps:** Bergwandern und Tierbeobachtung kann man auf geführten Wildlife-Wanderungen kombinieren, wie sie etwa Highland Wildlife & Birdwatch Safaris in Aviemore anbietet, highlandwildlifesafaris.co.uk.

---

Eben noch strahlender Sonnenschein, fünf Minuten später fallen dicke Regentropfen aus dichten Wolken – es gibt kaum eine Region in Europa, in der sich das Wetter derart schnell ändert wie in den Cairngorms. Vielleicht liegt es an den Bergen, immerhin fünf der zehn höchsten Gipfel der Britischen Inseln finden sich in diesem Nationalpark. Er ist geprägt von subarktischem Klima, seine Waldkiefernwälder der Tundra bieten Regenpfeifern und Schneehühnern einen Lebensraum, ebenso wie Wildkatzen und Baummardern. Wer die Natur entdecken will, muss keine langen Wanderungen durch unwirtliche schottische Wildnis befürchten – eine Seilbahn bringt die Besucher direkt zum Cairngorm-Gipfel. Von dort aus offenbart sich ein schöner Panoramablick über die schroffen Bergkuppen, in die sich fast unberührte Täler gefräst haben.

*Eine perfekte Pyramide: Der Buachaille Etive Mòr thront wie ein steinerner Herrscher über dem Tal von Glen Coe.*

*Fast wie ein Gemälde, nicht wie blanke Wirklichkeit sieht das Rannoch Moor in Schottland aus.*

## Glen Coe

**Lage:** Das geschichtsträchtige Tal in der Bergwelt der schottischen Highlands wird vom River Coe durchflossen und vom National Trust of Scotland verwaltet.

**Highlights:** Der 155 Kilometer lange Fernwanderweg West Highland Way führt auf einer beeindruckenden Strecke vom Rannoch Moor in das Glen Coe und von dort hinauf zum felsigen Gebirgskamm Devil's Staircase.

**Tipps:** Vom Clachaig Inn führt ein kurzer Weg zum idyllisch gelegenen Clachaig Gully – Filmfreunde kennen den See als Ort von Hagrids Hütte aus den Harry-Potter-Filmen.

Wenn der landestypische Nebel aufzieht und das Tal des Glen Coe (der hier angesiedelte Ort nennt sich Glencoe) in eine mystische Landschaft verzaubert, dann mögen die Gedanken zurückschweifen zum düster-berüchtigten »Massaker von Glencoe«, bei dem in einer Winternacht des Jahres 1692 Dutzende Männer, Frauen und Kinder ermordet wurden. Heute ist das Tal friedlich und bei Wanderern sehr beliebt, die hier südlich des Ben Nevis, des mit 1345 Metern höchsten Berges der Britischen Inseln – eine traumhafte Berglandschaft mit schroffen, schneebedeckten Hängen, von Gletschern erodierten Tälern, Wasserfällen, Seen, Mooren und tundrenartiger Vegetation vorfinden. Jedoch sollten trotz dieser Naturidylle die für Schottland typischen raschen und unvermittelten Witterungswechsel nicht unterschätzt werden.

*Mystische Licht- und Schattenspiele können am Loch Leven beobachtet werden.*

## Rannoch Moor

**Lage:** Das rund 130 Quadratkilometer große Great Moor of Rannoch liegt in den Highlands des nördlichen Schottlands. Das weitgehend unberührte Moorgebiet erstreckt sich westlich von Loch Rannoch auf einem 300 bis 400 Meter hoch gelegenen Plateau. Das Moor ist auf der A82 zu erreichen, die durch das Gebiet führt.

**Highlights:** Das Rannoch-Moor und seine umliegenden Berggipfel können auf zahlreichen Wander- und Mountainbikewegen erkundet werden, die teils in äußerst abgelegene Gebiete führen und gute Orientierung erfordern. Direkt vom Bahnhof Rannoch gelangt man auf einer elf Kilometer langen markierten Rundwanderung zum Loch Ossian.

**Tipps:** Die faszinierende Landschaft lässt sich auch bei einer Zugfahrt mit der West Highland Railway erleben, die rund 35 Kilometer durch das Moor fährt.

Ein starker, zäher Menschenschlag sind die Schotten, der sich vor nichts fürchtet und niemals klein beigibt. Doch vor einer Landschaft kapitulieren selbst sie – vor einer Natur, so wild und unbezähmbar, dass sie sich von keiner Menschenhand bändigen und unter keinem Pflug urbar machen lässt. Das ist das Rannoch Moor, eine der letzten unberührten Landschaften Schottlands, ein 130 Quadratkilometer großes Sumpfland in den Highlands, voller Bäche, Tümpel, Seen und Torf, schwarz wie die Nacht. 1000 Meter hohe Berge umgeben dieses Moor. Es ist eine schaurig-schöne Gegend, die sich aller Lebenslust entkleidet zu haben scheint. »Eine zerschlissenere Ödnis hat kein Mensch jemals gesehen«, notierte der schottische Schriftsteller Robert Louis Stevenson, der Autor der »Schatzinsel«, im späten 19. Jahrhundert nach einer Reise ins Rannoch Moor.

*Der idyllische Loughrigg Tarn ist ein kleiner See nördlich von Lake Windermere.*

*Der Buttermere Lake ist ein beliebtes Ausflugsziel im Lake District.*

## Lake District National Park

**Lage:** Der 2292 Quadratkilometer große Nationalpark im Nordwesten Englands schützt fast die gesamte namensgebende Seen- und Berglandschaft, die bis zur Küste an der Irischen See reicht und im 19. Jahrhundert von vielen Schriftstellern (u. a. William Wordsworth) verewigt wurde.

**Highlights:** Der Lake District bietet zahllose Möglichkeiten zum Wandern, Radfahren, Reiten und Bootfahren. Außergewöhnlich schön ist u. a. die Region rund um den See Ullswater, der von einer beeindruckenden Berglandschaft umgeben ist.

**Tipps:** Die Besucherzentren im Park organisieren eine Vielzahl von geführten Wanderungen und Veranstaltungen, die in der Mehrzahl kostenfrei sind. Infos: lakedistrict.gov.uk

---

Eines der beliebtesten Ferienziele Englands – nicht nur für Briten – ist der Lake District, der seit 1951 als Nationalpark geführt wird. Die »Lake Poets« unter den Romantikern – allen voran Wordsworth – haben diese Landschaft vor 200 Jahren immer wieder besungen. Wer wandern, klettern, segeln oder windsurfen oder einfach die vielseitige Landschaft genießen möchte, wird in diesem Gebiet mit seinen zwölf größeren und zahlreichen kleineren Seen ideale Bedingungen vorfinden. Herausragend ist das Great Langdale mit den beiden Langdale Pikes (der höhere ragt 730 Meter auf), die man auf einer Wanderung von knapp zehn Kilometern besteigen kann. Über eine Serpentinenstraße gelangt man von dort aus zu den Resten eines römischen Forts am Hardknott Pass und genießt einen fantastischen Blick in das sich westlich erstreckende Eskdale-Tal.

*Die 500 Meter lange Kieselsteinbucht Ladram Bay an der Jurassic Coast ist von hohen Klippen gesäumt.*

## Jurassic Coast

**Lage:** Die rund 150 Kilometer lange »Juraküste« erstreckt sich in Südengland am Ärmelkanal von Orcombe Point im Westen bis zu Old Harry Rocks im Osten. Seit 2001 bildet sie das UNESCO-Weltnaturerbe »Dorset and East Devon Coast«. Ihre Felsen sind ergiebige Fossilienfundstätten und gewähren einen Überblick über geologische Entwicklungen der letzten 185 Millionen Jahre von Trias über Jura bis zur Kreidezeit.
**Highlights:** Die Region kann zu Fuß, per Fahrrad und per Boot vom Wasser aus erkundet werden. Besonders fossilienreiche Strände liegen rund um den Küstenort Charmouth.
**Tipps:** Im Osten sind die Kreidefelsen Old Harry Rocks berühmte Landmarken. Ab dort kann man auf einem Abschnitt des rund 1000 Kilometer langen Fernwanderwegs South West Coast Path die gesamte Jurassic Coast entlangwandern.

---

An der Jurassic Coast, dem spektakulären Küstenstreifen von Dorset und Ost-Devon, präsentieren sich die Ablagerungen aus Trias, Jura und Kreidezeit wie in einem aufgeschnittenen Sandwich. Die Felsen sind steingewordene Zeugen der Evolution, das Auftreten und das Aussterben von Tier- und Pflanzenarten – nicht zuletzt der Dinosaurier. So entdeckte man im Jahr 2000 eine Dinosaurierart, die es nur hier gegeben hat. Aufmerksam wurden Geologen zu Beginn des 19. Jahrhunderts durch den Zufallsfund eines kleinen Mädchens. Sie habe an der Küste einen Drachen gesehen, erzählte sie, in Wahrheit handelte es sich um den ersten vollständigen Abdruck eines Ichthyosauriers. Bei Wanderungen stößt man auch heute noch auf die Spuren der Vorzeit. Die Erosion, besonders nach kräftigen Stürmen, legt beständig neue Fossilien frei.

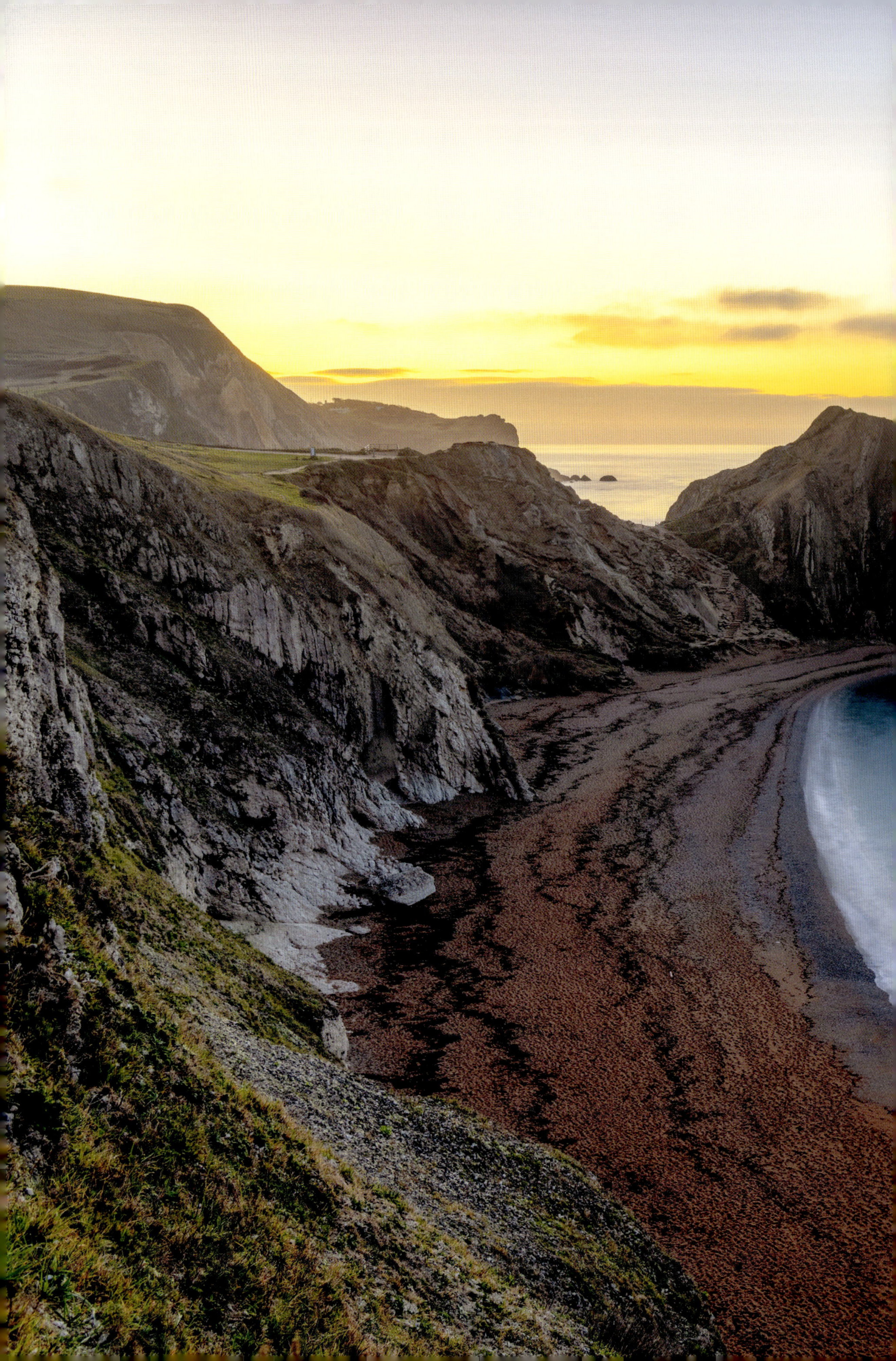

**Jurassic Coast**
*Hier liegen die Juwelen der Erdgeschichte vergraben: Vor 185 Millionen Jahren entstand die Jurassic Coast im Süden Englands, die zu den bedeutendsten Fossilienfundstätten der Erde gehört. Die Natur als Baumeister hat mit dem Durdle Door hier ein fantastisches Felstor geschaffen.*

## New Forest National Park

**Lage:** Der 2005 gegründete, 571 Quadratkilometer große Nationalpark liegt im Süden Englands. Er schützt eine abwechslungsreiche Landschaft mit Wäldern, Heide, Flüssen, Watt und Salzmarschen an der Küste sowie großen Weideflächen.

**Highlights:** Der Nationalpark kann zu Fuß, per Fahrrad und hoch zu Ross erkundet werden. Eine Besonderheit sind die Kanutouren und Reitexkursionen, die über das Informationszentrum organisiert werden. Schöne Strecken verlaufen u. a. von Lymington aus entlang der Küste sowie zwischen Woodfalls, Woodgreen und Hale. Letztere ist ein Abschnitt des 55 Kilometer langen Wanderwegs von Salisbury nach Christchurch durch das Avon-Tal.

**Tipps:** Durch den Nationalpark fahren im Stundenrhythmus offene Doppeldeckerbusse auf verschiedenen Routen, Informationen dazu auf der Website des Parks.

---

England hält an seinen Traditionen mit dem heiligen Ernst der Unbeirrbarkeit fest. Hier gibt es historische Kontinuitäten, die anderswo undenkbar wären. Der New Forest in Hampshire zum Beispiel ist ungeachtet seines Namens kein neuer, sondern ein uralter Wald. Wilhelm I. von England, genannt der Eroberer, ließ ihn schon 1079 zum königlichen Jagdrevier erklären. Die Bewohner wurden vertrieben und strenge Gesetze zum Schutz des Wildes erlassen. Vor allem die Hirsche des New Forest landeten als Delikatesse auf der königlichen Tafel und deren Geweih in irgendeinem Schloss der Monarchen. Und bis zum heutigen Tag gehören 90 Prozent des New Forest der Krone, fast so, als habe sich seit den Zeiten von Wilhelm dem Eroberer nichts verändert. Auch die Landschaft wirkt archaisch.

## Exmoor National Park

**Lage:** Der 1954 gegründete, 692 Quadratkilometer große Nationalpark erstreckt sich mit Küsten- und Heidelandschaft im Südwesten Englands in den Grafschaften Devon und Somerset entlang der Küste des Bristol Channell.

**Highlights:** Exmoor ist ein berühmtes Wandergebiet, hier verlaufen auch Abschnitte der Fernwanderwege Coleridge Way, South West Coast Past sowie Two Moors Way durch malerische Moorlandschaften. Letzterer führt über die Tarr Steps, eine der letzten sogenannten Clapper Bridges, die aus Felsen und Steinplatten geschichtet werden.

**Tipps:** In Exmoor leben die wilden Exmoor-Ponys, im Nationalpark bestehen zudem viele Möglichkeiten, die Landschaft zu Pferde zu erkunden. Viele Unterkünfte sind zugleich Reitställe. Informationen zu Reiterferien in Exmoor findet man unter visit-exmoor.co.uk sowie in den Nationalparkzentren.

---

Düstere Geschichten erzählt man sich in Exmoor, Geschichten wie jene des Henkers, der zum Gehenkten wurde: Ein unglückseliger Schafdieb war er, der sich hoch auf einer Klippe ein Seil um seinen Nacken schwang, um seine Beute fortzuschaffen, und sich dann selbst strangulierte. Wenn man durch diese Hochebene in den Grafschaften Devon und Somerset reist, versteht man solche Geschichten sofort. Es ist eine raue Welt aus baumloser Heidelandschaft voller Moore mit abgrundtiefen Tälern dazwischen, über die der Wind schneidet wie 1000 Schwerter. Heidekraut und Stechginster, Farne und Weißdornbäume sind die einzigen Farbtupfer im größten zusammenhängenden Moor Englands. Vielleicht trägt auch die Einsamkeit und menschenleere Weite zu den kleinen Schauermärchen bei.

## Dartmoor National Park

**Lage:** Der Nationalpark, im Süden Englands in der Grafschaft Devon gelegen, umfasst auf einer 954 Quadratkilometer großen Fläche die Moor- und Heidelandschaft des Granitmassivs Dartmoor sowie die hiesigen prähistorischen Artefakte.

**Highlights:** Prägendes Landschaftsmerkmal des Dartmoor sind seine offenen, weiten Heide- und Moorflächen. Sie können auf dem rund 750 Kilometer langen Wegenetz, aber auch abseits der von den Rangern gepflegten Pfade erkundet werden.

*Rothirsch im New Forest National Park.*

Wer gut Karten lesen kann, kann sich hier quer durch unberührte Gebiete durchschlagen, sollte sich vorab aber über das Gelände informieren.

**Tipps:** In Dartmoor finden sich zahlreiche *cairns* – prähistorische Begräbnishügel – sowie Steinkreise und -gräber, Relikte aus Stein- und Bronzezeit. Besonders beeindruckend und leicht zu erreichen ist die Megalithanlage Spinster's Rock westlich des Dorfes Drewsteignton nahe der A382 auf dem Gelände von Shilstone Farm.

---

Ein mörderischer Hund geht in Dartmoor um, ein Riesenvieh mit fletschenden Zähnen, dem der kräftigste Mann nicht gewachsen ist. Ein Racheengel ist die Bestie in Wahrheit, denn einst tötete sie einen Landlord, der sich an den Töchtern seiner Pächter vergriffen hatte. Die Legende inspirierte Sir Arthur Conan Doyle zu seinem berühmtesten Sherlock-Holmes-Roman: »Der Hund von Baskerville«. Conan Doyle reiste eigens nach Dartmoor, um die gespenstische Stimmung dieser Moorlandschaft beschreiben zu können – käme er heute abermals hierher, fände er das Moor so unverändert vor, dass er wahrscheinlich sofort an einer Fortsetzung arbeiten würde. Insgesamt hat das 1951 zum Nationalpark erklärte Dartmoor in Devon ganze Generationen von Schriftstellern inspiriert. Kein Wunder!

*Schroff zeigt sich die Felsküste am Bristol Channel mit dem »Valley of the Rocks« im Exmoor National Park.*

*Die Heide- und Waldlandschaft bietet einen Lebensraum für die wilden Exmoor-Ponys.*

*Das Dartmoor bietet immer wieder andere Ansichten. Steinkreise, Heide und Granitfelsen wechseln sich ab.*

*Die sagenumwobenen Landschaften von Snowdonia lassen sich auf verschiedenen Routen erkunden.*

*Die schroffe Gebirgslandschaft von Snowdonia ist ein beliebtes Wandergebiet.*

### Snowdonia National Park

**Lage:** Der 2170 Quadratkilometer große Nationalpark (walisisch: Parc Cenedlaethol Eryri) ist zu 70 Prozent in Privatbesitz und wird von rund 26 000 Menschen bewohnt.

**Highlights:** Der 1085 Meter hohe Yr Wyddfa (Snowdon) ist der höchste Berg in Wales und England, vom Gipfel reicht bei klarem Wetter der Blick bis nach Irland. Ein Aufstieg ist der sechs Kilometer lange Rhyd Ddu Path. Er beginnt am gleichnamigen Parkplatz bei der A4085.

**Tipps:** Archäologische Funde zeugen von der 6000-jährigen Siedlungsgeschichte der Region. Ein sechs Kilometer langer Rundwanderweg führt abseits der A496 von der Straße zur Cors y Gedol Hall und zur eisenzeitlichen Felsenburg Craig Y Ddinas.

---

Es war einmal ein Riese, der hieß Rhudda, hauste auf dem Gipfel eines Berges und kleidete sich mit einem Mantel aus den Barthaaren der Könige, die er erschlagen hatte. Der Mantel

*Die Sandsteinklippen und vorgelagerten Inseln der Pembrokeshire Coast sind ein Vogelparadies.*

wurde immer dichter, bis König Artus kam und den bösen Riesen tötete, weil er sein Barthaar nicht hergeben wollte. Seither, so sagt es die Legende, ruht Rhudda auf seinem Berg, den die Waliser deswegen Grabmal nennen – »Yr Wyddfa«. Auf Englisch heißt er Snowdon und ist nicht nur der Namensgeber, sondern auch der Höhepunkt des Snowdonia-Nationalparks im Norden von Wales. Unergründlich blau sind seine Gebirgsseen, geistergrün seine Berghänge. Doch oft werden alle Farben vom Nebel und den Wolken geschluckt, die sich wie eine stumme Flut anschleichen und die Landschaft verschleiern. Mehr als fünf Meter Niederschlag fällt hier jedes Jahr, brüllend heiß sind die Sommer, bitterkalt die Winter, und vor den beißenden Winden gibt es keine Rettung. In Snowdonia muss der Mensch immer auf der Hut sein, besonders vor den Bergen wie dem Cadair. Denn wer auf ihm übernachtet, so heißt die Sage, wird entweder blind oder verrückt. Der Snowdonia-Nationalpark wurde im Jahr 1951 unter Schutz gestellt und ist der Inbegriff einer wilden walisischen Landschaft.

## Pembrokeshire Coast National Park

**Lage:** Der 629 Quadratkilometer große Nationalpark wurde 1952 gegründet und schützt im Südwesten von Wales eine spektakuläre Küstenlandschaft mit rauen Klippen, Sandstränden, bewaldeten Flussmündungen und Marschen, die u. a. eine artenreiche Vogelwelt aufweist.
**Highlights:** Zwischen St Dogmaels und Amroth verläuft entlang der Küste der 298 Kilometer lange Pembrokeshire Coast National Trail, auf dessen hügeligem Profil mit grandiosen Ausblicken auf die Küste man insgesamt rund 10000 Höhenmeter überwindet (siehe Folgeseiten).
**Tipps:** Von Mai bis Juli kann man auf der Insel Skomer eine große Papageitaucherkolonie beobachten. Bootsfahrten bietet u. a. Dale Sailing in Neyland an, Infos unter dale-sailing.co.uk

Wenn man an Straßenschildern vorbei kommt, auf denen unaussprechliche Namen wie Fford Cilgwyn, Llwyngwair, Feidr Cefn oder Gellifawr stehen, dann ist man in der wundersamen Welt des Pembrokeshire-Coast-Nationalparks angelangt. Und so wie diese Namen nach lauter Feen und Elfen klingen, so fühlt man sich in dieser Landschaft auch wie in einem Zauberreich der Natur. Das liegt vor allem an ihrer Küste, an der sich der Pembrokeshire Coast Path entlangschlängelt, einer der atemraubendsten Küstenwanderwege Großbritanniens. In rascher Folge wechseln sich Klippen, Buchten und Sandstrände ab. Schon im Januar blühen wegen des milden Klimas 50 verschiedene Blumenarten von Hyazinthen bis zu Seenelken. Später brüten in diesem Farbenmeer zu Abertausenden Seevögel wie Papageitaucher, Austernfischer, Kormorane und Tordalken.

**Vereinigtes Königreich**

# WANDERUNG

*Wahren Bilderbuchlandschaften begegnet man auf dem berühmtesten Wanderweg von Wales.*

## Im Südwesten auf dem Pembrokeshire Coast Path

**Was für ein schöner Weg! Fast ein Strandspaziergang und als Begleitung das Rauschen des Meeres. Nur, dass der Untergrund nicht weich und sandig ist, sondern auch noch teils weit oberhalb des Ozeans entlangführt. Keine Frage: Der Pembrokeshire Coast Path ist ein einziger Traum.**

Es ist eine Grundsatzfrage: Warum überhaupt an der Küste entlangwandern, wenn es traumhafte Wanderwege auch in so imposanten Berglandschaften wie den Alpen und andernorts gibt? Oder aber: Weshalb sollte man in den Bergen wandern, wenn man viel lockerer bei einem frischen Lüftchen und einem Hauch von Salzwasser auf den Lippen an und auf den Klippen am Rand eines Meers laufen kann? Ganz sicher haben beide Ansätze ihre Liebhaber – aber vielleicht wäre gerade nach einer längeren Bergtour die Fortsetzung der Wanderung entlang einer Steilküste besonders interessant, weil so kontrastreich? Wie auch immer, in Wales gibt es – zumindest auf dem Pembrokeshire Coast Path – ohnehin keine Alternative. Wer hier läuft, liebt das Meer ganz sicher – denn die Alpen sind weit weg. Immerhin geht es auf diesem Weitwanderweg gute 300 Kilometer mehr oder weniger direkt am oberen Rand der Steilküsten entlang. Der Weg, der von den meisten Wanderern in 15 Etappen gelaufen wird, ist spannend. Schon allein deshalb, weil seine Streckenführung alles andere als gerade verläuft. Die vielen Buchten der nach Westen ausgerichteten Küstenlinie ermöglichen stets spektakuläre Ausblicke in alle Richtungen. Mitunter sind auch hohe Klippen mit Basaltgestein zu überwinden oder eine Passage am zehnten Wandertag, die auf der Nordseite von Milford Haven entlangführt und nur bei Ebbe zu überwinden ist. Oder die einsame und fordernde, 16 Kilometer lange Etappe nach Freshwater. Mal führt der Weg durch flaches Gelände, das manchmal an Mittelmeerlandschaften erinnert, dann aber wieder sanft geschwungen über kiesige und sandige Buchten oder an Einkerbungen im Gelände vorbei, die ob der vorgelagerten Inselchen an Naturhäfen erinnern. Natürlich fehlen auch die Ausblicke von hohen Felsformationen auf die weit unten liegende Küste nicht, auf Leuchttürme und kleine Fischerdörfer. Aber stets ist da dieses satte walisische Grün des Grases auf den Hängen, das einen so eindrucksvollen Kontrast zu dem verwitterten Gestein bildet, das noch aus der Zeit vor der kaledonischen Gebirgsbildung stammt und häufig vulkanischen Ursprungs ist.

Es ist immer wieder erstaunlich, zu erkennen, dass Weitwandern nicht etwa nur eine existenzielle Notwendigkeit von Arbeitssuchenden in vorherigen Jahrhunderten war, sondern beispielsweise bereits 1953 ein Thema war. Der Naturgeschichtler und Autor Ronald Lockley kam auf die Idee, eine Route entlang der walisischen Küste für einen Wanderweg anzulegen. Vorausgegangen war, dass die Regierung selbst die Klippenlandschaft so einzigartig

# PEMBROKESHIRE COAST PATH

> **Routensteckbrief:**
> **Distanz:** 300 km | **Dauer:** 15 Tage | **Höhenmeter:** täglich 200–500 m
> **Stationen:** St Dogmaels – Newport → 25,7 km | Newport – Fishguard → 19,3 km | Fishguard – Pwell Deri → 14,5 km | Pwell Deri – Porthgain → 19,3 km | Porthgain – Whitesands → 16,1 km | Whitesands – Solva → 20,9 km | Solva – Broad Haven → 19,3 km | Broad Haven – Martin's Haven → 17,7 km | Martin's Haven – Dale → 16,1 km | Dale – Neyland → 25,7 km | Neyland – Angle → 25,7 km | Angle – Freshwater → 16,1 km | Freshwater – Broad Haven → 16,1 km | Broad Haven – Skrinkle Haven → 17,7 km | Shrinkle Haven – Amroth → 22,5 km

fand, dass sie im Jahr zuvor den Pembrokeshire Coast National Park eingerichtet hatte. Lockleys Idee wurde wohl auch zu seinem eigenen großen Erstaunen sofort und ohne große Diskussionen angenommen. In den darauffolgenden 17 Jahren wurde der Weg dann verwirklicht. Es war durchaus eine Mammutaufgabe, die sich die Nationalparkverantwortlichen vorgenommen hatten. Denn zum einen verlief die Streckenführung auch über etliche private Grundstücke und nicht jeder Landbesitzer war begeistert von der Idee, nun plötzlich ein buntes Wandervölkchen über seinen Grund spazieren zu lassen. Zu erkennen ist das heute noch, wenn eine vermeintlich logische Streckenführung plötzlich völlig unnötig erscheinende Umwege macht. Zum anderen mussten beim Bau mehr als 100 Fußgängerbrücken und 450 Passagen über Zäune errichtet werden. Tausende von Stufen wurden an steilen Passagen oder an rutschigen Abschnitten des Weges gebaut. Doch am 16. Mai 1970 fand die Eröffnung statt, und Wales hatte ein touristisches Alleinstellungsmerkmal mehr.

Vor- und Nachteil des Weitwanderweges zugleich ist die gute Anbindung an Straßen. Er ist an vielen Stellen gut erreichbar, und das lockt Bus- und Tagestouristen an. Schließlich lassen sich an der Küste mitunter Robben, Tümmler und Schweinswale beobachten. Ornithologen freuen sich über die große Anzahl verschiedener Vogelarten und über die Vogelkolonien, die allerdings vor allem auf den vorgelagerten Inseln zu finden sind. Doch der erfahrene Wanderer weiß, dass sich die Touristen nur an bestimmten Punkten der Strecke ballen und er selbst meist ein paar Buchten weiter wieder allein ist. Übernachtungen sind in den alten Fischerdörfern oder reizvollen Städtchen direkt am Meer möglich. Selbst für Freunde architektonischer Relikte der Vergangenheit bietet der Weg etliche Höhepunkte. Immerhin säumen fast 60 eisenzeitliche Küstenfestungen, die mehr als 2000 Jahre alt sind, den Streckenverlauf. Der walisische Badeort Tenby mit seinem Hafen und den vielen Fischerbooten ist schon fast der Endpunkt dieser langen Wanderung, die am schönen Strand von Amroth dann tatsächlich ein Bad im Meer ermöglicht. Ein Finale wie gemacht für einen Sommertag und einen euphorischen Rückblick auf einen einzigartigen Trekking-Trail an einer der dramatischsten Küstenlinien Großbritanniens.

*Eine Tagesetappe führt in das idyllische Fischerörtchen Solva. Die schmale Hafenbucht fällt bei Ebbe meist trocken.*

Vereinigtes Königreich

*Idyllisch sind die Berghänge nahe Llangattock heute. Nur die Kalksteinfelsen erinnern noch an die Bergbauvergangenheit.*

*Der Wasserfall Sgwd Ddwli Uchaf ergießt sich im Brecon Beacons National Park.*

## Brecon Beacons National Park

**Lage:** Der 1344 Quadratkilometer große Nationalpark erstreckt sich im südlichen Wales von der englischen Grenze bis Swansea rund um das Gebirge Brecon Beacons.

**Highlights:** Die lohnenswerte Wanderung auf das »Hufeisen« der vier Gipfel des Pan y Fan, des mit 886 Meter höchsten Bergs der Brecon Beacons, dauert ab der alten Postkutschenstation Storey Arms rund sechs Stunden.

**Tipps:** In Llanddeusant können am Red Kite Feeding Centre täglich rund 50 Rote Milane, Bussarde und Raben beobachtet werden, siehe redkites wales.co.uk

---

Es kann einem Wanderer passieren, dass er sich in der mystischen Einsamkeit der Brecon Beacons plötzlich einem Ziegenbock gegenübersieht, der partout den Weg nicht freigeben will. Spöttisch scheint er den Wanderer anzuschauen, und wenn er das kleine Machtspiel gewonnen hat, tritt er großmütig beiseite. In diesem Moment wird einem klar, wer der Ziegenbock in Wahrheit ist: Merlin natürlich, der Druide aus der Artusrunde, der hier im Süden von Wales begraben liegt und sich den Menschen ab und zu als Ziegenbock zeigt. Und da Merlin auch ein Mystiker war, ist es kein Wunder, dass er sich in der mystischen Landschaft der Brecon Beacons herumtreibt. Die Gebrigskette der Brecon Beacons begründet das Kernstück des im Jahr 1957 gegründeten Nationalparks.

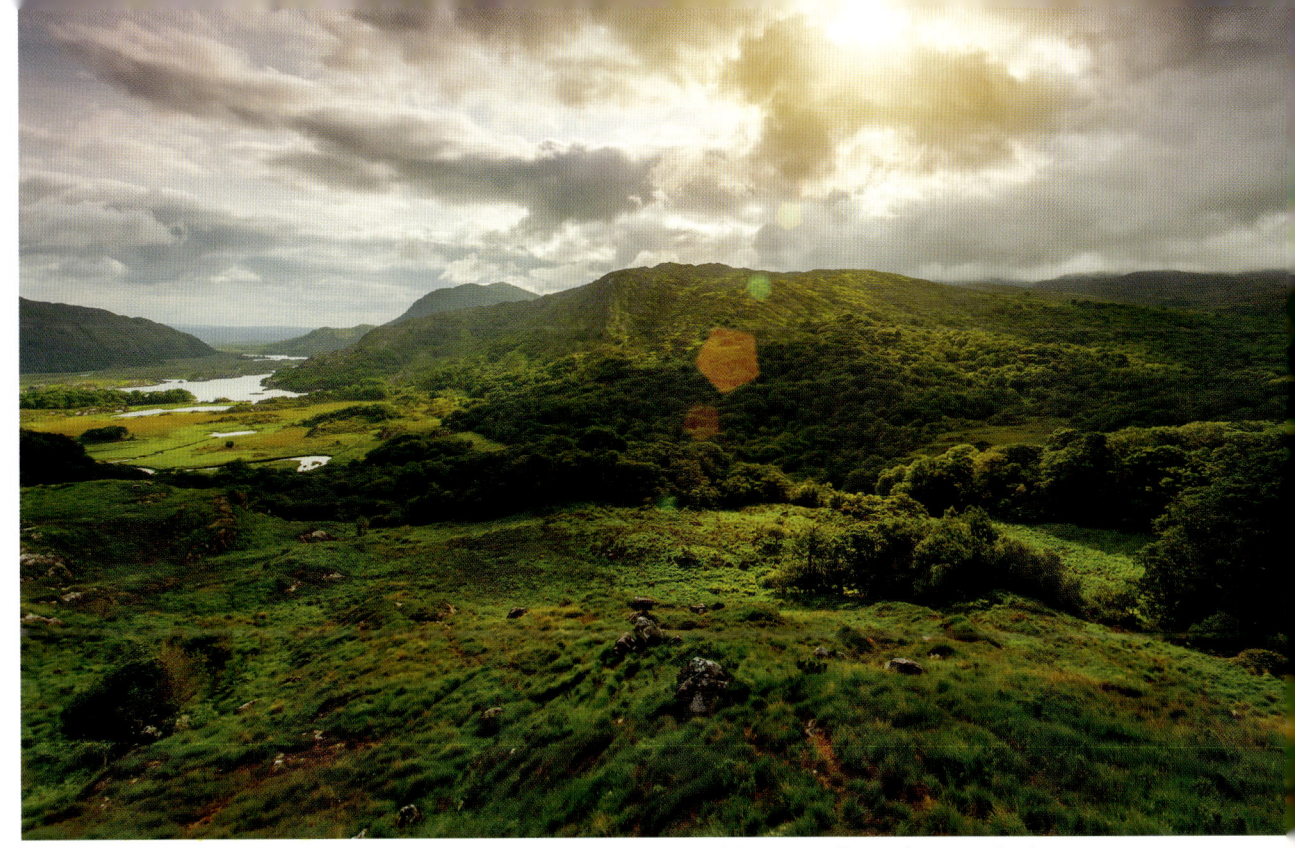

*Der schönste Blick weit über den Upper Lake in den Killarney National Park hinein eröffnet sich vom Ladies' View aus.*

# Irland

**Irland wird die »Grüne Insel« genannt, was vor allem für das zentrale Tiefland gilt. Neben den ausgedehnten saftig grünen Weideflächen bestimmen Moore und Heiden das Landschaftsbild, die Küsten sind meist felsig.**

## Killarney National Park

**Lage:** Killarney wurde 1932 als erster Nationalpark Irlands gegründet und 1982 zum UNESCO-Biosphärenreservat erklärt. Der Park liegt im Südwesten des Landes auf der Halbinsel Iveragh und erstreckt sich dort zwischen 22 und 842 Meter Meereshöhe über 103 Quadratkilometer. Er umfasst die Berge der MacGillycuddy's Reeks, die Killarney-Seen, Eichen- und Eibenwälder sowie Heide- und Moorlandschaft.
**Highlights:** Die abwechslungsreiche Landschaft kann zu Fuß und mit dem Fahrrad auf einem dichten Wegenetz erkundet werden. Höhepunkte sind die Eichenwälder und die Killarney-Seen, allen voran der Gletschersee Lough Leane mit der Burgruine Ross Castle.
**Tipps:** Sehr stilecht kann man vom Besucherzentrum Muckross House, einem architektonischen Schmuckstück im Tudorstil, mit einer Kutsche zu Zielen wie dem berühmten Torc Waterfall fahren.

---

Die Killarney Area, ein über 8000 Hektar großes Gebiet mit Bergen und Seen, wurde von Gletschern der Eiszeit geformt. Die Region wurde zum Nationalpark erklärt, die Straßen sind für Autos gesperrt. Zum Besuch des Nationalparks gehört eine Fahrt mit der Pferdekutsche durch die Gap of Dunloe, eine Bergschlucht im Schatten des Purple Mountain, der seinen Namen dem hier im Spätsommer blühenden Heidekraut verdankt. Anstrengender ist dagegen die Tour zum Gipfel von Carauntoohill, mit 1040 Metern der höchste irische Berg. Eichen und Eiben, die im Killarney-Nationalpark wachsen, sind in Irland recht selten, da die meisten Wälder bereits vor Jahrhunderten abgeholzt wurden. Zur ungewöhnlichen Flora der Region gehört auch der Erdbeerbaum, ein Strauch mit roten, nicht essbaren Früchten.

## INFO *

**IRLAND**
**Fläche:**
70 282 km²
**Bevölkerung:**
5,1 Mio. Einwohner
**Hauptstadt:**
Dublin (588 000 Einwohner)
**Höchster Berg:**
Carrantuohill (1041 m)
**Längster Fluss:**
Shannon (386 km)

*Unbegreiflich, wie die Deckplatte des Poulnabrone-Dolmens im Burren National Park bewegt werden konnte.*

*Atemberaubend ist die Natur in Connemara, hier eine Insel im Derryclare Lough.*

## Burren National Park

**Lage:** Der rund 15 Quadratkilometer große Nationalpark wurde 1991 gegründet. Er liegt im Westen Irlands im County Clare und schützt den südöstlichen Teil der rund 360 Quadratkilometer großen Karstlandschaft The Burren.
**Highlights:** Durch den Park führen mehrere markierte Wanderrouten, besonders abwechslungsreich sind die grüne (6,5 Kilometer) und die blaue Route (7,5 Kilometer) rund um den Berg Mullaghmore.
**Tipps:** Von April bis einschließlich August bietet das Informationszentrum des Nationalparks kostenlos geführte Themenwanderungen durch den Park an, Informationen findet man unter nationalparks.ie/burren.

**Tipps:** Die Ranger des Nationalparks bieten regelmäßig kostenlose Führungen zu verschiedenen Themen an, die am Besucherzentrum beginnen. Für Kinder besonders interessant ist die Aasfresser-Führung.

Connemara im Westen der Grafschaft Galway ist eine Landschaft von fast mythisch anmutender Schönheit. Zwischen zwei Bergketten, den Twelve Bens und den Maumturk Mountains, breiten sich Torfmoore aus, die an drei Seiten von einer filigran eingebuchteten Küste mit ungezählten Inselchen eingerahmt werden. Um diese für den Westen Irlands typische Heide- und Moorlandschaft in ihrem naturbelassenen Zustand erhalten zu können, wurde im Jahr 1980 ein rund 20 Quadratkilometer großer Landstreifen an den nordwestlichen Hängen der Twelve Bens zum Connemara-Nationalpark erklärt. Der höchste dieser zwölf Kegel ist mit 718 Metern der Benbaun. Früher waren die unteren Partien besiedelt, wovon einige verfallene Ruinen zeugen. Connemara gilt als Hochburg des Gälischen: Von hier aus senden irischsprachige Radio- und Fernsehsender.

Ein englischer Offizier, der mit Cromwells Armee in die Karstlandschaft der Grafschaft Clare kam, hatte kein Auge für ihre eigenartige Schönheit. Er fand »kein Wasser, um einen Mann zu ertränken, keinen Baum, um ihn zu erhängen, keine Erde, um ihn zu beerdigen«. Das große Kalksteinplateau heißt »The Burren« – von Boireann, »steiniges Land« – und ist auf den ersten Blick öde und grau. Im Frühling aber gedeiht in den Felsritzen eine Vielfalt an Blumen. Irischer Steinbrech und mehrere Orchideenarten gehören dazu. Es gibt auch Spuren früherer menschlicher Siedlung übersät: Über 60 Megalithgräber und an die 500 jungstein- und eisenzeitliche Ringanlagen zeugen davon. Eindrucksvoll ist Poulnabrone Dolmen, ein einst mit Erde bedecktes Steingrab aus der Zeit um 3000 v. Chr.

## Connemara National Park

**Lage:** Der 29,57 Quadratkilometer große Nationalpark im County Galway schützt Moore, Heide, Wiesen, Wälder und Berge, von denen einige zur Bergkette Twelve Bens gehören.
**Highlights:** Am Besucherzentrum beginnt die rund sieben Kilometer lange, ca. dreistündige Rundwanderung auf den 445 Meter hohen Diamond Hill. Vom höchsten Berg im Park reicht der Blick bis zur Küste und zu den zwölf Gipfeln der Twelve Bens.

*Connemara ist auch bekannt für die gleichnamige Pony-Rasse.*

# Westeuropa

## Herrliche Natur zwischen Nordsee und Pyrenäen

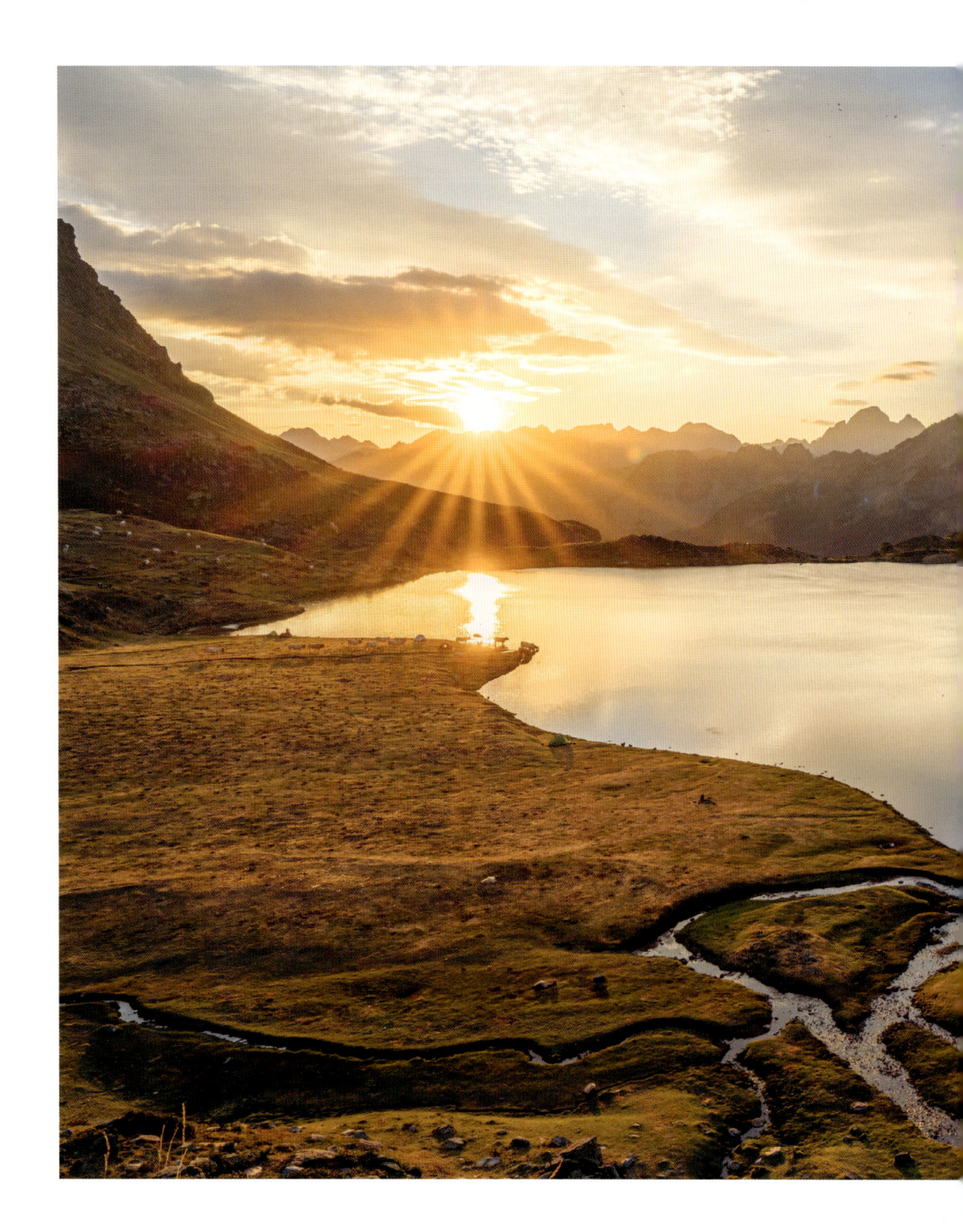

Zwischen der Nordsee und dem Mittelmeer erstreckt sich eine erstaunliche Vielfalt an Landschaften. In roten Klippen brüten Basstölpel und Möwen, Reiher fischen in flachen Gewässern der holländischen Küste nach Leckereien, landeinwärts werben Rothirsche eindrucksvoll mit ihren Lauten um Weibchen. In Südfrankreichs Camargue faszinieren die weißen Wildpferde, davor posieren Flamingos mit ihrem rosa Gefieder in der Sonne, während die Pyrenäen mit ihrer kargen Schönheit faszinieren. Und immer wieder lohnt der Blick ins Detail, etwa auf seltene Schmetterlinge, wie sie sich in den Cevennen finden.

VEREINIGTES
KÖNIGREICH

Parc d'Iroise
Nationalpark
Armorique

FRANKREICH

Naturpark
Grands-Causses

Nationalpark
Pyrenäen

PORTUGAL

SPANIEN

ANDORRA

## NIEDERLANDE

- Nationalpark Schiermonnikoog
- Nationalpark Lauwersmeer
- Nationalpark Duinen van Texel
- Nationalpark Hoge Veluwe

## DEUTSCHLAND

## BELGIEN

- Nationalpark Hoge Kempen
- Nationalpark Hohes Venn-Eifel

## LUXEMBURG

- Naturpark Nordvogesen

## TSCHECHIEN

## LIECHTENSTEIN

## ÖSTERREICH

## SCHWEIZ

- Naturpark Haut Jura
- Mont-Blanc-Massiv
- Nationalpark Vanoise
- Naturpark Vercors
- Nationalpark Cévennes
- Nationalpark Écrins

## SLOWENIEN

## KROATIEN

## ITALIEN

- Naturpark Camargue
- Gorges du Verdon

*Die Watteninsel Schiermonnikoog ist eine der ursprünglichsten Landschaften der Niederlande.*

# Niederlande

**Mehr als die Hälfte der Landesfläche liegt unterhalb des Meeresspiegels: Man hat sie durch Deichbau dem Meer abgerungen. Über 100 Meter Meereshöhe erhebt sich das Land nur im Geest, der landeinwärts gelegenen sandigen Hügelregion, und im Süden, im niederländischen Teil des Rheinischen Schiefergebirges.**

## INFO

**NIEDERLANDE**
Fläche:
41 864 km²
Bevölkerung:
17,6 Mio. Einwohner
Hauptstadt:
Amsterdam (905 000 Einw.)
Höchster Berg:
Vaalserberg (312 m)
Küstenlänge:
451 km

### Nationalpark Schiermonnikoog

**Lage:** Der Nationalpark wurde 1989 gegründet und ist etwa 54 Quadratkilometer groß. Er umfasst den größten Teil der gleichnamigen Insel und einen Teil des umgebenden Wattenmeers. Schiermonnikoog ist die kleinste und östlichste der fünf bewohnten Westfriesischen Inseln.
**Highlights:** Bei einer Wattwanderung lässt sich der sich ständig verändernde Lebensraum erkunden.
**Tipps:** Im Besucherzentrum der Insel können Exkursionen und andere Aktivitäten gebucht werden. Neben Wattwanderungen bieten sich Ausflüge in die Dünen und zu den Salzwiesen an.

---

Es ist ein holländisches Idyll wie aus dem Bilderbuch: Backsteinhäuschen mit spitzen Giebeln und Backsteinkirchen mit mächtigen Türmen, manikürte Gemüsebeete zwischen gestutzten Hecken und grasende Kühe auf saftigen Wiesen, kilometerbreite Sandstrände voller Sanddorn und Holunder und Kiefernwälder voller Fasane. Keine 1000 Menschen leben auf diesem Inselchen, die ihr Idyll allerdings nicht für sich behalten dürfen. 300 000 Besucher stürmen jedes Jahr Schiermonnikoog, das aber auch seine dunklen Seiten hat. Seltsame Gestalten sollen hier gelebt haben wie jener Mann, von dem man sagt, dass er mit Mondscheinfahrten auf Totenschiffen reich geworden ist, weil er den Toten einen guten Dienst erwies: Er legte einen Friedhof für ertrunkene Seeleute an.

## Nationalpark Lauwersmeer

**Lage:** Der rund 90 Quadratkilometer große Nationalpark wurde 2003 gegründet und liegt im Norden der Niederlande an der Nordseeküste. Aus einer zum Wattenmeer offenen Meeresbucht, die 1969 durch einen Damm abgeriegelt wurde, entstand der See Lauwersmeer. In der Umgebung des Gewässers siedelte sich auf dem ehemaligen Wattboden eine einzigartige Pflanzen- und Tierwelt an.

**Highlights:** Der Nationalpark hat sich zu einem herausragenden Vogelschutzgebiet entwickelt. Hier brüten u. a. Rohrweihen, Blaukehlchen, Habichte, Kampfläufer, überwintern Enten und Gänse, können Reiher gesichtet werden. Im Park sind viele Beobachtungspunkte ausgewiesen.

**Tipps:** Das Gebiet kann zu Fuß, per Fahrrad und Boot erkundet werden. Geführte Exkursionen bietet das Besucherzentrum in Lauwersoog an.

Am 26. Dezember 838 brach die erste dokumentierte Flut über die niederländische Küste herein. Die »Julianenflut« soll im Februar 1165 rund 20 000 Menschenleben gekostet haben. Die »Marcellusflut« im Januar 1219 tötete vermutlich sogar 100 000 Anwohner. 70 Jahre später wurden die Niederlande wieder überschwemmt, und dieses Mal waren die Folgen so gewaltig, dass die Bucht Lauwerszee im Norden des Landes entstand. Sie verdankt ihren Namen dem Fluss Lauwers, der die Provinzen Groningen und Friesland trennt. Als 1953 eine weitere Naturkatastrophe die Niederlande heimsuchte, beschlossen die Anwohner das Meer zu besiegen, deichten die Bucht ein und schufen so einen See, in dem die Natur eine erstaunliche Metamorphose durchlebte: Von einem maritimen Lebensraum verwandelte sie sich in ein Feuchtgebiet mit Süßwasser.

*Vogelparadies Lauwersmeer: Kampfläufer sind hier ebenso anzutreffen wie ...*

*... die eleganten Löffelreiher mit ihrem löffelförmigen Schnabel und die ...*

*... Stelzenläufer mit ihren ungewöhnlich langen, roten Beinen.*

## Nationalpark Hoge Veluwe

**Lage:** Der 1935 gegründete, knapp 55 Quadratkilometer große Nationalpark in der zentralen niederländischen Provinz Gelderland ist eine Heide- und Waldlandschaft mit vorwiegend Nadelbäumen, Mooren und Flugsandgebieten.

**Highlights:** Der Nationalpark lässt sich auf einem 40 Kilometer langen Wegenetz besonders gut mit dem Fahrrad erkunden. Rund 1800 Fahrräder stehen den Besuchern kostenlos zur Verfügung.

**Tipps:** Am Besucherzentrum am Marchantplein im Parkzentrum kann man sich für Safaris mit den Rangern anmelden. Ein besonderes Erlebnis sind nächtliche Touren, bei denen auch im Park übernachtet wird. Auf dem Gelände liegt auch das Kröller-Müller-Museum mit der größten privaten Van-Gogh-Sammlung der Welt sowie einem wunderschönen Skulpturengarten.

---

Wie mag wohl ein Baum von unten aussehen mit seinem Wurzelwerk? Perspektiven der besonderen Art bietet das Besucherzentrum Museonder des Nationalparks. Es hat sich auf die Welt unter der Erde spezialisiert. Das Museum ist nur eine Attraktion des niederländischen Nationalparks, seine Naturwunder locken eher die Menschen an, etwa eine der meistbesuchten Heideflächen Mitteleuropas oder die wüstenähnlichen Gebiete, in denen der Flugsand eigentümliche Verwehungen und nebelähnliche Phänomene erschafft. Immerhin 65 Prozent des Schutzgebietes sind mit Wald bedeckt. Dort lassen sich Mufflons, Birkhühner oder Steinschmätzer beobachten. Und sogar Kunstgenuss bietet der Park, das Kröller-Müller-Museum mit Werken von van Gogh, Picasso oder Mondrian gibt Aufschluss über die einst reichen Besitzer des heutigen Reservates.

## Nationalpark Duinen van Texel

**Lage:** Der 43 Quadratkilometer große Nationalpark umfasst seit seiner Gründung 2002 die Westküste sowie die Küstenebenen der Süd- und Nordspitze der Insel Texel, die für ihre reiche Vogelwelt bekannt ist.

*Aus der Luft betrachtet, sieht man die Ausmaße der Dünen von Texel.*

**Highlights:** Der Park besteht vor allem aus einem hohen Dünengürtel, einer typisch maritimen Landschaft aus Prielen, Wasser- und Heideflächen sowie Waldgebieten.

**Tipps:** Im Nationalparkzentrum Ecomare kann man Robben, Schweinswale, Vögel und Meerestiere in einem Aquarium aus nächster Nähe erleben.

---

Texel, die größte Westfriesische Insel, wird auch als »Holland im Kleinformat« bezeichnet, denn alle Landschaftsformen sind hier zu finden: Weitläufige Dünenlandschaft wechselt sich mit dichten Heideflächen, langen Stränden, Prielen und Marschgebieten ab. Das Schutzgebiet Duinen von Texel befindet sich an der Westküste der Insel und lädt mit seinen Wanderwegen zu Naturerkundungen entlang der Dünen ein. An den Seen zwischen den Sandbergen fühlen sich mehr als 370 Vogelarten wohl. Vor allem im Frühjahr und Herbst ist die Insel von den Gefiederten bevölkert. So lassen sich hier Löffelreiher ebenso beobachten wie die schnellen Stelzenläufer. Zweimal im Jahr taucht die Insel in ein einmaliges Farbspiel: im Frühling, wenn die lilafarbenen Blüten des Strandflieders die Dünen schmücken, und im Spätsommer, wenn die Heide purpur blüht.

*Das Mufflon ist häufiger Gast im Nationalpark Hoge Verluwe.*

*Im Herbst ist es ein wahres Fest für die Ohren, wenn die Hirsche sich zur Brunftzeit ins Zeug legen.*

**Niederlande**

**De Cocksdorp auf Texel**
*In den Norden von Texel zu radeln gehört schon wegen des weithin sichtbaren Leuchtturmes Eierland zum Pflichtprogramm für Touristen. Es ist schwer vorstellbar, dass die gesamte Region um De Cocksdorp, das sogenannte Eierland, noch bis ins 13. Jahrhundert hinein zu Vlieland gehörte, später vom Meer in eine Insel verwandelt wurde, bis seine Eindeichung im 19. Jahrhundert dazu führte, dass das ganze Gebiet Texel zuwuchs. Schwimmen ist hier aufgrund der gefährlichen Strömungen um die Nordspitze der Insel herum allerdings verboten. Dafür laden die feinsandigen weiten Strände zum Spazieren ein.*

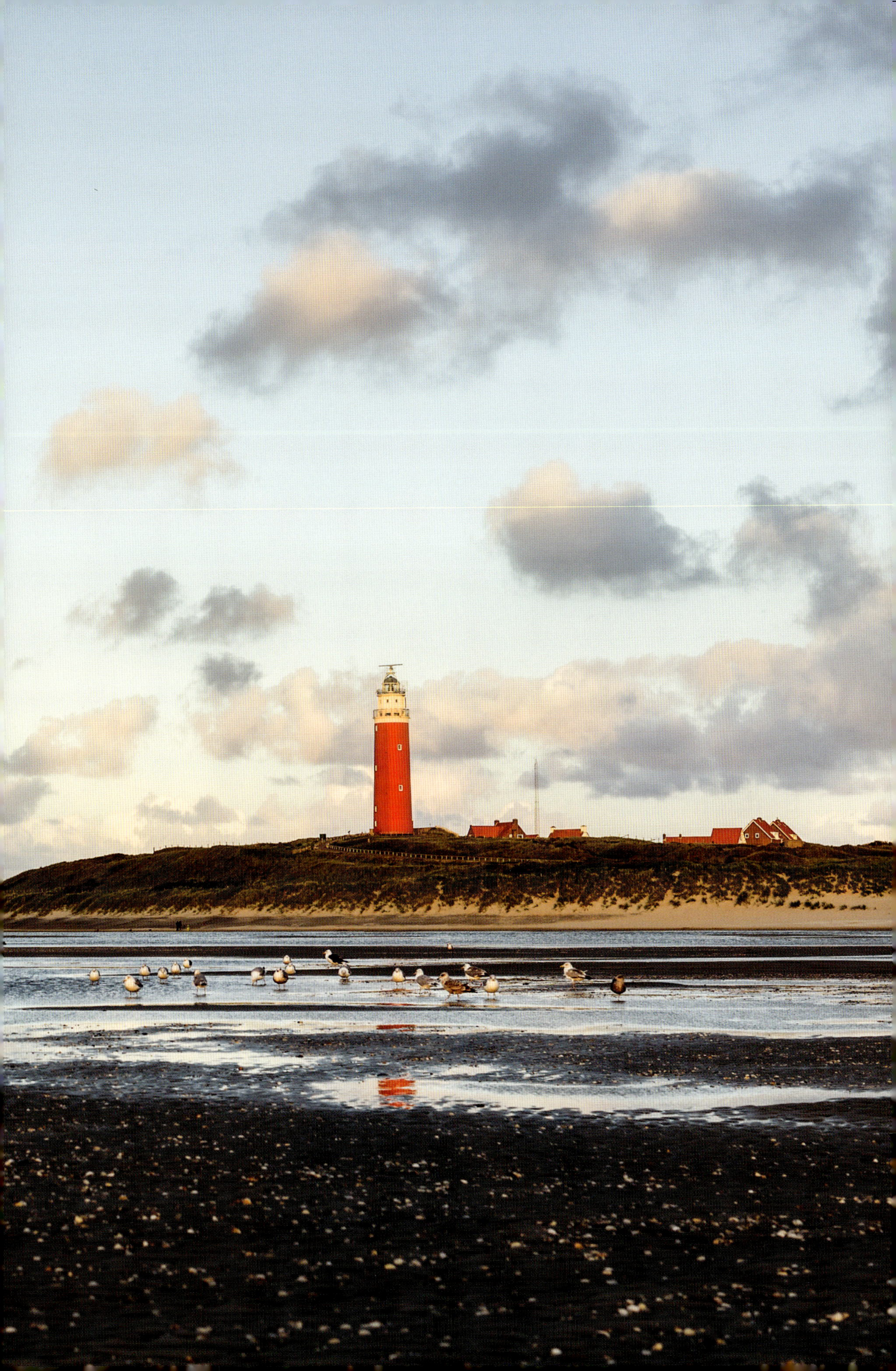

*Kaum zu glauben, dass hier einmal ein steinernes Meer lag. Heute blühen in Hoge Kempen üppige Heidesträucher.*

# Belgien

**Vielfältig sind die Landschaften: Der Osten ist geprägt von den flachwelligen Ardennen und der weiten Hochmoorfläche des Hohen Venn. Westlich der Maas läuft das hügelige Mittelbelgien zum offenen Tiefland aus und zur flachen Kanalküste mit ihren Sandstränden und hohen Dünen.**

## INFO *

**BELGIEN**
Fläche:
30 510 km²
Bevölkerung:
11,6 Mio. Einwohner
Hauptstadt:
Brüssel (1,2 Mio. Einwohner)
Höchster Berg:
Signal de Botrange (694 m)
Längster Kanal:
Albert-Kanal (129,5 km)

## Nationalpark Hoge Kempen

**Lage:** Der knapp 58 Quadratkilometer große Nationalpark wurde 2006 als erster und bislang einziger Nationalpark Belgiens gegründet. Er schützt im Gebiet der Maas und der Stadt Genk eine wasserreiche Heidelandschaft mit Kiefernwäldern. Der Nationalpark liegt auf einer Seehöhe von 50 bis 100 Metern.

**Highlights:** Der Nationalpark lässt sich besonders gut mit dem Fahrrad erkunden, an jedem der fünf Zugangstore können Fahrräder gemietet werden. Eine schöne, rund 34 Kilometer lange Rundtour führt vom Zugangstor Kattevennen in Genk durch Wälder und Heide nach As, Maasmechelen, Zutendaal und wieder zurück.

**Tipps:** Im Nationalpark gibt es ein Netz von Reitwegen, Informationen dazu sowie über pferdefreundliche Restaurants und Unterkünfte bietet nationaalparkhogekempen.be

---

Die Maas gehört trotz ihrer imposanten Länge von 874 Kilometern nicht gerade zu den spektakulärsten Flüssen Europas. Sie fließt ohne nennenswerte Dramatik durch Frankreich, Bel-

*Die einsamsten Landstriche Belgiens findet man im Hohen Venn, an dem sich oft die feuchte Luft vom Atlantik abregnet.*

gien und die Niederlande, um dann unauffällig in den Rhein zu münden. Einmal aber, es ist sehr lange her, hat sie sich einen Temperamentsausbruch erlaubt: Während der letzten Eiszeit lagerte sie gewaltige Mengen an Felsen aus den Ardennen in Hoge Kempen im Osten Belgiens ab. So entstanden hier die sehr nährstoffarmen Kies- und Sandböden, die kaum Möglichkeiten für Landwirtschaft boten. Man versuchte es mit Schafen und Kühen und brannte regelmäßig die Büsche und Gräser ab, um an Stroh zukommen. So entwickelte sich hier nach und nach eine große Landschaft, die über und über von Heidekraut und Kiefern überwuchert ist.

## Naturpark Hohes Venn-Eifel

**Lage:** Der 2760 Quadratkilometer große binationale Naturpark erstreckt sich im deutsch-belgischen Grenzgebiet. Der grenzüberschreitende Naturpark schützt Regionen von Rureifel, Kalkeifel, Hocheifel, das Ourtal, das Vennvorland sowie die Moor-/Heidelandschaft des Hohen Venn. Zum Naturpark gehört der 2004 gegründete, 107 Quadratkilometer große Nationalpark Eifel auf deutschem Boden.

**Highlights:** Eine reizvolle Tour ist der 85 Kilometer lange Wildnis-Trail, der in vier Tagesetappen von Monschau-Höfen im Süden bis Hürtgenwald-Zerkall im Norden führt.

**Tipps:** Eine Wanderung in der einmaligen Hochmoor- und Heidelandschaft des Hohen Venn unternimmt man am besten in Gummistiefeln. Informationen über gesperrte Gebiete erhält man im Naturparkzentrum Botrange im belgischen Weismes.

---

Vom niederländischen Wort für Moor leitet sich der Name »Hohes Venn« ab. Und er passt haargenau auf diese einsame Heidelandschaft im deutsch-belgischen Grenzgebiet mit ihren geheimnisvollen Hochmooren. Niemals würde man vermuten, dass sich ausgerechnet in einer der am stärksten entwickelten Regionen Europas einer ihrer wildesten Flecken verbirgt. Und wenn man durch das Hohe Venn fährt, das fast in Sichtweite von Aachen, Maastricht oder Lüttich und nicht sehr weit von Köln, Düsseldorf und Brüssel entfernt liegt, mag man es immer noch kaum glauben. Denn hier hat sich eine ursprüngliche Moorlandschaft bewahrt, die auch aus einem englischen Schauerroman des 19. Jahrhunderts stammen könnte. Oft zieht dichter Nebel durch diese regenreiche Gegend, in der sich die Bauern mit hohen Hecken vor dem beißenden Wind schützen und selbst die scheuesten Tiere wie Kreuzottern leben.

*Nur für Menschen ist die Iroise ein lebensfeindlicher Ort. Im Wasser tummeln sich etwa Delfine und Hundsrobben.*

# Frankreich

**Frankreichs Landschaften sind überaus vielfältig. Weite Sandstrände und hochalpine Gletscher, stille Mittelgebirge und fruchtbare Ebenen wechseln sich ab, und fast überall gibt es Weinberge: Frankreich ist das Land mit der weltweit höchsten Weinproduktion.**

## INFO

**FRANKREICH**
**Fläche:**
547 030 km² (mit Korsika)
**Bevölkerung:**
67,8 Mio. Einwohner
**Hauptstadt:**
Paris (2,2 Mio. Einwohner)
**Höchster Berg:**
Mont-Blanc (4807 m)
**Längster Fluss:**
Loire (1020 km)

### Parc d'Iroise

**Lage:** Der rund 3500 Quadratkilometer große Meeresnaturpark (gegründet 2007) umfasst im Westen Frankreichs das Meeresgebiet des Département Finistère zwischen den Inseln Ushant, Molène und Sein, von den Küsten bis zur Grenze der französischen Gewässer. Der Park schützt das größte Algenfeld Europas mit mehr als 300 registrierten Arten, hier leben zudem über 120 Fischarten sowie Delfine und Robben.

**Highlights:** Auf organisierten Fahrten im Gebiet und zu den diversen Inseln kann man Delfine und Robben beobachten; Infos dazu in den Touristen-Informationen sowie auf parc-marin-iroise.fr.

**Tipps:** Mehrere Unternehmen bieten Tauchtouren an, u. a. Centre de Plongée ISA in Crozon-Morgat, centre-isa.bzh.

Es gibt eine Theorie über die Herkunft des Namens Mer d'Iroise, die unter Linguisten zwar umstritten, unter der lokalen Bevölkerung aber sehr populär und außerdem viel zu plausibel ist, um sie nicht zu glauben. Demnach stammt der Name vom altfranzösischen Wort »ire« für Wut ab. Und davon, dass das Mer d'Iroise tatsächlich ein wütendes, manchmal sogar wutentbranntes, vor Furor rasendes Meer ist, kann sich jeder Besucher selbst überzeugen. Oft peitschen die Wellen des Atlantik mit einer solchen Wut und Wucht gegen das westliche Ende der Bretagne, als wollten sie die Felsen kurz und klein hauen, alles Land verschlingen und mit sich in die Tiefen des Ozeans ziehen. Für die Besucher an Land ist es ein grandioses Schauspiel, wie das Meer hier in Rage gerät und seine Gischt meterhoch schleudert. Für die Seeleute hingegen ist das Mer d'Iroise mit seinen Gezeitenströmungen, Springfluten und tückischen Klippen eine Passage, die höchsten Respekt verdient. Deswegen ist die Küste mit Leuchttürmen gespickt, während in den Häfen Hochseeschlepper bereitstehen, um havarierte Schiffe freizuschleppen, bevor sie an den Felsen zerschellen. Das eine oder andere Küstendorf lebte früher gut davon, das Strandgut gekenterter Frachter aus dem Meer zu fischen.

## Naturpark Armorique

**Lage:** Der 1250 Quadratkilometer große, 1969 gegründete Naturpark liegt in der Bretagne. Er schützt Landfläche sowie ein rund 600 Quadratkilometer großes Meeresgebiet, umfasst die Inseln in der Iroise-See, die Halbinsel Crozon, das Mündungsgebiet der Aulne und die Bergregion der Monts d'Arée.

**Highlights:** Von Camaret-sur-Mer setzen Fähren zur Île d'Ouessant über, der größten Insel des Ouessant-Archipels und neben Molène die einzige bewohnte. Die knapp 16 Quadratkilometer große Insel ist UNESCO-Biosphärenreservat, hat eine spektakuläre Steilküste und größtenteils unberührte Landschaft. Im Osten liegt der jahrtausendealte Steinkreis von Pen-ar-Lan.

**Tipps:** Entlang der Küste der Halbinsel Crozon verläuft ein schöner Abschnitt des bretonischen Küstenwanderwegs GR34. Unterwegs sieht man Ginster, Heide, Steilküste und kleine Badebuchten. Besonders reizvoll ist der Abschnitt am Cap de la Chèvre, der Südspitze der Halbinsel.

---

»Wir befinden uns im Jahre 50 vor Christus. Ganz Gallien ist von den Römern besetzt. Ganz Gallien? Nein! Ein von unbeugsamen Galliern bevölkertes Dorf hört nicht auf, den Eindringlingen Widerstand zu leisten...« Jedes Kind kennt diese Zeilen, mit denen alle Asterix-Bände beginnen. Die wenigsten achten aber darauf, wie die Gegend auf der Gallien-Karte heißt, in der Asterix und Obelix leben: Armoricae. Sie wurde von Julius Cäsar in seinem »Gallischen Krieg« erstmals erwähnt, bezeichnet die Nordwestküste des heutigen Frankreich und leitet sich von der keltischen Bezeichnung are-mor für »vor dem Meer« ab. Dort siedelten zu Zeiten von Cäsar wilde Gallier-Stämme wie die Aulerker, Coiosoliten, Eburoviken und Lexovier. Heute lebt der Name im Naturpark Armorique im Westen der Bretagne weiter, in einer unbeugsam wirkenden Landschaft.

*Naturpark Armorique: Sonnenaufgang an der Île Vierge mit einem der schönsten Strände in Europa.*

*Eismassen haben die Gipfel der Hochvogesen rund geschliffen.*

### Naturpark Nordvogesen
**Lage:** Der 1305 Quadratkilometer große Naturpark (gegründet 1975) schützt eine zu 65 Prozent bewaldete Mittelgebirgsregion. Zusammen mit dem südlich angrenzenden Naturpark Pfälzerwald bildet er ein grenzüberschreitendes Biosphärenreservat.
**Highlights:** Der Naturpark ist durch ein mehr als 2600 Kilometer langes Netz von Wander-, Rad- und Reitwegen erschlossen. Eine abwechslungsreiche, 17 Kilometer lange Rundwanderung führt vom Wanderparkplatz am Etang de Hanau über einen Moorlehrpfad zu den Burgruinen Falkenstein und Ramstein sowie zum Etang de Baerenthal, in dem gebadet werden kann.
**Tipps:** Die besten Informationen über Aktivitäten erhält man im Naturparkhaus in La Petite-Pierre.

---

Aus den Erbfeinden Deutschland und Frankreich sind längst unzertrennliche Freunde geworden. Und die Zeugen der einstigen Todfeindschaft sind heute Besucherattraktionen, die keinen Schrecken mehr verbreiten – so wie die Burgen in den Nordvogesen, die einst zum Schutz der Handelsstraßen zwischen dem Elsass und Lothringen erbaut wurden. Heute führt ein Wanderweg friedfertige Besucher durch den Park zu 33 Burgen, deren imposanteste die Festung Fleckenstein ist. Sie wurde im 12. Jahrhundert von den Staufern auf einem 340 Meter hohen Felsrücken errichtet. Die Burg galt als uneinnehmbar, und vier Jahrhunderte lang war sie das auch, bis die Truppen des Sonnenkönigs sie 1680 eroberten.

### Naturpark Haut Jura
**Lage:** Der 1700 Quadratkilometer große Regionale Naturpark (gegründet 1986), erstreckt sich im Osten Frankreichs in den Kalksteinbergen des Jura. Im Osten grenzt er an den Schweizer Naturpark Jura Vaudois.
**Highlights:** Die einmalige Gebirgslandschaft des Hochjura erlebt man intensiv auf einer Kammwanderung im Naturreservat Haute Chaîne du Jura. Die rund 20 Kilometer lange Rundwanderung verläuft vom Col de la Faucille (1320 Meter) bei St.-Claude über den Crêt de la Neige (1720 Meter) und Le Reculet (1718 Meter). Unterwegs reicht der Blick bis zum Mont Blanc und Genfer See.
**Tipps:** Die besten Informationen über die Region erhält man im Naturparkhaus in Lajoux.

---

An der Grenze zur Schweiz gelegen, offenbart der Naturpark Haut Jura eine komplett andere Landschaft als das Nachbarland. In der Schweiz sind die Berge schroff und reihen sich wie eine Kette von Kegeln aneinander. Auf der französischen Seite nehmen sie plötzlich andere Gestalt an, so als ob Riesen aus ihnen überdimensionale Quader stemmen wollten. Daraus entstanden ist nicht nur eine Landschaft aus Tafelbergen, sondern das Wasser hat das kalkhaltige Gestein zu vielen kleinen Naturswimmingpools geformt. Das ewig feuchte, gemäßigte Klima bringt zudem noch ein anderes Phänomen hervor: Wasserfälle, die aussehen, als seien Moosriesen aus einem Fantasy-Film entlaufen und Seen, deren Grün unnatürlich türkis schimmert. Insgesamt bewahrt die Gegend eine bäuerliche Tradition.

### Nationalpark Cévennes & Naturpark Grands-Causses
**Lage:** Die beiden benachbarten Parks liegen in Südfrankreich im südlichen Zentralmassiv. Auf ihrem Gebiet erstreckt sich das 3023 Quadratkilometer große, 2011 deklarierte Weltnaturerbe »Les Causses und Les Cévennes« in einer durch den Agropastoralismus geprägten Landschaft.
**Highlights:** Die einmalige Landschaft erlebt man am besten auf einer Wanderung am 1699 Meter hohen Mont Lozère, in dessen Gebiet die für die Region typische Sommerweidehaltung noch praktiziert wird. Routen beginnen u. a. in Finiels.
**Tipps:** Die beeindruckende Kalkstein-Hochebene Causse Mejean erstreckt sich im Naturpark zwischen 893 und 1169 Meter Höhe. Bei einer Wanderung durch die steppenartige Landschaft sollte man die Schlucht des Tarn einplanen.

---

Früher war in den Grands Causses jeder Tag ein Kampf ums Überleben und vor allem ums Wasser. Denn der Regen verschwindet im porösen Kalkgestein sofort im Bauch der Erde. Nur in wenigen Senken mit tonhaltigen Böden sammelt sich das Wasser. Sie wurden als Viehtränken genutzt, während man in winzigen Mulden eine kärgliche Landwirtschaft betrieb. Nur die Zähesten hielten es hier aus und jene, für die es an keinem anderen Ort Platz gab. Die französischen Protestanten flüchteten sich im 17. Jahrhundert vor den Schergen der katholischen Könige in die Unwirtlichkeit der Cevennen. Während des Zweiten Weltkriegs verschanzten sich viele Kämpfer der Résistance in den steppenartigen Hochebenen. Und heute leben hier nur noch vereinzelt naturverbundene Menschen und Eremiten.

*Nordöstlich von Millau hat sich der Tarn bis zu 600 Meter tief in die Karstebenen der Cevennen hineingefressen.*

*Die herbe Landschaft der Cevennen mit Wäldern, Weiden, Hochebenen und Schluchten ist ein Eldorado für Naturfreunde.*

*Gämsen finden im hoch gelegenen Naturpark Haut Jura einen idealen Lebensraum vor.*

*Perfekt ist die Spiegelung des Mont-Blanc-Massivs im Bergsee Lac de Chèsery mit Aiguille Verte und Grande Jorasses.*

### Mont-Blanc-Massiv

**Lage:** Die Mont-Blanc-Gruppe liegt in den Westalpen im Dreiländereck von Frankreich, Italien und der Schweiz. Die höchste Erhebung der Gruppe, der 4805 Meter hohe Mont-Blanc, ist zugleich der höchste Berg der Alpen und ganz Europas.

**Highlights:** Für Alpinisten ist die Besteigung des Mont-Blanc das Highlight schlechthin, nicht ganz so Sportliche genießen den Blick auf das Massiv von der Seilbahn auf die 3842 Meter hohe Aiguille du Midi aus.

**Tipps:** Ein Erlebnis ist die Fahrt mit Frankreichs höchster Zahnradbahn, Tramway du Mont-Blanc, von Fayet auf das Plateau de Bellevue mit Blick auf den Gletscher der Aiguille de Bionnassay, eines 4052 Meter hohen Bergs im Mont-Blanc-Massiv.

---

Kein anderer Berg in Europa gebietet mehr Respekt und flößt mehr Furcht ein als der Mont-Blanc, der höchste Gipfel der Alpen. Als er 1606 zum ersten Mal auf einer Landkarte verzeichnet wurde, bekam er den vielsagenden Namen »Mont Maudite«, verfluchter Berg. Geister, Dämonen und andere Teufelswesen, so glaubte man, hausten auf dem Gipfel und schickten jeden in die Verdammnis, der so wahnsinnig wäre, den Berg besteigen zu wollen. Niemand kam auf diesen verwegenen Gedanken, bis der Genfer Naturforscher Horace-Bénédict de Saussure dem Spuk ein Ende setzen wollte: Er lobte 1760 eine Belohnung für denjenigen aus, der als Erster den Gipfel erklimmt. Doch lange noch war die Furcht vor dem Fluch stärker als die Verlockung des Geldes. Erst ein Vierteljahrhundert später, am 8. August 1786, standen Jacques Balmat und Gabriel Paccard auf dem Gipfel. Im folgenden Jahr gelang auch dem Naturforscher Saussure selbst dieses Kunststück. Auf dem Gipfel sprach er einen Satz aus, der in die Geschichte des Mont-Blanc eingehen sollte: »Die Seele schwingt sich auf, der Verstand scheint sich zu erweitern, und inmitten dieses majestätischen Schweigens glauben wir, die Stimme der Natur zu vernehmen.«

*Stets zeigt sich das Mont-Blanc-Massiv so erhaben und unnahbar, dass sich ihm selbst die Wolken oft zu Füßen legen.*

WANDERUNG

*Herrliches Panorama: Lac Blanc mit Chalet du Lac Blanc, im Hintergrund die Mont Blanc-Gruppe mit Glacier du Tour.*

## Der große alpine Klassiker: Tour du Mont-Blanc

**Die Panoramen auf die Bergwelt des Mont-Blanc sind auf dieser Trekking-Route ganz einfach überwältigend, die Hütten rustikal und die Verpflegung gehoben. Zudem streift der Wanderer mit Frankreich, der Schweiz und Italien gleich drei Länder.**

Der Mont-Blanc hat auf die Menschen schon immer eine ganz besondere Faszination ausgeübt, auf Bergsteiger gleichermaßen wie auf Wanderer, und in den vergangenen Jahren auch immer mehr auf Mountainbiker. Wobei Wanderer mit größter Wahrscheinlichkeit die meisten Eindrücke nach Hause mitnehmen werden. Schließlich haben sie mehr Zeit als alle anderen, spontan zwischendurch stehenzubleiben und die grandiose Bergwelt in aller Ruhe zu genießen.

Die Wanderung um den Mont-Blanc ist einer der ganz großen Klassiker unter den Fernwanderwegen. Bestens markierte Wanderwege rund um das Massiv zeigen immer neue Perspektiven auf den legendären Berg auf. Die Passwanderungen sind ungefährlich, wie auch die gesamte Wanderung. Wer die Kondition für lange Gehzeiten von sieben Stunden und täglich 1000 Höhenmeter hat, wird keine Probleme bekommen. Wer diese Kondition nicht hat, wird sie sich in den knapp 14 Tagen aber ganz sicher antrainiert haben.

Der Mont-Blanc, übersetzt der »weiße Berg«, ist mit seinen 4810 Meter Höhe die höchste Erhebung der Alpen. Umstritten ist, ob er auch der höchste Berg Europas ist oder ob dies der Elbrus im russischen Kaukasus ist – mit 5642 Metern deutlich höher. Der Grund: Der Verlauf der innereurasischen Grenze ist nicht eindeutig definiert. Würde die Wasserscheide des Hauptkamms des Kaukasus als Grenze der Kontinente betrachtet werden, läge der Elbrus in Europa. Geht man dagegen davon aus, das die Manytschniederung die Grenze ist, wäre der Mont-Blanc der größte Berg Europas und der Elbrus ein asiatischer Berg. Letztlich aber ist es nicht wirklich wichtig, wem diese Ehre zusteht. Wie sehr allerdings um regionale Gebietsgrenzen selbst im vereinten Europa noch gestritten wird, zeigt sich auch beim Mont-Blanc. Über den Grenzverlauf zwischen Frankreich und Italien in der Gipfelregion wird noch immer diskutiert. Frankreich beansprucht die Gipfelregion des Mont-Blanc für das französische Département Haute-Savoie. Es ist für die Verwaltung und die Bergwacht zuständig. Italien dagegen besteht darauf, dass die Grenze genau über den Gipfel führt.

Doch das wird dem Wanderer, der einmal um den Berg herumläuft, herzlich egal sein. Er konzentriert sich auf die Natur. Denn die Perspektiven vom Boden der Realität aus sind so imposant wie faszinierend. Im Norden ist der Berg, der aus Granit besteht, fast komplett vergletschert, im Süden erheben sich steile Felswän-

130 Frankreich

# TOUR DU MONT-BLANC

> **Routensteckbrief:**
> **Distanz:** ca. 170 km | **Dauer:** 11–14 Tage | **Höhenmeter:** ca. 8000 m
> **Stationen:** Les Houches – Refuge du Truc → 12,8 km | Refuge du Truc – La Balme → 11,4 km | La Balme – Les Mottets → 15,9 km | Les Mottets – Courmayeur → 6 km | Courmayeur – Rifugio Bertone → 4 km | Rifugio Bertone – Rifugio Elena → 19,5 km | Rifugio Elena – Champex → 28 km | Champex – Le Peuty → 14 km | Le Peuty – Tre-le-Champ → 15,7 km | Tre-le-Champ – Refuge de la Flégère → 8 km | Refuge Flégère – Les Houches → 19,6 km

de. Die Vergletscherung ist den hohen Niederschlagsmengen geschuldet. Diesen ist es wohl auch zu verdanken, dass die Gletscher in den vergangenen 150 Jahren kaum geschrumpft sind. Erstaunlich, da fast alle anderen Gletscher der Alpen deutlich zurückgehen oder ganz schmelzen. Eine Besonderheit weist auch der Glacier des Bossons auf der französischen Nordseite auf. Er fließt vom Gipfel bis auf 1425 Meter und damit nahezu ins Tal ab. Damit besitzt er die Eisfläche, die den größten Höhenunterschied in den Alpen zeigt.

Bei der Tour du Mont-Blanc laufen die Wanderer einmal rund um diesen imposanten und so abwechslungsreichen Berg. Etliche Veranstalter bieten organisierte Touren an, mal mit Gepäcktransport, mal ohne. Der Tourenverlauf ist grundsätzlich gleich, aber im Detail vor allem bezüglich der Tagesetappen doch recht unterschiedlich. Wer individuell startet, tut gut daran, auch die organisierten Touren zu vergleichen, um einen passenden Wanderplan auszuarbeiten. Die meisten wählen die Richtung gegen den Uhrzeigersinn und starten in Les Houches. Nach dem Aufstieg zum Bellevue (1801 Meter) sind zwei Routenvarianten möglich: Die anspruchsvollere über Chalet de Miage, die nahe am Bionnassay-Gletscher vorbeiführt, oder die über schöne Waldwege führende Via Bionnassay. Auch am Tag der Wanderung nach Courmayeur sind zwei Alternativen möglich: die Hauptroute über den Col de Chécrouit mit spektakulären Ausblicken auf den Mont-Blanc oder den leichteren Weg durch das Val Veni. Sehr charmant ist ein paar Tage später auch die Etappe, auf der die Grenze zur Schweiz passiert wird. Nach dem Überschreiten des Grand Col Ferret führen die Wege beim Abschnitt durch eine Bilderbuchlandschaft bis nach La Fouly. Charmante Holzhütten und ein Meer aus Blumen lassen das Herz der Wanderer ein wenig höher schlagen. Fatal ist in den letzten Tagen dieser Wanderung die Erkenntnis, dass es immer wieder zwei Etappenvarianten gibt, aber dass die attraktivere stets die weit anstrengendere ist.

*Die Aufstiege betragen maximal 1000 Höhenmeter am Tag.*

*Solarpaneele versorgen die Hütte im Vallon de la Lex Blanche mit Strom.*

Frankreich

*Wanderer am Bergsee Lac Blanc im Nationalpark Vanoise.*

## Nationalpark Vanoise

**Lage:** Der im Jahr 1963 gegründete Nationalpark im Départment Savoie umfasst eine 528 Quadratkilometer große Kernzone und eine knapp dreifach so große äußere Zone. Im Osten grenzt er an den italienischen Nationalpark Gran Paradiso.

**Highlights:** Die rund 100 Kilometer lange einwöchige Tour des Glaciers de la Vanoise führt um das 35 Quadratkilometer große Gletscherplateau im Kern des Vanoisemassivs. Start- und Endpunkt ist Termignon im Val Cenis.

**Tipps:** Der Nationalpark ist frei zugänglich, die Anreise mit dem Auto erfolgt über A43 und A430. Eine Liste der Berghütten samt Reservierung findet man auf refuges-vanoise.com

Was für ein Anblick muss das gewesen sein! 218 vor Christus tauchten 50 000 Fußsoldaten, 9000 Reiter und 37 Kriegselefanten am Fuß der Vanoise auf, um eine der gewagtesten Militäroperationen der Antike zu anzugehen: die Überquerung der Alpen mit einem kompletten Heer. Der karthagische Feldherr Hannibal schaffte das Unmögliche, meisterte das Gebirge, stieg in die Po-Ebene hinab und versetzte die Römer in Angst und Schrecken. Dass er letztlich geschlagen wurde, tut seiner Tollkühnheit keinen Abbruch. Und dass Hannibal die Alpen am Col de Clapier im Süden der Vanoise überschritt, gilt heute unter Historikern als so gut wie gesichert. Das Schutzgebiet des Vanoise dient seit dem Jahr 1963, als erster französischer Nationalpark, zum Schutz der unberührten Hochgebirgswelt und der Erhaltung des vom Aussterben bedrohten Alpensteinbocks, der hier sein Revier hat.

*Nationalpark Écrins: Steile Felsnadeln bilden mit darunterliegenden Almwiesen hübsche Kontraste.*

## Nationalpark Écrins

**Lage:** Der Nationalpark liegt zwischen 800 und 4102 Meter Höhe in alpiner und hochalpiner Landschaft zwischen Briançon, Gap und Le Bourg d'Oisans. Er umfasst eine 1784 Quadratkilometer große Fläche.
**Highlights:** Eine Zweitagestour auf den Barre des Écrins beginnt beim Refuge Cézanne, Anfahrt von der N 95 bis l'Argentière-la-Bessé, dann Richtung Aile Froide bis zur Hütte.
**Tipps:** Etwa 1,5 Kilometer außerhalb des Bergdorfes Théus stehen die rund 100 Demoiselles Coiffées, bizarr geformte Erdpyramiden oder Feenkamine. Anfahrt über die D900B und D53.

---

Viele Naturschützer mögen darüber klagen, dass die Alpen den Fängen der Freizeitindustrie ausgeliefert worden sind und darüber all ihre Ursprünglichkeit verloren haben. Doch es gibt auch noch den Gegenbeweis: wilde, unbezähmbare Landschaften wie den Écrins-Nationalpark in den Dauphiné-Alpen. Das Zentrum des 1973 gegründeten Nationalparks ist das Pelvoux-Massiv. Diese Kernzone von 918 Quadratkilometern ist besonders geschützt. Der südlichste Viertausender der Alpen liegt mit dem 4102 Meter hohen Barre des Écrins in diesem Schutzgebiet, durch das man tagelang wandern kann, ohne auf Liftstationen und Skihütten zu stoßen. Der Gebirgsstock ist der eindrucksvollste Gipfel der französischen Alpen neben dem Mont-Blanc. So wie hier haben die Alpen einst überall ausgesehen: mit Blüten übersäte Wiesen, Gletscher, klare Bergseen, dazwischen Gämsen, Alpensteinböcke und Murmeltiere, in den Lüften Steinadler und Gänsegeier.

Frankreich 133

*Eine liebliche und zugleich raue Landschaft prägt den Naturpark Vercors.*

## Naturpark Vercors

**Lage:** Der Naturpark wurde im Jahr 1970 gegründet. Der Vercors ist ein abgeschlossenes Gebirge mit Hochtälern im äußersten Westen der französischen Alpen. Der höchste Gipfel ist der Grand Veymont (2341 Meter).
**Highlights:** Der imposanteste Berg des Naturparks ist der Mont Aiguille, dessen Felsturm 2087 Meter aufragt. Der Klettersteig zum Gipfel kann von geübten Bergwanderern mit Ausrüstung gut bewältigt werden.
**Tipps:** Ein besonderes Erlebnis ist die 25 Kilometer lange Fahrt auf spektakulärer Trassenführung durch die Bourne-Schluchten zwischen Villard-de-Lans und Pont-en-Royans.

Walnüsse sind das Wahrzeichen der Region. Die nahrhaften Früchte wachsen fast überall an den Hängen der eindrucksvollen Berge. Insgesamt teilt sich die Landschaft in drei markante Zonen auf: das Hochgebirge, bewaldete Schluchten und Hochplateaus. Besonders die Hochebenen von Vercors drômois gelten als Naturwunder. Hier fallen die Erhebungen tafelberggleich ins Tal, steile Abhänge eröffnen spektakuläre Blicke und Wasserfälle rauschen parallel zu den fast senkrechten Bruchkanten in tiefer gelegene Bäche und Flüsse. Pflanzenfreunde staunen über Raritäten wie Türkenbundlilien oder Hundszahn-Veilchen. Flaumeichen und Kiefern spenden an den Hängen ausreichend Schatten, und mitunter lässt sich auch mal ein Steinbock sehen. Nachts jagen Fransenfledermäuse und Hufeisennasen durch die Wälder, die sich tagsüber in Höhlen verstecken.

## Gorges du Verdon

**Lage:** Die Verdon-Schlucht in der Region Provence-Alpes-Côte d'Azur windet sich zwischen Castellane und dem Lac de Sainte-Croix durch die Voralpen. Sie ist der Kern des 2002 gegründeten Naturparks Verdon.
**Highlights:** Die Schlucht des türkisblauen Verdon gilt als einer der schönsten Canyons Europas und kann auf Kajak- und Raftingtouren intensiv erlebt werden. Andere Aktivsportler finden hier wiederum ihr Eldorado am steilen Fels.
**Tipps:** Der schöne, rund 15 Kilometer lange Wanderweg Sentier Martel führt an den Felswänden entlang über Stufen und Leitern von Chalet de la Maline bis zum Aussichtspunkt Pointe Sublime. Für die Tunnels auf der Strecke braucht man Taschenlampen.

*Hunderte Meter tief hat sich der Verdon in den weichen Kalkstein der Voralpen von Alpes-de-Haute-Provence gegraben.*

Auch Europa hat seinen Grand Canyon. Er liegt in der Provence, gehört zu den größten Naturwundern Frankreichs und muss sich vor seinem amerikanischen Bruder nicht verstecken, auch wenn seine Ausmaße bescheidener sind: 21 Kilometer lang ist die Verdonschlucht, bis zu 700 Meter tief, und an den schmalsten Stellen stehen ihre Felswände gerade einmal sechs Meter voneinander entfernt – eine abenteuerlichere, aberwitzigere Architektur hat die Natur nirgendwo in Europa geschaffen. Kanufahrer fühlen sich zeitweise, als seien sie in eine gigantische, steinerne Gletscherspalte gefallen. Auch andere Wassersportarten wie Rafting oder Wildwasserschwimmen werden hier zunehmend beliebter, und man folgt den Trends, indem man den Wasserzustrom je nach Bedarf reguliert.

*Wer die Verdon-Schlucht entlangpaddelt, berauscht sich an der Stille.*

Frankreich

*Eine einzigartige Pferderasse: Nirgendwo sonst auf der Welt gibt es Camargue-Pferde. Sie leben in freier Wildbahn,...*

*...doch sie sind gar keine echten Wildpferde. Auch die einst wilden Stiere tragen längst alle Brandzeichen.*

## Naturpark Camargue

**Lage:** Der knapp 860 Quadratkilometer große Regionale Naturpark Camargue wurde 1970 gegründet. Er erstreckt sich im Süden Frankreichs zwischen den Armen der Rhône in deren Mündungsgebiet am Mittelmeer.

**Highlights:** Der Naturpark ist berühmt für seine weißen Pferde und lässt sich besonders gut hoch zu Ross erkunden. Ausritte werden vielerorts angeboten, aber auch Ferien auf Reiterhöfen sind hier möglich.

**Tipps:** Die meisten Vögel – und natürlich die berühmten Rosaflamingos – sieht man an verschiedenen Beobachtungsstationen in den Feuchtgebieten des Brackwassersees Étang de Vaccarès, u. a. am Observatoire Mas Nouf und am Mas de Cabassole im Norden des Sees.

---

Weiße Wildpferde und schwarze Kampfstiere, rosarote Flamingos und regenbogenfarbige Frösche, flache Seen in glitzerndem Blaugrau und ein himmelhoher Horizont in den flimmernden Hitzefarben des mediterranen Südens: Die Camargue ist Frankreichs Urbild wilder Romantik, hundertfach besungen von Musikerfamilien wie den Gipsy Kings oder den Manitas de Plata, die aus dieser urtümlichen Landschaft stammen. Dabei ist sie längst in weiten Teilen ein Werk von Menschenhand.

Das Flussdelta zwischen den beiden Hauptmündungsarmen der Rhône umfasst mit 140 000 Hektar Sumpf-, Wiesen- und Weideland sowie Dünen- und Salzfeldern eines der größten Feuchtgebiete Europas. Die landwirtschaftliche Nutzung – hier zumeist Reisanbau – konzentriert sich auf den nördlichen Teil, im südöstlichen Teil der Camargue wird in den flachen Lagunen Salz gewonnen. Der Süden dagegen ist ein in Europa einzigartiges Naturparadies. Die üppigen Graswiesen des Deltas bieten nicht nur den bekannten Camargue-Pferden und -Stieren eine Heimat, sondern auch den zahlreichen Wasser- und Sumpfvögeln. Die Pferde der Camargue sind eine halbwilde Rasse, die sich schon in den Höhlenmalereien von Solutré findet. Werden sie bereits als Jungtiere an Sattel und Zaumzeug gewöhnt, sind sie ausdauernde Reittiere. Echte Wildtiere der Camargue sind dagegen die Flamingos.

# Flamingos

Salzige Seen sind ihre Heimat – Flamingos lieben es alkalisch. Dabei verfügen sie über etwas ganz Einzigartiges in der Vogelwelt, das ihnen bei der Nahrungsaufnahme hilft: Ihren großen Schnabel benutzen sie wie eine Suppenkelle, um Wasser aus dem See zu schöpfen. Mit ihrer Zunge pressen sie das Wasser wieder hinaus und filtern auf diese Weise kleine Schnecken, Muscheln und Samen aus dem Wasser. Das Wasser spucken sie aus, die kleinteilige Nahrung schlucken sie hinunter. Obwohl es in Europa unter anderem an der spanischen und portugiesischen Atlantikküste sowie in Italien und Griechenland Flamingos gibt, kann sich Frankreich zu Recht das Zentrum der Flamingos nennen. Mehr als 15 000 Paare brüten in der Carmague. Dort hat man extra ein Schutzgebiet für die Vögel eingerichtet.

*Natur, wie sie schöner nicht sein könnte: der Naturpark Pyrénées Ariégeoises.*

*Der riesige Cirque de Gavarnie hat einen Durchmesser von zwei Kilometern.*

## Nationalpark Pyrenäen

**Lage:** Der 456 Quadratkilometer große Nationalpark, 1967 gegründet, erstreckt sich im Südwesten Frankreichs südlich von Lourdes und Pau entlang der französischen Nordseite der Pyrenäen. Er liegt auf einer Höhe zwischen 1000 und 3298 Metern und geht in Spanien in den Parque Natural Valles Occidentales und den Parque Nacional de Ordesa y Monte Perdido über.

**Highlights:** Der Nationalpark bietet zahlreiche Möglichkeiten zum Wandern. Ganz im Westen bietet das Vallée d'Aspe eine besonders romantische Landschaft. Hier wandert man auf dem historischen Jakobsweg.

**Tipps:** Über die D918 gelangt man ins Val de Luz, in dem Routen zu den spektakulären Gebirgskesseln Cirque de Gavarnie, Cirque d'Estaubé und Cirque de Troumoux führen, die zum UNESCO-Welterbe gehören.

*Fast 40 Prozent von Korsika bedeckt sein 350 000 Hektar großer Naturpark.*

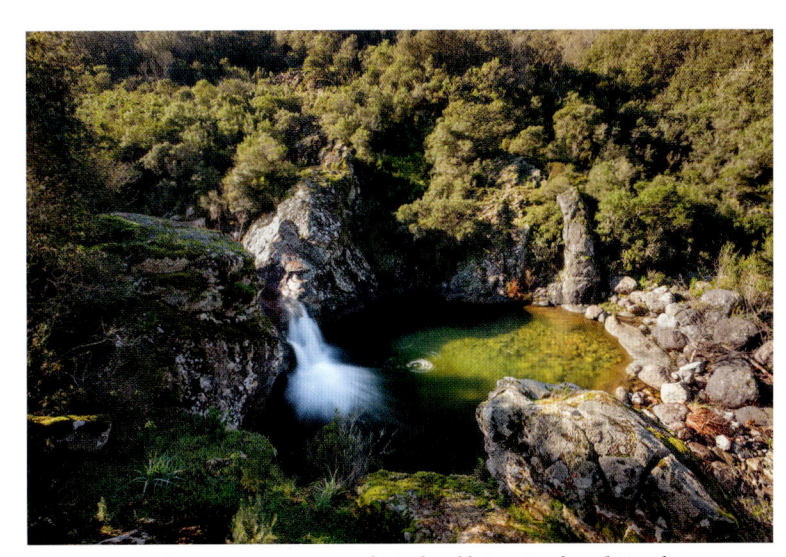

Hier schlug der Ritter Roland, der Held des mittelalterlichen »Rolandslied«, seine letzte Schlacht: Keine Chance mehr hatte er gegen die Aragonesen, tödlich getroffen war er schon, als er mit letzter Kraft einen Spalt in eine Felswand hieb. Seine Mitstreiter konnten durch diese Öffnung entkommen, und der Erzengel Gabriel trug Rolands Wunderschwert direkt in den Himmel. So erzählt es die Legende, die diese dramatische Episode in der Kulisse des heutigen Pyrenäen-Nationalparks spielen lässt. Fast 100 Kilometer lang zieht er sich zwischen Frankreich und Spanien entlang. Und wer hier vor Ort ist, kann der Legende lebhaft und mit allen Sinnen nachspüren. »Paläste, Dome, Tempel, Mausoleen: Ihr seid alle nichts, gemessen an diesem unerhörten Kolosseum des Chaos.« So beschrieb Victor Hugo die Landschaft der Pyrenäen.

## Naturpark Korsika

**Lage:** Der 1972 gegründete regionale Naturpark erstreckt sich auf einer Fläche von 3750 Quadratkilometern im Zentrum und im Süden Korsikas und umfasst damit rund 40 Prozent der Landfläche der Insel.

**Highlights:** Am besten erlebt man die Landschaft des Naturparks auf

*Der Ruisseau de Perticatu ist ein malerischer kleiner Bach auf Korsika.*

dem 170 Kilometer langen Fernwanderweg GR 20, der von Calenzana nach Zonza in Nord-Süd-Richtung durch das gebirgige Zentrum Korsikas führt.

**Tipps:** Im Naturpark ist auch die Halbinsel La Scandola an der Westküste gelegen. Das landschaftlich beeindruckende Naturschutzgebiet gehört zum Weltnaturerbe und kann nur zu Fuß oder per Boot von Porto oder Calvi aus besucht werden.

Seine Heimat Korsika, behauptete Kaiser Napoleon, als er schon auf St. Helena im Südatlantik verbannt war, könne er mit verbundenen Augen am Duft erkennen. Und das ist keine napoleonische Selbstüberschätzung: Gerade im Sommer überströmt der Buschwald der Macchia die Insel mit einem überwältigenden Duft aus Rosmarin und Thymian, Wacholder und Myrte, Lavendel und Ginster, Zistrosen und Brombeeren. Die Korsen selbst freuen sich indes nicht immer über die Duftexplosion der Macchia, die unaufhaltsam ihre Insel zurückerobert. Und so lautet eine der übelsten korsischen Verwünschungen: »Mögen die Brombeeren deine Tür überwuchern.« Für die Besucher der Insel gelten hingegen andere Gesetze und Vorlieben. Das Inselinnere lockt mit seiner abwechslungsreichen Landschaft Wanderer und Kletterer an.

# Mitteleuropa

## Das ursprüngliche Herz des Kontinents

Bei manchen Landschaften möchte man glauben, Riesen hätten sie geschaffen. Das Elbsandsteingebirge etwa, bei dem die Erosion in den Jahrmillionen bizarre Formen in die Felsen geschliffen hat, inspirierte so manchen Künstler und Dichter. Es bleibt nicht die einzige Landschaftsform Mitteleuropas, die Sagen und Mythen hervorgebracht hat. So liebte Johann Wolfgang von Goethe den Harz und Theodor Storm die Küste. Außerhalb Deutschlands bezaubern Naturwunder wie der wasserreiche Nationalpark Kalkalpen oder das Schweizer Juragebirge. Wisente, Störche und Adler finden sich in Polens Tieflandurwald Białowieża.

## DÄNEMARK

Nationalpark Schleswig-Holsteinisches Wattenmeer

## VEREINIGTES KÖNIGREICH

## NIEDERLANDE

Nationalpark Harz

## BELGIEN

Nationalpark Kellerwald-Edersee

Naturpark Sauerland-Rothaargebirge

Nationalpark Hainich

## LUXEMBURG

Naturpark Spessart

## DEUTSCHLAND

## FRANKREICH

Naturpark Südschwarzwald

Rofangebirge
Wettersteingebirge
Karwendelgebirge

Schweizer Jura

## LIECHTENSTEIN

## SCHWEIZ

Schweizerischer Nationalpark

Alpenregion Jungfrau-Aletsch-Bietschhorn

## ITALIEN

## Karte

**Länder:** LITAUEN, RUSSLAND, BELARUS, POLEN, UKRAINE, TSCHECHIEN, SLOWAKEI, ÖSTERREICH, UNGARN, SLOWENIEN, KROATIEN, SERBIEN, RUMÄNIEN

**Nationalparks und Schutzgebiete:**

- Nationalpark Jasmund
- Nationalpark Vorpommersche Boddenlandschaft
- Nationalpark Wolin
- Nationalpark Müritz
- Nationalpark Biebrza
- Nationalpark Narew
- Nationalpark Bialowieza
- Biosphärenreservat Oberlausitzer Heide- und Teichlandschaft
- Nationalpark Sächsische Schweiz
- Nationalpark Böhmische Schweiz
- Nationalpark Karkonosze
- Nationalpark Kronoše
- Nationalpark Bayerischer Wald
- Nationalpark Thayatal
- Nationalpark Tatrzański
- Nationalpark Pieninen
- Nationalpark Hohe Tatra
- Nationalpark Niedere Tatra
- Nationalpark Donauauen
- Nationalpark Berchtesgaden
- Nationalpark Kalkalpen
- Nationalpark Gesäuse
- Nationalpark Neusiedler See
- Nationalpark Hortobágyi
- Hohe Tauern
- Nationalpark Kiskunsági

*Im Westen der Insel Amrum erstreckt sich das weitläufige Naturschutzgebiet Amrumer Dünen.*

# Deutschland

Deutschland erstreckt sich vom Rheintal im Westen bis zur Oder im Osten, von Nord- und Ostsee im Norden bis zu den Alpen im Süden, denen das Alpenvorland vorgelagert ist. Weite Teile des Landes sind von bewaldeten Mittelgebirgen bedeckt. Im Norden greift die Norddeutsche Tiefebene in vier großen Buchten tief in den Mittelgebirgsgürtel ein.

### Nationalpark Schleswig-Holsteinisches Wattenmeer

**Lage:** Der 1985 gegründete Nationalpark reicht von der deutsch-dänischen Seegrenze im Norden bis zur Elbmündung im Süden. Seit 2009 ist das Wattenmeer mit den Halligen auch Weltnaturerbe der UNESCO.
**Highlights:** Eine Wattwanderung bei Ebbe zu einer Hallig oder Insel im Wattenmeer ist immer ein eindrucksvolles Erlebnis. Man sollte sich jedoch vorher genau über die Gezeiten (Tiden) informieren.
**Tipps:** Auf den Sandbänken im Wattenmeer kann man mit etwas Glück Seehunde beobachten. Ihr Gesamtbestand beträgt im Watt zurzeit etwa 8000 Tiere.

Der weite Blick zum Horizont, das Spiel der Wolken, das ständig wechselnde Licht und die Farben des Meeres verleihen dem Wattenmeer seinen Charme. Mal strahlt diese Landschaft große Ruhe aus, dann wieder wird sie von den tobenden Elementen regelrecht durchgepeitscht. Während eben noch die endlos scheinende Weite beeindruckte, fasziniert oft schon wenig später das unmittelbare Erleben von Wind und Wetter. Deutschlands größter Nationalpark misst über 4400 Quadratkilometer und reicht von der Elbmündung bis zur dänischen Grenze. Im Mittelalter war ein großer Teil davon noch festes Land. Doch immer wieder rissen Sturmfluten Teile mit sich und ließen schließlich eigenwillig geformte Reste zurück: die nordfriesischen Inseln und die Halligen sowie viele kleine Sandbänke. Zweimal täglich gibt das Meer seine Beute wieder frei und legt einen Lebensraum bloß, der auf den ersten Blick unwirtlich und öde erscheinen mag, aber eines der lebendigsten und auch sensibelsten Ökosysteme überhaupt ist.

---

**INFO ***

### DEUTSCHLAND
**Fläche:**
357104 km²
**Bevölkerung:** 84 Millionen
**Hauptstadt:**
Berlin (3,6 Mio. Einwohner)
**Höchster Berg:**
Zugspitze (2962 m)
**Längster Fluss:**
Rhein, deutscher Anteil 865 km
(Gesamtlänge 1320 km)

# Seehunde

Im Wattenmeer der Nordsee liegt die Heimat der Seehunde. Meist verhalten sie sich gar nicht scheu und schwimmen bis an die Molen der Häfen, wo sie wie Bojen hochtreiben. Auch die Wurfplätze befinden sich in Küstennähe. Die Jungen tummeln sich schon kurz nach der Geburt im Wasser und beginnen zu tauchen. Hat eine Seehundmutter ausnahmsweise Zwillinge, so bleibt das zweite Junge oft ohne Aufsicht und beginnt zu verwahrlosen. Seinen Unmut äußert es durch plärrende Laute, die weithin zu hören sind. Diese sogenannten Heuler werden oft von Küstenbewohnern aufgezogen; sie lassen sich mit angereicherter Kuhmilch hochpäppeln. Das Wattenmeer bietet den Seehunden opulente Nahrungsgründe: Vom Butt bis zum Tintenfisch reicht die Speisepalette der Tauchjäger, die meist nachts auf Beutefang gehen. Tagsüber aalen sie sich, wenn möglich, auf Sandbänken. Auf dem Trockenen schleifen sie unbeholfen den Hinterleib nach. Im Wasser erkennt man Seehunde an ihrem schlängelnden Schwimmstil. In der Nord- und Ostsee lebt noch eine zweite Robbenart, die größere Kegelrobbe, die sich auch durch ein steileres Kopfprofil vom rundköpfigen Seehund unterscheidet. Eigentlich müsste sie »Seehund« heißen und die Schwesterart »Seekatze«.

## Nationalpark Vorpommersche Boddenlandschaft

**Lage:** Der Nationalpark mit einer Fläche von 786 Quadratkilometern liegt an der Ostseeküste Vorpommerns nordöstlich von Rostock. Etwa die Hälfte des Parks ist offene Ostsee, ein Viertel sind Boddengewässer, der Rest Landgebiete, die Teile der Halbinseln Darß und Zingst, der Insel Hiddensee und einen kleinen Streifen der Insel Rügen umfassen.

**Highlights:** Bekannt ist der Nationalpark für die riesigen Scharen von etwa 60 000 Graukranichen, die jeden Herbst zwischen September und November das Parkgebiet als Rastplatz aufsuchen – ein Muss für jeden Vogelliebhaber.

**Tipps:** Im Nationalparkzentrum in der Darßer Arche in der Ortschaft Wieck lohnt eine informative Ausstellung über Flora und Fauna des Parks einen Besuch, darsser-arche.de.

---

Von der Halbinsel Darß-Zingst zieht sich der größte Nationalpark von Mecklenburg-Vorpommern bis zur Westküste Rügens. Zu rund 680 Quadratkilometer Wasserfläche gesellen sich etwa 125 Quadratkilometer auf den Inseln und an den Küsten des Festlandes. Schon im frühen 20. Jahrhundert wurden in dieser Region Naturschutzgebiete ins Leben gerufen. Im Oktober 1990 wurde der Nationalpark offiziell gegründet. Neben dem Bodden selbst finden sich hier Dünen und Strände, Nehrungen und Seen. Es gibt Steil- und Flachküsten und urtümliche Waldgebiete. Kiefern, Rotbuchen, Erlen und Birken prägen das Bild vieler Gehölze. Nirgendwo sonst in Mitteleuropa rasten so viele Kraniche, wie es hier der Fall ist. Überhaupt bietet sich Vogelfreunden hier ein Paradies. Über 100 Arten von Wasser- und Watvögeln können beobachtet werden, darunter die Bekassine. Man erkennt sie an ihrem meckernden Gezwitscher, das ihr den Spitznamen »Himmelsziege« eingetragen hat. In den Salzwiesen und dem Schilf fühlen sich zahlreiche Insekten wohl, in den von der Ostsee abgetrennten Boddengewässern findet man Barsche, Zander und auch Aale. Die vielen hübschen Orte der Gegend sind zwar nicht Bestandteil des Nationalparks, lohnen aber auf alle Fälle einen Besuch.

*Den Darßer Weststrand kennzeichnet ein großer Küstenwald mit Windflüchtern.*

*Die Dünen am Darßer Ort, der Landzunge im Norden der Halbinsel, sind dicht von Strandhafer bewachsen.*

# Kraniche

Nach der Scheitelhöhe ist der Kranich unser größter einheimischer Vogel. In abgelegenen Mooren Niedersachsens und besonders Mecklenburg-Vorpommerns brüten wieder etliche Paare der grauen Hünen, der Schwerpunkt ihrer Verbreitung liegt aber in Skandinavien. Beide Partner ziehen ein einziges Küken auf, das zuerst ein rotbraunes Daunenkleid trägt und als Nestflüchter in den Pfützen rund um die Bülten der Horstgräser schwimmt. Der Aufzucht voraus geht die berühmte Kranichbalz, bei der das Männchen die Partnerin lauthals trompetend und mit hüpfenden Tanzschritten umwirbt. Es zeigt ihr unter Verbeugungen Stängel und Halme oder Reisig, die als Nistmaterial dienen könnten, und wirft alles auffordernd in die Luft. Beide lassen ihre »Kurr«-Rufe hören. Durch seine langen Luftröhrenschleifen vermag der Kranich sehr weit tragende Töne hervorzubringen. Zwei Monate widmen sich die Partner der Aufzucht, schützen das Küken vor Füchsen oder Seeadlern, und sie begleiten auch noch den flüggen Jungvogel. Im Spätsommer ziehen Scharen von Kranichen in Formation zu den Sammelplätzen auf Feldern und Äckern, bevor sie in den Südwesten der Iberischen Halbinsel fliegen. Im Winter kann man sie dort zwischen Korkeichen schreiten sehen.

WANDERUNG

*Wind ist der stete Wegbegleiter auf diesem Fernwanderweg, der in Travemünde beginnt.*

## Unterwegs auf dem Ostseewanderweg

**Der E9 ist einer der abwechslungsreichsten Wanderwege quer durch Europa. Man muss nicht am südwestlichsten Zipfel des europäischen Festlandes starten. Auch für Fans des Nordens bieten sich wunderschöne Abschnitte. Die beliebteste Strecke des Ostseeküstenwanderweges liegt zwischen Travemünde und Swinemünde.**

Vorsicht ist geboten auf diesem Weg, denn er kann süchtig machen! Wer sich vielleicht vorgenommen hat, zunächst nur ein kleines Stück auf dem Fernweg zu wandern, kann sich spätestens vor der Heimreise gar nicht vorstellen, dass nun schon Schluss gewesen sein soll. Möglicherweise packt ihn schon bald die brennende Sehnsucht: die Verlockung, wiederzukommen und erneut diese Lust zu spüren, loszulaufen und beim Wandern eins mit der Natur zu werden.

Zum Glück erstreckt sich dieser Trail über Hunderte von Kilometern und mehrere Länder bis nach Litauen, Lettland und Estland. Wanderlustige können jahrelang ihre Urlaube dort laufend verbringen, ohne den Reiz dieses Weges völlig ausgeschöpft zu haben. Denn er bietet immer wieder neue Möglichkeiten. Ob von Travemünde bis nach Warnemünde, von Bad Kühlungsborn bis nach Polen oder von Usedom bis zur Kurischen Nehrung – der Ostseeküstenwanderweg überrascht auf mehr als 1000 Kilometern mit Kultur, Tradition und postkartenschönen Anblicken. Und das alles bequem und steigungsarm; die Belohnung für die Mühen ist stets ein weiter Blick in die Landschaft.

Diese Tour startet in Warnemünde. Und schon beim Auftakt zeigt die Ostsee ihr typisches Gesicht: das Wasser strahlend blau wie eine dunkle Kopie des Himmels und spiegelglatt. Ab und zu wagt sich eine vorwitzige Welle an den Strand, aber es ist eher ein Plätschern als die Urgewalt des Meeres. Die Ostsee ist das sanfte, liebliche Pendant zur Nordsee. Vielleicht so etwas wie das Mittelmeer des Nordens, das sich so friedvoll vom rauen Atlantik abhebt. Und nicht nur deswegen ist die Baltische See das wohl beliebteste Meer vieler Deutschen. Ihre abwechslungsreiche Küste vereint Kultur mit landschaftlicher Vielfalt. Mal leuchten Steilküsten in der Sonne, dann wieder streicht ein Wind durch den Wald, und oftmals knirscht weißer Sand unter den Zehen. Wenn die Strecken nicht so weit wären, könnte man glatt überlegen, einige Abschnitte barfuß zu wandern. Wenngleich für solche Vorhaben vielleicht nicht komplette Etappen geeignet sind, ist dennoch Freiheit für die Füße garantiert. Denn es ist einfach zu verlockend, den weichen Sand unter den Füßen zu spüren und den Sohlen eine kleine Massage zu gönnen. Und dann wäre noch diese herrlich salzige Luft auf den Lippen ... Warnemünde also erweist sich als perfekter Start für diese Etappe, denn in

148  Deutschland

# OSTSEEWANDERWEG

**Routensteckbrief:**
**Distanz:** 300 km | **Dauer:** 14 Tage
**Stationen:** Warnemünde – Dierhagen-Strand → 23 km | Dierhagen-Strand – Prerow → 31 km | Prerow – Barth → 21 km | Barth – Klausdorf → 34 km | Klausdorf – Stralsund → 13 km | Stralsund – Stahlbrode → 24 km | Stahlbrode – Greifswald → 31 km | Greifswald – Lubmin → 23 km | Lubmin – Wolgast → 19 km | Wolgast – Zemplin → 29 km | Zemplin – Heringsdorf → 25 km | Heringsdorf – Misdroy → 26 km

kaum einer Stadt an der Ostsee liegen Trubel und Ruhe nahe beieinander. Immerhin hat die Stadt den größten Kreuzfahrthafen Deutschlands. In dem Rostocker Stadtteil, der den Charakter einer hübschen Kleinstadt mit seiner Bummelmeile am Alten Strom besitzt, den Leuchttürmen und dem weißen Sandstrand mit den vielen Strandkörben, genießen Wanderer noch einmal das Ostseebäderleben in vollen Zügen, bevor sie sich auf den Weg machen, der teilweise auch einsame Passagen aufweist.

Das Wuselige in Warnemünde lässt der Wanderer spätestens mit der Passage über die Warnow hinter sich. Eine Fähre bringt Räder und Fußgänger auf die andere Seite des Stroms, wo schon bald die Rostocker Heide fast menschenleer ist. Natur pur gibt es später hinter Dierhagen im Überfluss. Wer auf die Landkarte schaut, wird erkennen, dass sich die Küste als Zipfel ins Meer hinein erstreckt. Nun ist der Trail zu beiden Seiten von Wasser umgeben. Auch wenn der Wanderer stets nur ein Gewässer im Blick hat, entweder den Bodden oder die Ostsee, bleibt dieser Teil wohl unumstritten einer der schönsten der Strecke. Nicht nur wegen der schönen Dörfer des Darß, wie diese Halbinsel heißt, sondern vor allem aufgrund des Zauberwaldes vor Prerow, des Darßwalds. Einen solchen Wald findet man nur selten, tatsächlich hat sich dort ein Stück Urwald erhalten: mit Erlenbrüchen, verkrüppelten Buchen und knorrig geformten Windflüchtern direkt am Ostseestrand. Manchmal liegen die ausgewachsenen Baumstämme wie bizarre riesige Strandgutstatuen im Zuckersand. Wohl nirgendwo in Deutschland gibt etwas Ähnliches. Deswegen lohnt es sich, für diese Strecke extra Zeit einzuplanen, um den Wald auch in aller Ruhe genießen zu können.

In Prerow locken weite Strände und hübsche Architektur in Form von alten Häusern mit bunt verzierten Holztüren. Über Zingst geht es dann nach Barth. Hier zeigt der Bodden, also das Küstengewässer, das das Festland von der Halbinsel trennt, seine ganze Pracht. Es lohnt sich, schon aufgrund der Vogelwelt eine Ausflugsfahrt zu buchen. Denn die Ostseelandschaft ist nicht nur beliebt bei Möwen, auch Kraniche machen dort Rast und suchen auf den Feldern nach Nahrung. Von Barth geht die Strecke weiter nach Stralsund. Wer darauf gehofft hatte, dass der Ostseeküstenwanderweg auch Deutschlands größte Insel streift, wird nun enttäuscht: Rügen liegt nicht mal ansatzweise auf dem Weg. Wer dorthin will, muss Zeit einplanen und sich eigene Routen suchen. Der E9 nimmt seinen Weg unbeirrt Richtung Greifswald, auf Rügen muss der Blick aus der Ferne reichen.

Doch auf dem Ostseeweg wandern, ohne den Fuß auf eine Insel zu setzen, ist fast ausgeschlossen, und so ergibt sich die Gelegenheit auch schon bald, denn Usedom heißt das nächste Ziel von Wolgast aus. Die Insel am Stettiner Haff ist zwar schmal, aber lang. Nur noch einige Kilometer, und schon ist die Landesgrenze erreicht: Polens Ostseeküste steht der auf der deutschen Seite in nichts nach. Und nicht nur das: Viele Ostseefans behaupten, dass Polen sogar die schöneren Strände habe. Doch eben davon muss der Wanderer sich in einer neuen Tour überzeugen, denn diese endet am Nationalpark Wolin.

*Das hübsche Ahrenshoop liegt am Übergang vom Fischland zum Darß.*

Deutschland

*Die Müritz ist der größte See, der vollständig innerhalb Deutschlands liegt.*

*Auch der Serrahner Buchenwald gehört seit 2011 zum UNESCO-Weltnaturerbe.*

## Nationalpark Jasmund

**Lage:** Der 31 Quadratkilometer große Nationalpark Jasmund umfasst auf der Halbinsel Jasmund im Osten der Ostseeinsel Rügen den 161 Meter hohen Kreidekalk-Höhenrücken Stubnitz, die Steilufer des Gebiets und den 500 Meter breiten angrenzenden Gewässerbereich der Ostsee – insgesamt sieben Quadratkilometer Wasserfläche. Die fünf Quadratkilometer großen Buchenwälder im Kern des Nationalparks sind seit 2011 UNESCO-Weltnaturerbe.
**Highlights:** Landschaftliche Höhepunkte sind der 188 Meter hohe Kreidefelsen Königsstuhl und der Buchenwald der Region. Beides erreicht man bequem vom Nationalparkzentrum Königsstuhl aus.

**Tipps:** Von Rangern geführte Wanderungen durch den Nationalpark organisiert das Nationalparkzentrum Königsstuhl von Mai bis einschließlich Oktober.

---

Im Nordosten der Insel Rügen wurde im September 1990 Deutschlands kleinster Nationalpark gegründet. Er liegt auf der Halbinsel Jasmund, deren Namen er trägt, und zieht sich von Lohme nach Sassnitz an der Küste entlang. Die Ausdehnung in das Inselinnere schließt vor allem die Kreideabbaugebiete, etwa bei Wittenfelde, ein. Neben den berühmten Kreidefelsen, die sich über die Ostsee erheben, hat der Park einen weiteren Höhepunkt zu bieten, nämlich einen der größten zusammenhängenden Buchenwälder der Küste. Auch zahlreiche Bäche, Moore und sogar kleine Wasserfälle sind hier zu entdecken. Die Pflanzenwelt ist überaus vielfältig. So gedeihen an den Steilküsten verschiedene Orchideen, im Moor sind Wollgras, der fleischfressende Sonnentau und seltene Moose zu Hause. Ungewöhnlich ist auch die Vegetation der Strandflächen. Dort wachsen Salzmiere und -binse. So klein das Parkgebiet sein mag, so reich ist es an Tieren, die hier leben. In den feuchten Regionen sind es Amphibien, Schlangen und Co. Vor allem Moor-, Spring- und Grasfrosch sind zu nennen, ebenso Ringel- und Glattnatter, Teichmolch, Rotbauchunke und Erdkröte. An den Kreidefelsen brüten Mehlschwalben, im Wald sind es Zwergschnäpper.

*Die Kreideküste zählt zu den landschaftlichen Höhepunkten des Nationalparks Jasmund.*

## Nationalpark Müritz

**Lage:** Der Nationalpark (1990 gegründet) schützt in Mecklenburg-Vorpommern Abschnitte der Mecklenburgischen Seenplatte sowie der Feldberger Seenlandschaft. Zum Park gehören zwei räumlich getrennte Gebiete zu beiden Seiten von Neustrelitz: Müritz und Serrahn. Der Nationalpark umfasst zu 72 Prozent Wälder, zu 13 Prozent Seen, zu acht Prozent Moore, der Rest sind Grünland und Äcker. Im Serrahn gehört ein Waldgebiet seit 2011 zum Weltnaturerbe »Alte Buchenwälder«.

**Highlights:** Der Nationalpark kann zu Fuß, per Fahrrad und Boot erkundet werden. Eine Erlebnis sind Fischadlersafaris, die täglich in Federow beginnen.

**Tipps:** Von Zinow führt der schöne Wald-Erlebnis-Pfad u. a. über einen Moorsteg nach Serrahn, dort geht es weiter in die Buchenwälder sowie am Schweingartensee vorbei nach Carpin/Dianenhof (elf Kilometer).

---

Auf 322 Quadratkilometer Fläche befinden sich über 100 Seen, darunter Norddeutschlands größter See, die Müritz, die dem Park den Namen gibt. Davon gehört allerdings, um genau zu sein, nur ein Streifen zum Nationalpark. Östlich davon finden sich weitläufige Moorgebiete und Kiefernwälder mit Wacholdersträuchern. Der weitaus kleinere Teil des Parks ist von altem Buchenbestand und sanften Erhebungen geprägt. Rotbuchenwälder haben früher ganz Mitteleuropa dominiert. Nur langsam erobern sie sich, wie hier, ihren Lebensraum zurück. Sich selbst überlassen, bietet Totholz Spechten eine neue Heimat. Zwei bemerkenswerte heimische Pflanzen sind die Seerose, die auf vielen Gewässern ihre Pracht entfaltet, und das Schneidried. Diese Sumpfpflanze, auch »Binsenschneide« genannt, kommt an kaum einem anderen Ort in Deutschland in dieser Fülle vor. Neben der Landschaft ist natürlich die Tierwelt ein faszinierender Anziehungspunkt. Das größte Säugetier des Landes, der Rothirsch, ist hier bei der Brunft zu beobachten und vor allem zu hören. Durch die Lüfte segeln Kraniche und Fischadler auf ihrem Zug. Seeadler bleiben sogar das ganze Jahr über in dieser Region.

**Kreidefelsen im Nationalpark Jasmund**

*Nur 30 Quadratkilometer ist der Nationalpark Jasmund im Norden Rügens groß, und trotzdem beherbergt er eine der bekanntesten Naturattraktionen Deutschlands: die Steilküste mit den Kreidefelsen. Mehr als 100 Meter ragen die Kreidefelsen auf. Doch sie sind ein fragiler, ein vergänglicher Schatz. Immer wieder brechen große Teile ab und verschwinden für immer im Meer. Dank Caspar David Friedrichs berühmten Gemälde wurden sie zur Herzkammer der deutschen Romantik, zu einem Ort, an dem sich empfindsame Menschen an der Großartigkeit der Natur berauschten und ihre Seele von den Schönheiten der Schöpfung in Wallung bringen ließen.*

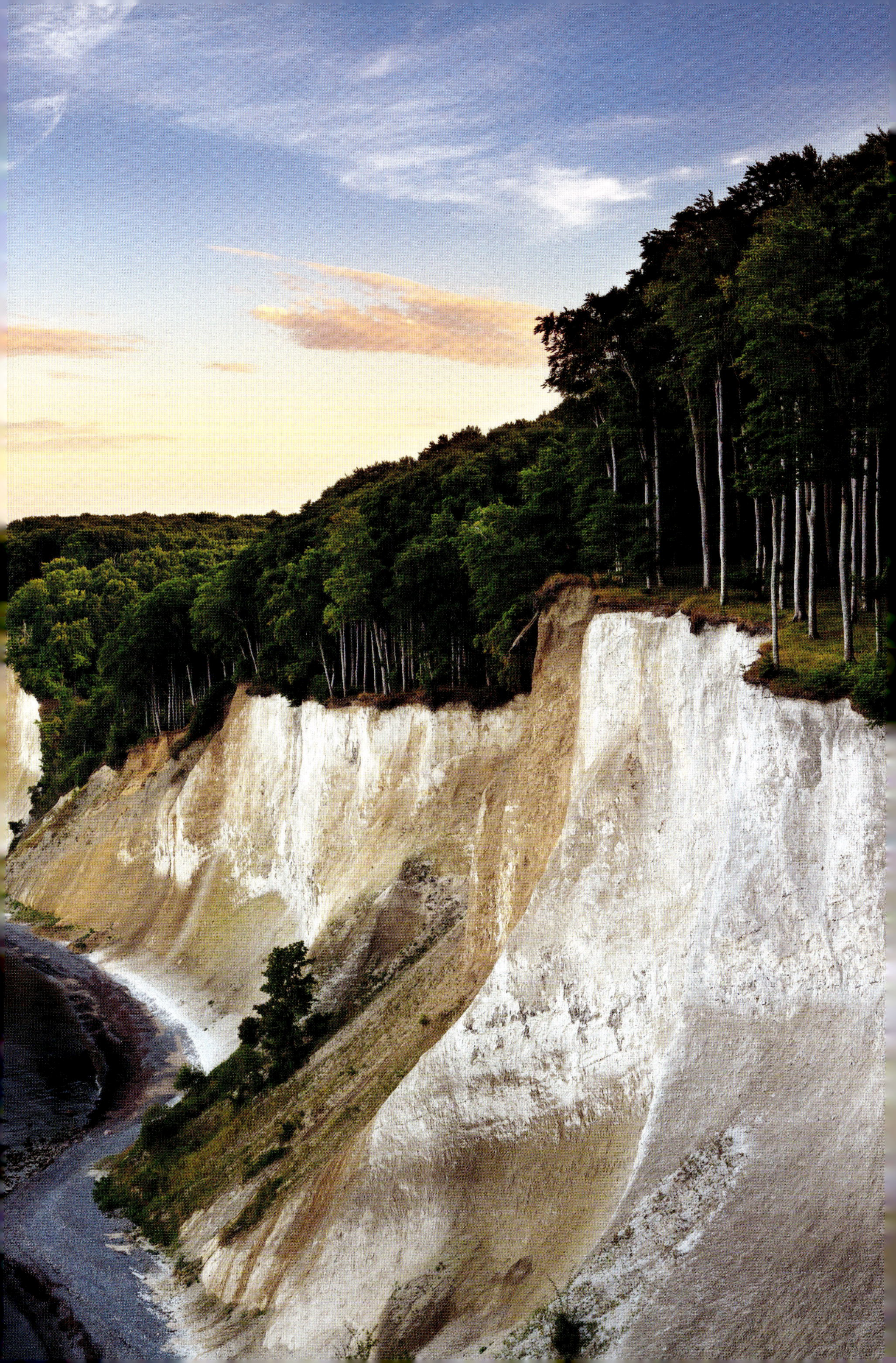

## Biosphärenreservat Oberlausitzer Heide- und Teichlandschaft

**Lage:** Das UNESCO-Biosphärenreservat, 1994 gegründet, beherbergt eines der größten zusammenhängenden Teichgebiete Deutschlands. Es erstreckt sich im Osten von Sachsen im Dreiländereck Deutschland – Tschechien – Polen und umfasst Hunderte Teiche, Gewässer, Moore sowie ausgedehnte Waldflächen.

**Highlights:** Das Reservat lässt sich zu Fuß und per Fahrrad erkunden und besonders intensiv auf den Naturerlebnispfaden entdecken, z. B. nordöstlich von Bautzen auf dem gut acht Kilometer langen Naturerlebnispfad »Guttauer Teiche & Olbasee«.

**Tipps:** Der besonders für Fahrradtouren geeignete, 88 Kilometer lange »Seeadlerrundweg« verbindet einige Gemeinden des Gebiets und führt über 13 Stationen durch die verschiedenen Landschaften. Die Tour beginnt in Boxberg am Bärwalder See.

---

Ein Mosaik glitzernder Wasserflächen, dazwischen ausgedehnte Auen- und Bruchwälder sowie karge, weite Heidelandschaften – so präsentiert sich die Oberlausitz zwischen Hoyerswerda, Bautzen und Niesky. Die ersten Teiche wurden hier schon im 13. Jahrhundert angelegt, da das nährstoffarme Urstromtal landwirtschaftlich nicht viel abwarf. Heute findet man hier die teichreichste Gegend Deutschlands. Viele Flächen dazwischen versteppten durch Übernutzung, sodass sich große Heideflächen ausbreiteten. Heute macht gerade dieser stete Wechsel zwischen Gewässern, Feuchtwiesen und Auwäldern mit trockenen Heide- und Dünenflächen sowohl den ökologischen Wert wie auch den Reiz dieser Region aus. Dank der nährstoffarmen Böden finden sich über 1200 Tier- und Pflanzenarten, die auf der Roten Liste stehen, weil sie auf den überdüngten Böden anderswo nicht existieren können, etwa Sandstrohblume und Moorveilchen, Glockenheide, Sonnentau und Moosbeeren sowie Wildbienen, Feldgrillen, Wasserkäfer, Rotbauchunken, Kammmolche und über 50 Libellenarten. Ebenfalls charakteristisch sind Seeadler, Kraniche, Störche sowie Fischotter.

*Erlen sind die typischen Bäume der Wälder der Oberlausitz.*

*Die Ringelnatter liebt die Sümpfe und ist für den Menschen völlig ungefährlich.*

*Kammmolche sind in der Sumpflandschaft heimisch.*

# Seeadler

Majestätisch sieht es aus, wenn der Seeadler seine bis zu 2,40 Meter breiten Schwingen ausbreitet und durch die Luft segelt. Dabei zählt er – anders als der im Alpenraum beheimatete Steinadler – gar nicht zur Gattung der Echten Adler *(Aquilae)*, sondern zu den Habichtartigen. Diese taxonomische Einordnung nimmt dem Seeadler aber nichts von seiner Eleganz und Schnelligkeit. Er ernährt sich überwiegend von Fischen und anderen Seevögeln, nur selten kommt ihm ein Kaninchen oder eine Maus in die Fänge. Besonders gern räubert der Seeadler in Brutkolonien von Lummen, Kormoranen oder Tölpeln. Ein wenig mehr anstrengen muss sich der Greifvogel bei der Jagd nach Fischen, aber auch hier zieht er einfache Beute direkt an der Wasseroberfläche vor. In Mecklenburg-Vorpommern und in Brandenburg leben die meisten der heute etwa 570 Brutvogelpaare Deutschlands; hier ist die Wahrscheinlichkeit am größten, eines der eleganten Tiere beim Flug zu beobachten. Dabei breitet der Seeadler *(Haliaeetus albicilla)* seine Flügel brettartig aus und liegt ruhig in der Luft. Doch seinen wachen Augen entgeht keine Regung.

## Naturpark Sauerland-Rothaargebirge

**Lage:** Im Frühjahr 2015 entstand aus den Naturparks Ebbegebirge, Homert und Rothaargebirge der Naturpark Sauerland-Rothaargebirge, der nun mit einer Gesamtfläche von 3826 Quadratkilometern der drittgrößte Naturpark Deutschlands ist. Er liegt in der Region Südwestfalen und umfasst große Teile des Sauerlandes, des Siegerlandes und des Wittgensteiner Landes.

**Highlights:** Auf dem Kahlen Asten (842 Meter), dem zweithöchsten Berg Nordrhein-Westfalens, befindet sich der Astenturm mit Besucherzentrum, Hotel und Wetterwarte. Von hier aus genießt man einen weiten Rundblick über das Rothaargebirge.

**Tipps:** In Bad Berleburg lohnt sich ein Besuch von historischer Altstadt und Barockschloss. Das Infozentrum des Astenturms beherbergt zudem eine interessante Ausstellung über das Naturschutzgebiet am Kahlen Asten und die Wetterwarte des Deutschen Wetterdienstes (DWD), die hier schon seit 1918 besteht.

Der Naturpark Sauerland-Rothaargebirge liegt im südöstlichen Teil Nordrhein-Westfalens. Seinen Namen verdankt der Naturpark dem Rothaargebirge, das sich dem Astengebirge in südwestlicher Richtung anschließt. Das Rothaargebirge ist Quellgebiet der Flüsse Eder, Sieg und Lahn und darüber hinaus Wasserscheide zwischen Rhein und Weser. Die markantesten Erhebungen sind der Dreiherrenstein und der Gillerberg im Bereich Hilchenbach sowie im Westen in der Nähe der Stadt Kreuztal der Kindelsberg und die Martinshardt. Aus kulturhistorischer Sicht ist die Region wegen ihrer Vielzahl an Burgen und Schlössern interessant.

*Wenn über dem Tal die Wolken hängen, ist es nicht selten, dass auf dem Gipfel des Kahlen Asten die Sonne scheint.*

*Mandarinenten stammen zwar aus Ostasien, fühlen sich mittlerweile aber auch in Deutschland heimisch.*

# Uhus

Er ist der König der Nacht: Der Uhu, der seinen Namen schon durch seinen tiefen Ruf ankündigt, schwebt nach Sonnenuntergang fast geräuschlos in dichten Wäldern umher. Wenn es dunkel wird, ist seine Zeit gekommen. Dann ist er seiner Beute und anderen konkurrierenden Greifvögeln durch seine gute Nachtsicht haushoch überlegen und wird zum gefährlichsten Räuber der dunklen Stunden. Dicht über dem Erdboden gleitet er auf der Suche nach Mäusen, Hasen, Mardern oder auch Igeln. Schlafende Singvögel auf einem Ast sind vor seinem wachsamen Auge und seinen scharfen Fängen ebenso wenig sicher wie langsamer fliegende Krähen oder Tauben. Und wenn es sein muss, jagt er eine Ratte auch mal auf dem Boden laufend. Als Gewölle spuckt er die für ihn unverdaulichen Knochen und Federn nach der Mahlzeit wieder aus. Ist er ausgewachsen, hat der Uhu praktisch keinen Fressfeind. Hüten müssen sich Jungvögel aber vor Füchsen oder Mardern. Haupttodesursache für Uhus sind die Strommasten der menschlichen Zivilisation, denen sich das Tier arglos nähert. Der Uhu *(Bubo bubo)* ist die größte Eulenart der Erde; seine Flügelspannweite kann bis zu 1,70 Meter betragen. Auffällig sind seine großen bernsteinfarbenen Augen, die ihm das Attribut der »weisen Eule« eingebracht haben.

*Die Sächsische Schweiz ist von bizarren Felsgebilden, Schluchten, Tafelbergen und Steilwänden geprägt.*

## Nationalpark Kellerwald-Edersee

**Lage:** Der knapp 77 Quadratkilometer große Nationalpark liegt im namensgebenden nordhessischen Mittelgebirge Kellerwald mit seinen bis zu 626 Meter hohen Ederbergen. Die knapp 15 Quadratkilometer großen Buchenwälder des Nationalparks gehören seit 2011 zum UNESCO-Weltnaturerbe.

**Highlights:** Die Buchenwälder des Nationalparks können zu jeder Jahreszeit auf 20 Rundwanderwegen erkundet werden. Besonders beeindruckend ist der rund 70 Kilometer lange Urwaldsteig, der in mehreren Etappen von Waldeck aus rund um den Edersee führt.

**Tipps:** Nicht nur für Kinder spannend ist der vier Kilometer lange Heide-Erlebnispfad. Er führt durch Heide- und Waldgebiet vorbei an unterhaltsamen Mitmach- und Erlebnisstationen.

*Im Nationalpark Kellerwald-Edersee sind Steinadler heimisch.*

Der Nationalpark Kellerwald-Edersee liegt im Norden des gleichnamigen Naturparks und südlich des Edersees, ein Stausee, der sich auf einer Länge von 27 Kilometern durch die waldreiche Landschaft erstreckt. Der Park wurde im Jahr 2004 gegründet (Naturpark: 2001) und ist damit einer der jüngsten Nationalparks in Deutschland. Hier finden sich neben einem ausgedehnten urwaldartigen Buchenwald weitere große Laubbaumbestände. Eichen, Ahorn, Ulmen und Linden wachsen hier ebenso wie zahlreiche seltene Blütenpflanzen. Auf einem Spaziergang über Hänge, durch Wiesentäler und entlang der Bachläufe kann man Arnika, Pfingst- und Heidenelken, Teufelskralle und auch das Breitblättrige Knabenkraut entdecken. Etwas mehr Glück braucht es, um den seltenen und scheuen Schwarzstorch zu Gesicht zu bekommen. Er findet hier viele Rückzugsräume.

## Nationalpark Sächsische Schweiz

**Lage:** Der 94 Quadratkilometer große Nationalpark umfasst die Kerngebiete des sächsischen Elbsandsteingebirges südöstlich von Dresden. Im benachbarten Tschechien schließt sich der Nationalpark Böhmische Schweiz unmittelbar an.

**Highlights:** Die Felsformation Bastei zählt zu den bekanntesten Touristenattraktionen der Sächsischen Schweiz. Von ihrer Aussichtsplattform bietet sich ein fantastischer Blick ins Elbtal.

**Tipps:** Der Nationalpark ist ein Dorado für Felskletterer. Die Sächsische Schweiz zählt zu den ältesten Klettergebieten Europas mit eigener Kletterphilosophie und speziellen Kletterregeln. Es gibt hier insgesamt über 1000 Klettergipfel mit etwa 20 000 Kletterwegen. In der Waldhusche, einer Art Naturerlebnispark, kann man viel über den Wald erfahren.

Wenige Landschaften haben die Romantiker des 19. Jahrhunderts so begeistert wie die Sächsische Schweiz: ein idyllisches Flusstal, gesäumt von den ebenso malerischen wie bizarren Felsformationen des Elbsandsteingebirges. Geformt wurde diese Landschaft durch die Erosion, die im Verlauf von Millionen von Jahren dem weichen Sandstein zusetzte. Der im Jahr 1990 gegründete Nationalpark umfasst die schönsten Gebiete am nördlichen Elbufer. Ein Teil erstreckt sich westlich von Bad Schandau rund um die Bastei bis Stadt Wehlen, der andere reicht bis zur tschechischen Grenze. Die zerklüfteten Felsregionen wurden aber nicht nur wegen ihrer Schönheit unter Schutz gestellt, sondern auch, weil sich durch die starke Gliederung der Landschaft eine Vielzahl kleiner Lebensräume ergibt, in denen sich Pflanzen mit speziellen Bedürfnissen ansiedeln konnten.

## Nationalpark Harz

**Lage:** Der 247 Quadratkilometer große Nationalpark wurde 2006 aus dem Zusammenschluss zweier Nationalparks in Niedersachens und Sachsen-Anhalt gegründet. Er erstreckt sich von 230 Metern bis zur 1141 Meter hohen Brockenkuppe und schützt rund zehn Prozent der Gesamtfläche des Harzes.

**Highlights:** Zu den schönsten Wanderwegen im Nationalpark gehört die Route durch das Ilsetal. Die rund 13 Kilometer lange Rundwanderung führt von Ilsenburg zur Waldgaststätte Plessenburg.

**Tipps:** Dem mythischen Verhältnis vom Menschen zur Natur kann man auf dem kurzweiligen Naturmythenpfad auf den Grund gehen. Der rund vier Kilometer lange Rundweg zu interaktiven Stationen beginnt nahe der Jugendherberge Braunlage.

---

Kahl und lang gezogen dominiert die Kuppe des Brockens den sachsen-anhaltinischen Teil des Nationalparkes Harz. Dieser ist nur 89 Quadratkilometer groß und erstreckt sich rund um Norddeutschlands höchsten Berg. Abgesehen vom Gipfel des Brocken, ist das Nationalparkgebiet fast vollständig von dichten Wäldern bedeckt. Unter den Baumwipfeln verbirgt sich eine wildromantische, zerklüftete Landschaft mit zahlreichen tief eingeschnittenen Tälern und malerischen Granitklippen. Vor allem nach Norden fällt das Gebirgsplateau steil ab, während es nach Süden flacher ausläuft. An den Hängen lassen sich alle Vegetationsstufen beobachten: von lichten Buchenwäldern über montane Fichtenwälder bis hin zur alpinen Zwergstrauchheide. Im 19. Jahrhundert wurden viele bergbaubedingte Kahlschläge mit schnell wachsenden und borkenkäfer-anfälligen Fichten wieder aufgeforstet. Inzwischen bemüht man sich, diese sukzessive wieder durch die ursprünglicheren Buchen und Bergahorne zu ersetzen. Besonders wertvoll sind die Hochmoorgebiete, die zu den am besten erhaltenen Mitteleuropas zählen und selten gewordene Pflanzen wie Rosmarinheide, Zwergbirke und Torfmoosarten beherbergen. Eine besondere Rarität ist die weiß blühende Brockenanemone.

*Rabenklippen bei Bad Harzburg mit dem berühmten Brocken im Hintergrund.*

*Selbst im Hochsommer zeigt sich die Ilse als ein aufgewühltes Flüsschen.*

# Wildschweine

Wildschweine sind auf dem Vormarsch. In manchen Bundesländern gehen sie bis in die Vorortbereiche der Städte, weil dort der Abschuss problematisch ist. In der Landwirtschaft werden die Schwarzkittel ungern gesehen, weil sie erheblichen Flurschaden anrichten können. Selbst wo Wildschweine bejagt werden, lernen sie schnell, wann keine Gefahr droht. Der wilde Vorfahr des Hausschweins zeichnet sich durch eine lang gestreckte Schnauze und eine üppige schwärzliche Borstenbehaarung aus, die am Rücken zu einer steifen Mähne heranwächst. Ganz anders sehen junge Wildschweine, die Frischlinge, mit ihrer hellgelblichen und braunen Streifenzeichnung aus. Die Bache kann im Frühjahr bis zu einem Dutzend Jungtiere werfen, die sie sehr liebevoll versorgt. Wanderer sollten um eine Bache mit Jungen einen großen Bogen machen. Für die Wildschweine existiert eine eigene Terminologie, die aus dem hohen waidmännischen Interesse herrührt: Auf die »Frischlinge« folgen »Überläufer«, dann »Bache« oder »Keiler«, der zum »Basse«, »hauenden Schwein« oder »Hauptschwein« heranwächst. Die »Rauschzeit« fällt in den Winter – die Keiler entwickeln zuvor ein seitliches knorplig-schwartiges Bindegewebsschild, das bei den Kämpfen um die Weibchen schützt.

*Im Nationalpark Hainich wird die Natur sich selbst überlassen, sie folgt dem Kreislauf von Werden und Vergehen.*

*Der verschwiegene Spessart ist eines der größten Laubwaldgebiete Deutschlands.*

## Nationalpark Hainich

**Lage:** Der Nationalpark liegt unweit von Eisenach und Bad Langensalza im bis zu 494 Meter hohen Höhenzug Hainich. Er umfasst das größte zusammenhängende Laubwaldgebiet Deutschlands und ist Teil des Weltnaturerbes »Alte Buchenwälder Deutschlands«.

**Highlights:** An der Thiemsburg, erreichbar über Alterstedt, vermittelt ein rund 550 Meter langer Baumkronenpfad in 40 Meter Höhe eine faszinierende Perspektive auf die oberen Etagen des ansonsten unzugänglichen Urwalds und dessen Tierwelt.

**Tipps:** Im Nordwesten des Hainichs erreicht man bei Lauterbach den Parkplatz zum Urwaldpfad. Der 1,6 Kilometer lange Rundwanderweg führt zu zehn Informationsstationen und in Gebiete, in denen wieder Urwald entsteht.

---

Seit 1997 existiert dieser 13. Nationalpark Deutschlands. Diese Auszeichnung gilt vor allem dem Schutz des Buchenwaldes, der das größte zusammenhängende Laubwaldgebiet Deutschlands bildet. Der im Westen Thüringens liegende Nationalpark umfasst dabei eine Fläche von 75 Quadratkilometern, die gesamte Waldfläche ist sogar mehr als doppelt so groß. Neben der hier dominierenden Buche sind in der Region auch andere Laubbäume wie Esche, Linde oder Ahorn zu finden. Bekannt ist der Nationalpark vor allem für seinen Pilzbestand sowie die zahlreichen Frühlingsblüher, die sich zu Jahresbeginn wie ein bunter Blütenteppich über den Waldboden legen. Besonders stolz ist man in der Region auch über die Artenvielfalt der Tierwelt. Allein 15 Fledermaus- und mehr als 500 Käferarten sind hier zu finden.

## Naturpark Spessart

**Lage:** Der 2440 Quadratkilometer große Naturpark Spessart umfasst den größten Teil des waldreichsten Mittelgebirges Deutschlands.

**Highlights:** Eine Besichtigung (März bis November) wert ist das Wasserschloss Mespelbrunn in einem verschwiegenen Tal des Mittelgebirges. Es wurde bekannt als Drehort des Films »Das Wirtshaus im Spessart« (1958) mit Liselotte Pulver in der Hauptrolle. Das Renaissanceschloss überstand alle Kriegshandlungen unbeschadet und blieb in seiner ursprünglichen Form erhalten.

**Tipps:** Im Infozentrum des Naturparks im Huttenschloss in Gemünden können spezielle Natur- und Landschaftsführungen gebucht werden. Dort erfährt der Besucher auch Wissenswertes über die Flüsse Sinn, Saale, Main sowie über die Wälder und die Tierwelt im Spessart.

---

Der Naturpark Bayerischer Spessart trägt seit dem Jahr 2007 die Auszeichnung »Qualitäts-Naturpark«. Mit 1710 Quadratkilometern macht der bayerische Teil des Naturparks Spessart den deutlich größten Bereich aus. Weitere 730 Quadratkilometer liegen in Hessen. Faszinierend sind die endlos scheinenden Waldgebiete, vor allem Laubmischwälder kommen hier vor. Man kann im Naturpark sehr hohe, bis zu 400 Jahre alte Eichen finden. Hinzu kommen grüne Wiesen und natürlich die Täler des Mains und der Sinn (ein Nebenfluss der Fränkischen Saale). Größere und geschichtsträchtige Städte gruppieren sich um den Park herum. Deshalb steht eine hervorragende Infrastruktur an Straßen und Wegen zur Verfügung, um die Region komfortabel kennenzulernen. Auch das Klima ist ideal, um sich viel in der Natur aufzuhalten. Weder sind die Sommer besonders heiß noch die Winter extrem kalt.

*Der Spessart ist Heimat für die scheuen Mufflons...*

*...und für Waschbären, die sich als Neozoon hier verbreitet haben.*

# Europäische Mufflons

Gegen den Wolf sind sie chancenlos: Wenn er zum Sprint ansetzt, um sie als Beute zu reißen, gibt es für die Europäischen Mufflons kein Entkommen. Noch rund 8000 Exemplare des Muffelwilds leben in Deutschland, doch mit dem vermehrten Zuzug des Wolfs, ihrem gefährlichsten Fressfeind, sieht ihre Zukunft alles andere als rosig aus. In der Lausitz sind die Mufflons nach der Rückkehr des Raubtieres schon verschwunden, vor allem in Brandenburg, Thüringen und Hessen leben noch einige Herden. Aber auch diese haben es nicht leicht: Hier bemängeln Naturschützer, dass die Tiere seltenen Pflanzen zusetzen. Sein Los ist also das umstrittene Schicksal eines Immigranten: Der Europäische Mufflon *(Ovis orientalis musimon)* gehört eigentlich gar nicht nach Mitteleuropa, er wurde aus Korsika und Sardinien eingebürgert. Seine Hufe sind daher auch eigentlich für trockene Böden und Hochgebirgslagen geeignet und nicht für die weichen, feuchten Wiesen Mitteldeutschlands. Dennoch gibt es auch vielerorts Bestreben, die hier lebenden Wildschafe zu schützen und ihnen ausreichend Rückzugsorte zu bieten. Den Widdern wachsen im Laufe ihres Lebens imposante eingedrehte Hörner, die bis zu 80 Zentimeter lang werden können, die Schafe bilden keine Hörner aus.

# Damhirsche

Artemis, Göttin der Jagd und enge Vertraute des Mondes, wird in der griechischen Mythologie oft in Hirschgestalt dargestellt oder auf einem von Hirschen gezogenen Wagen vorgefahren. Genauer gesagt, handelt es sich bei den Tieren um Damhirsche, da ihr geflecktes Fell schon den Griechen als Symbol für den Sternenhimmel galt und sie daher einer Göttin würdig schienen. Und so waren die Tiere im Altertum – nicht nur in Griechenland, sondern auch bei Sumerern und Phöniziern – beliebte Opfergaben, um die Götter zufriedenzustellen. Heute sind die Damhirsche vor allem Opfer der Jäger, sie gehören zu den in Deutschland am meisten bejagten Wildtieren. Dies ist allerdings eine Notwendigkeit: Die Tiere, die hierzulande kaum Fressfeinde fürchten müssen, vermehren sich rasch und sorgen für große Beißschäden im Waldbestand. Jeden Herbst werden daher etwa 30 Prozent der Population geschossen. Weibchen (das sogenannte Kahlwild) und Männchen leben in getrennten Rudeln, die nur während der Brunftzeit aufeinanderstoßen. Die Rudel unterliegen einer festen Rangordnung, die bei den Männchen mithilfe ihres mächtigen Geweihs ausgefochten wird. Die Kühe setzen in der Regel nur ein Junges, das meist im Juni zur Welt kommt und erst mit vier Jahren ausgewachsen ist.

*Das Wasser der Gutach stürzt bei den Triberger Wasserfällen in mehreren Kaskaden über Stufen in die Tiefe.*

## Naturpark Südschwarzwald

**Lage:** Der Naturpark ist mit einer Fläche von 3940 Quadratkilometern der zweitgrößte in Deutschland.

**Highlights:** Die Triberger Wasserfälle stürzen in insgesamt zehn Stufen 163 Meter in die Tiefe. Sie sind damit die höchsten Wasserfälle in Deutschland außerhalb der Alpen. Auf gut ausgebauten Wegen und zwei Holzbrücken können sie bestaunt werden. Ein außergewöhnliches Schauspiel bietet sich im Winter, wenn die Fälle vereist sind.

**Tipps:** Ein Erlebnis ist auch eine Wanderung in der Wutachschlucht. Die Wege durch die Schlucht haben teilweise alpinen Charakter.

---

Er ist groß und hoch, der Naturpark Südschwarzwald. Das Gebiet dieses Parks erstreckt sich von Elzach und Triberg im Norden bis zum südlichen Waldshut-Tiengen und Lörrach. Im Westen ist die Vorbergzone bis Freiburg und Emmendingen ins Gebiet einbezogen, nach Osten dehnt es sich bis Donaueschingen und Villingen-Schwenningen auf der Baar-Hochebene aus. Die enorme Größe lässt den Südschwarzwald zum zweitgrößten Naturpark der Bundesrepublik werden, nach dem benachbarten Naturpark Schwarzwald Mitte/Nord. Und auch an Höhenlagen fehlt es nicht. So sind die drei größten Erhebungen des Schwarzwaldes, der Feldberg (1493 Meter), das Herzogenhorn (1415 Meter) und der Belchen (1414 Meter), hier zu finden. Dadurch, dass sich unterschiedliche Klimabereiche durch das Gebiet ziehen, hat sich im Südschwarzwald ein extrem hoher Artenreichtum an Tieren und Pflanzen ausbreiten können.

## Nationalpark Bayerischer Wald

**Lage:** Der 243 Quadratkilometer große Nationalpark Bayerischer Wald bildet zusammen mit dem tschechischen Nationalpark Šumava das mit 900 Quadratkilometern größte Waldschutzgebiet Mitteleuropas.

**Highlights**: Ab der Weißen Brücke bei Lindberg führt eine elf Kilometer lange Wanderung durch die faszinierende Urwaldwildnis in der Höllbachgspreng auf den 1305 Meter hohen Aussichtsberg Großer Falkenstein.

**Tipps:** Bei den Nationalparkzentren Lusen und Falkenstein lässt sich von Auerhahn bis Luchs und Braunbär die (einstige) Tierwelt der Region in weitläufigen Freigehegen beobachten.

---

Im Oktober 1970 wurde der Nationalpark offiziell aus der Taufe gehoben.

*Der Große Arber ist mit 1456 Metern der höchste Berg im Bayerischen Wald. Er liegt an der Grenze zu Tschechien.*

Er ist damit der älteste in Deutschland. Seit 1997 hat er seine heutige Größe. Der Wald, bestehend vor allem aus Buchen und Fichten, ist das bestimmende Element. Ab dem Mittelalter begann hier die Nutzung von Holz. Man rodete Flächen, um zunächst Klöster und später dann auch Siedlungen zu bauen. Auch für die Glashütten, die für die Region von Bedeutung waren, brauchte man Brennstoff. Glücklicherweise gab es so viele Bäume, dass der Bestand nicht gefährdet wurde. Allerdings wurden seit Anfang des 20. Jahrhunderts vor allem viele alte Baumriesen gefällt und durch Fichten, die besonders schnell wachsen, ersetzt. Mit Gründung des Nationalparks hat man dieser für das Ökosystem fatalen Entwicklung Einhalt geboten. Jetzt heißt es die Natur weitestgehend sich selbst zu überlassen.

*Unter den weichen Waldböden haben Dachse ihre Höhlenquartiere eingerichtet.*

# Luchse

Wo in Europa noch wirklich ursprüngliche Regionen verblieben sind, haben Luchse überlebt oder wurden wieder angesiedelt. Es handelt sich um die westliche Gruppe des Eurasischen Luchses, dessen Vorkommen über den Kaukasus und die mittelasiatischen Gebirge bis Kamtschatka reicht. In Spanien kommt eine nah verwandte Art vor, der Pardelluchs, der intensiv gefleckt ist. Skandinavische Tiere können fast einfarbig sein, während in den Karpaten die Luchse eine stärkere Fleckenzeichnung tragen. Die langen Ohrpinsel, der Backenbart und der hochbeinige Gang kennzeichnen alle Luchse. In Deutschland wurde der Luchs schon im 18. Jahrhundert aufgrund von Konkurrenzdenken ausgerottet, denn er braucht große Reviere und jagt nicht selten Rehe. Inzwischen wurden aber in vielen Gebieten, vom Harz bis zum Bayerischen Wald, wieder Luchse angesiedelt. Gute Bestände gibt es in Estland oder auf der Balkanhalbinsel. Die Hauptbeutetiere der Luchse sind Hasen, Mäuse, Eichhörnchen und Siebenschläfer sowie Vögel, von der am Boden brütenden Waldschnepfe bis zum Auerhuhn; sie reißen aber sogar Füchse. Im späten Frühjahr wirft die Luchsin zwei bis vier Junge, die sie in Felshöhlen oder unter den Wurzeln eines umgestürzten Baumes großzieht.

Deutschland

*Sonnenaufgang am Gipfelkreuz der Zugspitze.*

*Der Eibsee zeigt sich oft in unterschiedlichen Lichtstimmungen.*

## Wettersteingebirge

**Lage:** Das Wettersteingebirge ist ein Gebirgsmassiv der Nördlichen Kalkalpen, das sich zwischen Garmisch-Partenkirchen, Mittenwald, Leutasch und Ehrwald erstreckt, teils auf deutschem, teils auf österreichischem Territorium. Sein höchster Gipfel ist die Zugspitze (2962 Meter), gleichzeitig auch der höchste Berg Deutschlands.

**Highlights:** Eine Fahrt auf die Zugspitze mit der Seilbahn oder der Zahnradbahn ist ein Erlebnis. Wer genügend alpine Erfahrung hat, kann den höchsten Berg Deutschlands auch besteigen.

**Tipps:** Lohnenswert ist eine etwa dreistündige Wanderung von Elmau auf den Schachen (1866 Meter) zum unter Ludwig II. errichteten Königshaus (mit Türkischem Zimmer). Im Alpengarten daneben, einer Außenstelle des Botanischen Gartens München, kann man die alpine Flora bestaunen.

---

Das Wettersteingebirge ist sehr kompakt und hat schroff abfallende Gipfel, die weit über 2500 Meter aufragen. Der Gebirgsstock ist durch mehrere Seilbahnen und eine Zahnradbahn sehr gut erschlossen. Viele Touristen verbringen in der Region ihren Urlaub, um bei Naturschönheiten wie der Partnachklamm, dem Höllental oder dem Eibsee den Alltag zu vergessen. Der Deutsche Alpenverein unterhält hier mehrere Hütten. Am bekanntesten sind das »Münchner Haus« auf der Zugspitze, die »Knorrhütte«, die »Meilerhütte«, die »Höllentalangerhütte« und die »Reintalangerhütte«, die alle zu Fuß erreichbar sind und als Stützpunkt für Wanderungen dienen. Trotz der intensiven Almwirtschaft gibt es abseits des Touristenstroms bis heute Möglichkeiten, die Ruhe und Abgeschiedenheit der Berge zu genießen. Hier haben sich viele Tierarten ihren ursprünglichen Lebensraum bewahrt. So kann man Steinadler, Alpensalamander, Murmeltiere und Gämsen beobachten. Selbst ein seit Jahren ausgestorben geglaubter Schmetterling wurde kürzlich auf der Zugspitze wiederentdeckt. Auf rund 1000 Metern direkt unterhalb der Zugspitze liegt der Eibsee. Das Gewässer ist komplett von Wald umgeben und schimmert in einem satten Grünton. Bei der zweistündigen Wanderung um den See hat man herrliche Ausblicke auf die Zugspitze.

*Malerisch liegt der Taubensee inmitten der Landschaft. Königlich thronen Watzmann und Hochkalter im Hintergrund.*

# Nationalpark Berchtesgaden

**Lage:** Das rund 208 Quadratkilometer große Schutzgebiet ist Deutschlands einziger Nationalpark in den Alpen und zudem ein UNESCO-Biosphärenreservat. Es schützt eine beeindruckende alpine Landschaft, die von rund 600 Meter am Königssee bis zu 2713 Meter Meereshöhe am Gipfel des Watzmanns reicht.

**Highlights:** Im Nationalpark leben Steinadler, die man mit etwas Glück im Klausbachtal beobachten kann. Die rund 14 Kilometer lange Wanderung beginnt am Klausbachhaus in Ramsau und führt ins österreichische Weißbach. Zurück fährt man mit dem ALMErlebnisBUS.

**Tipps:** Den Park durchzieht ein 260 Kilometer langes Netz von Wanderwegen. Der schönste Weg zur Watzmann-Ostwand führt jedoch mit dem Elektroboot von Schönau aus über den Königssee zur Anlegestelle St. Bartholomä. Die Boote fahren ganzjährig mehrmals täglich, Fahrplan unter seenschifffahrt.de

---

1978 wurde der Nationalpark Berchtesgaden als erster hochalpiner Nationalpark in Deutschland mit dem Ziel gegründet, einen Rückzugsraum für die Natur in diesem einsamen Flecken im Südosten Bayerns zu schaffen. Das Herzstück des Parks ist der Königssee mit den umliegenden Bergen des Hagengebirges, des Watzmannstocks, des Hochkalters und der Reiteralpe. Obwohl der Park von Wanderwegen erschlossen wird, ist das gesamte Gebiet bis auf die touristischen Hochburgen am Königssee, St. Bartholomä und dem Jenner eher einsam. So kann man hier ungestört majestätische Adler, Rotwild, Gämsen, Steinböcke und Murmeltiere beobachten. Auch viele Insekten, Reptilien und Amphibien leben im Nationalpark – stellvertretend sei hier die Schwarze Kreuzotter genannt. Seltene Pflanzen wie der Frauenschuh, das Edelweiß und die Zwergprimel kann man hier ebenfalls entdecken. Aber nicht nur Flora und Fauna machen die Besonderheit des Nationalparks aus, sondern vor allem die vielen interessanten geologischen Phänomene wie der Funtensee, das Wimbachtal oder der Blaueisgletscher. Um seinen Aufenthalt in diesem idyllischen Flecken zu planen, sollte man mit einem Besuch im Nationalparkzentrum in Schönau beginnen.

*Nach der Weichseleiszeit haben Brandung und Wetter Wolin über die Jahrtausende geformt – und verändern es nach wie vor.*

# Polen

Wer einmal einen Wisent oder einen Bären in freier Natur erleben möchte, hat in Polen die besten Chancen. Nämlich im Białowieski-Nationalpark, dem einzigen Urwald Europas, der diesen Namen tatsächlich noch verdient. Bei Naturfreunden hat Polen aufgrund seiner ursprünglichen Landschaften seit Langem einen hervorragenden Ruf.

## INFO *

**POLEN**
**Fläche:**
312 696 km²
**Bevölkerung:**
38,1 Mio. Einwohner
**Hauptstadt:**
Warschau (1,8 Mio. Einwohner)
**Höchster Berg:**
Meeraugspitze (Rysy, 2499 m)
**Längster Fluss:**
Weichsel (1047 km)

### Nationalpark Wolin

**Lage:** Der 109 Quadratkilometer große Nationalpark erstreckt sich auf der Insel Wolin an der Odermündung im Nordwesten Polens in der Nähe der deutschen Grenze. Er umfasst See- und Strandgebiete sowie Teile der Pommerschen Bucht, des Deltas der Swina und des Stettiner Haffs.
**Highlights:** Der Seeadler, das Wappentier des Parks, kann hier häufig beobachtet werden. Auch viele andere Vögel (mehr als 200 Arten) haben im Woliner Park ihre Rastplätze.
**Tipps:** Durch den Woliner Nationalpark führen mehrere interessante Themenwanderwege. In einem Gehege können auch Wisente beobachtet werden. Geführte Touren kann man über die Verwaltung des Parks im Umweltbildungszentrum buchen.

Wenn man die Polen fragt, wo ihre Ostseeküste am schönsten sei, bekommt man in den meisten Fällen eine eindeutige Antwort: auf der Insel Wolin an der Odermündung, die seit 1960 als Nationalpark geschützt ist und zugleich die größte Insel Polens ist. Denn hier bricht die Küste in einem spektakulären, 15 Kilometer langen und fast 100 Meter hohen Kliff ins

Meer. Von seiner Kante aus kann man das Stettiner Haff überblicken und in der Ferne die Kreidefelsen von Rügen schimmern sehen, während der Himmel von Abertausenden Zugvögeln bevölkert wird, die auf der Insel Station machen. Wer das selbst einmal erlebt hat, wird den Polen recht geben: Schöner ist ihre Küste nirgendwo. Man kann auch mit einer Fähre zwischen Usedom und Wolin verkehren.

## Nationalpark Narew

**Lage:** Der 74 Quadratkilometer große Nationalpark wurde 1996 gegründet. Er schützt die Fluss- und Sumpflandschaft und die artenreiche Tier- und Pflanzenwelt des Narewtals, das im Nordosten Polens südwestlich von Białystok liegt.

**Highlights:** Den Nationalpark erpaddelt man am besten per Kanu, Kajak oder »Pychówka«, wie die typischen Stechkähne der Region genannt werden. Schöne Touren beginnen in Kurowo, über Bootsanbieter informiert das Nationalparkhaus.

**Tipps:** Das Gebiet kann auch zu Fuß und per Fahrrad erkundet werden; über die Gewässer führen schwimmende Pontons, die an Seilen bewegt werden und die Möglichkeit geben, sich mitten im Flusssystem des »polnischen Amazoniens« zu bewegen.

---

Nirgendwo in unserer globalisierten Welt bleibt die Zeit stehen. Doch an manchen Orten vergeht sie langsamer als anderswo. Der Oberlauf des Narew im Nordosten Polens ist ein solcher Ort, an dem man sofort von einer eigentümlichen inneren Ruhe erfasst wird, weil es die Zeit hier alles andere als eilig hat. Man kommt durch Dörfer, in denen die Bauernhöfe aus Holz und die Dächer aus Stroh sind. Man sieht Fuhrwerke wie aus längst vergangenen Zeiten und Heuhaufen, die sich haushoch in der flachen Landschaft auftürmen. Man begegnet Menschen, die noch mit Stechkähnen zum Fischen gehen. Es ist ein Mosaik aus Mooren, Sümpfen und Flussläufen, die Heimat seltener Vögel wie Seeadler, Wachtelkönig oder Seggenrohrsänger und bedrohter Amphibien wie Kreuzkröte, Rotbauchunke oder Moorfrosch.

*Sümpfe, Feuchtwiesen und Auenwälder prägen den Nationalpark Narew.*

*Auch als »polnisches Amazonasgebiet« ist das Flusssystem der Narew bekannt.*

*Der Biebrza-Nationalpark wird durch den Fluss geprägt, der durch eine sumpfige Wiesen- und Buschlandschaft mäandert.*

## Nationalpark Biebrza

**Lage:** Der mit 592 Quadratkilometer Fläche größte Nationalpark Polens wurde 1993 gegründet. Das Schutzgebiet umfasst Wälder, landwirtschaftliche Flächen sowie die rund 255 Quadratkilometer großen Marschgebiete des Flusses Biebrza und zeichnet sich durch eine reiche Tier- und Pflanzenwelt aus.

**Highlights:** Die Marschen der Biebrza sind ein in Europa einmaliges Feuchtgebiet mit einer außergewöhnlichen Vogelwelt. Genehmigungen für Kajaktouren auf dem Fluss erteilt das Nationalparkhaus in Osowiec-Twierdza.

**Tipps:** Im Park verlaufen einige Lehrwege. Der rund 3,5 Kilometer lange Grobla Honczarowska beginnt an der alten Zarenstraße und führt durch Marschgelände Richtung Biebrza. Unterwegs kann man von Hochständen aus Vögel beobachten.

---

*Der Białowieża-Wald bleibt vollkommen sich selbst überlassen.*

Der Zweite Weltkrieg hat in ganz Polen fürchterliche Verwüstungen angerichtet. Das Flusstal der Biebrza im Nordosten des Landes aber wurde weitgehend verschont. Denn ihre riesigen Sümpfe, Marschen und Moore sind so unzugänglich und menschenfeindlich, dass sich auch Soldatentruppen nicht dorthin trauten. Das größte Torfmoorgebiet Europas liegt in Polens größtem Nationalpark, und einige der gewaltigsten Sumpfwälder des Kontinents dehnen sich hier aus. In ihnen haben vor allem Vögel ihre Brutgebiete, darunter die Rohrdommel und die Rohrweihe, das Kleine Sumpfhuhn, das Tüpfelsumpfhuhn und die Doppelschnepfe. Manche Vogelarten, die weltweit vom Aussterben bedroht sind, können hier ebenso ungestört für Nachwuchs sorgen: der Seeadler, der Wachtelkönig und der Seggenrohrsänger.

### Nationalpark Białowieża

**Lage:** Der 105 Quadratkilometer große polnische Nationalpark schützt zusammen mit dem angrenzenden weißrussischen Nationalpark Belaweschskaja puschtscha den letzten Tiefland-Urwald Europas. Beide Parks gehören zum Welterbe der UNESCO.
**Highlights:** König des Urwalds und der 8500 Tierarten im Nationalpark ist der Wisent. Auf einer geführten Tour kann man den mächtigen Tieren nahekommen.
**Tipps:** Rund drei Kilometer außerhalb von Białowieża können an der Hauptstraße Hajnówka-Białowieża in Freigehegen Wisente, Tarpane, Luchse und andere Waldbewohner beobachtet werden.

---

Es gibt in Europa noch einen einzigen Tieflandurwald, und wer jemals seine urwüchsige Schönheit, seine ungezähmte Wildheit, seine überwältigende Formenvielfalt gesehen hat, wird nur noch seufzend durch einen forstwirtschaftlich genutzten, wie maniküriert wirkenden Wald gehen. Dieser Dschungel liegt im äußersten Osten Polens und in Weißrussland in der Białowieżer Heide, ist in seiner Kernzone strengstens gegen alle Eingriffe geschützt und hat deswegen eine phänomenale Artenvielfalt bewahrt. Alle in Europa lebenden Spechtarten sind hier ebenso zu Hause wie allein 3500 unterschiedliche Pilzarten und dazu einige der mächtigsten Eichen des Kontinents. Die Stars des Urwalds aber sind ohne Zweifel die Wisente. Der Nationalpark beiderseits der Grenze und das Weltnaturerbe umfassen zusammen 876,1 Quadratkilometer.

*In den Kiefernwäldern von Biebrza finden Elche ein sicheres Rückzugsgebiet.*

# Wisente

Obwohl sie heute als »Könige der Wälder« gelten, bevorzugten sie ursprünglich andere natürliche Lebensräume: Wisente hielten sich einst in lichten Wäldern und Heiden auf, wo sie feste Reviere bezogen. Aufgrund der intensiven Nachstellungen durch Jäger haben sie sich heute in dichte Wälder zurückgezogen. In Deutschland leben sie fast ausschließlich in großzügigen Wildgehegen. Ein Wisent besitzt bis zu drei Meter Kopf-Rumpf-Länge und wiegt bis zu 900 Kilogramm; Kühe sind erheblich kleiner und leichter, ein Kalb kann aber schon bei der Geburt 20 Kilogramm auf die Waage bringen. Der Wisent *(Bison bonasus)* ist nach dem Aussterben des Waldwildpferdes das größte frei lebende Landsäugetier Europas. Um die enge genetische Situation der weltweit 3000 Tiere zu verbessern, verteilen Naturschützer gelegentlich Zuchttiere auf andere Gebiete. Im April 2013 wurde eine Herde Wisente im nordrhein-westfälischen Rothaargebirge ausgewildert. Hier wurden noch im selben Jahr die ersten beiden Wisentkälber in freier Wildbahn in Deutschland seit über 200 Jahren geboren. An den heißesten Sommertagen treten Wisente nur zögernd aus dem Schatten des Waldes heraus. Sie äsen dann meist bei Nacht, grasen auf Lichtungen, rupfen Kräuter und – am liebsten – Knospen von Erlen.

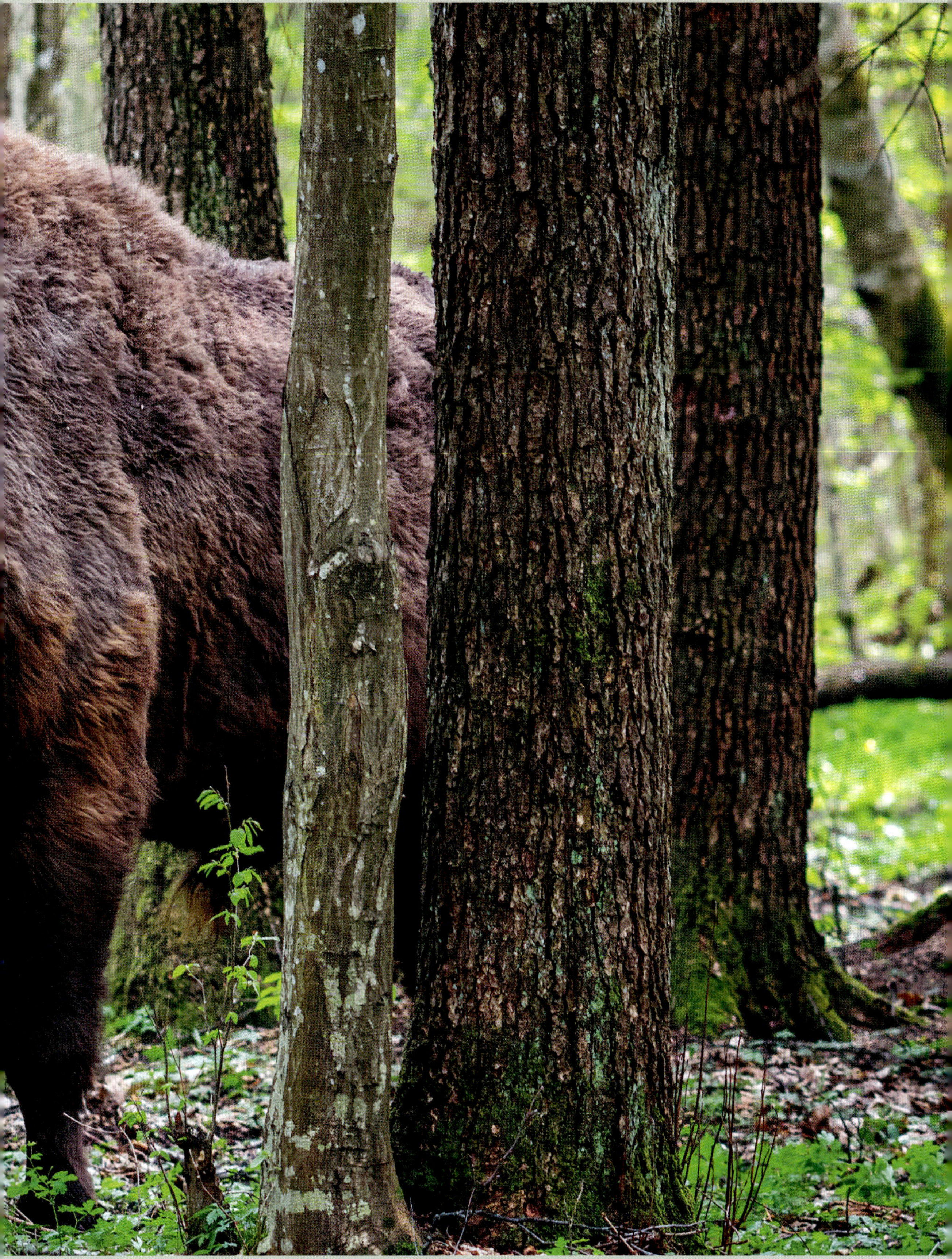

*Der Nationalpark im Riesengebirge umfasst die romantische Waldlandschaft genauso wie die kahle Schneekoppe.*

## Nationalpark Karkonosze

**Lage:** Der rund 56 Quadratkilometer große Nationalpark (gegründet 1959) schützt im südwestlichen Polen an der Grenze zu Tschechien hauptsächlich die zwischen 900 und 1602 Meter hoch gelegenen Regionen des polnischen Riesengebirges (Karkonosze). Zusammen mit dem rund 385 Quadratkilometer großen tschechischen Nationalpark Riesengebirge (Krknošský Národní Park) bildet er seit 1993 das grenzüberschreitende UNESCO-Biosphärenreservat Karkonosze/Krknoš.
**Highlights:** Das Gebiet ist ein bekanntes Ziel für Wanderungen, äußerst beliebt ist der Gipfel der Schneekoppe, der teils per Lift erreichbar ist.
**Tipps:** Rund um Jakuszyce und kann man von Dezember bis März auf rund 100 Loipenkilometern die Winterlandschaft genießen.

Das Riesengebirge hat viele Namen. Die Polen nennen es Karkonosze, die Tschechen Krkonoše, und für die Deutschen ist es erst seit dem 19. Jahrhundert das Gebirge der Riesen. Davor war es ganz schlicht das Schneegebirge oder auch das Böhmische Gebirge. Obwohl sich viele Mythen um diese schroffen Berge ranken, ist es eine falsche Legende, dass sie nach dem launischen Bergriesen Rübezahl benannt worden seien. Er haust zwar dort noch immer, doch die Bezeichnung stammt wohl eher von anderen Riesen: von den hölzernen Rinnen dieses Namens, auf denen früher geschlagene Baumstämme wie auf einer Rutschbahn ins Tal transportiert wurden. In den Karkonoszen leben rund 40 Säugetierarten, darunter 16 Fledermausarten. Eine Attraktion der Karkonoszen ist der Mufflon, der hier zu Beginn des 20. Jahrhunderts eingeführt wurde.

## Nationalpark Pieninen

**Lage:** Der 23 Quadratkilometer große Nationalpark schützt im südlichen Polen (Kleinpolen) die westlichen Pieninen, einen rund 30 Kilometer langen Gebirgszug der Westkarpaten. Er liegt an der Grenze zur Slowakei und geht in den dortigen 21 Quadratkilometer großen Nationalpark Pieniny über.
**Highlights:** Der Weichselzufluss Dunajec, teils der Grenzfluss zur Slowakei, fließt im Nationalpark durch ein beeindruckendes Durchbruchtal mit bis zu 300 Meter hohen Felswänden. Den rund 14 Kilometer langen Flussabschnitt kann man mit Holzflößen, die am Steg von Sromowce Katy warten, bis Szczawnica oder Kroscienk befahren.
**Tipps:** Eine schöne Aussicht hat man von den Trzy Korony (Drei Kronen), der mit 982 Meter höchsten Spitze der Felsformationen.

*Die um 1000 Meter hohen Berge der Pieninen bieten schöne Wanderwege, frische Luft und herrliche Panoramablicke.*

Das Flüsschen Dunajec, das nach einem recht geruhsamen Leben in der slowakischen und polnischen Provinz in die Weichsel mündet, gehört ganz gewiss nicht zu den Stars unter den Strömen Europas. Und doch hat der Dunajec etwas derart Spektakuläres geschaffen, dass viel bedeutendere Flüsse nur neidisch werden können: Er hat eine 300 Meter tiefe Schlucht mit stellenweise senkrechten Kalkwänden in das Pieninen-Gebirge gegraben und damit eines der grandiosesten Durchbruchstäler der Welt geschaffen. Da ist es kein Wunder, dass dieses Naturschauspiel schon 1932 unter Schutz gestellt wurde – als erster internationaler Landschaftspark in Europa überhaupt. Neben den verlockenden Angeboten zu zahlreichen Wanderungen ist eine rund neun Kilometer lange Floßfahrt durch den Dunajec-Durchbruch die Hauptattraktion.

*Eine sommerliche Floßfahrt auf dem Dunajec ist ein absolutes Highlight.*

*Im kristallklaren Wasser des Morskie Oko, des größten Sees, scheint sich die ganze Schönheit der Bergwelt zu spiegeln.*

### Nationalpark Tatrzański

**Lage:** Der 1954 gegründete Tatra-Nationalpark erstreckt sich über eine Fläche von 212 Quadratkilometern. Er umfasst den polnischen Teil der Hohen Tatra, unmittelbar angrenzend befindet sich der größere gleichnamige slowakische Nationalpark der Hohen Tatra. 1993 wurde die Parkregion zum UNESCO-Biosphärenreservat erklärt.

**Highlights:** Ein lohnenswertes Erlebnis ist eine Bergtour auf den Rysy (2500 Meter), den höchsten Berg Polens. Eine solide Wanderausrüstung sollte dafür vorhanden sein.

**Tipps:** Mit etwas Glück kann man an einem der vielen Bergseen der Hohen Tatra auch Gämsen und Murmeltiere beobachten, die hier schon seit dem 19. Jahrhundert unter Naturschutz stehen.

---

27 Orchideenarten, darunter der seltene Gelbe Frauenschuh; Dutzende von Tieren und Pflanzen, die nirgendwo sonst auf der Welt vorkommen wie der Karpaten-Rittersporn oder das Tatra-Löffelkraut; 650 Höhlen, bis zu 70 Meter hohe Wasserfälle und ein geheimnisvoller See, der »Meerauge« heißt, weil er angeblich eine unterirdische Verbindung zum Ozean besitzt: All diese Schätze hütet die Hohe Tatra, die sich zwischen Polen und der Slowakei in den Himmel reckt, mit der 2503 Meter hohen Meeraugspitze, auf Polnisch Rysy, als höchster Erhebung Polens. Es ist eine Welt voller Wunder und Legenden, bewacht von schlafenden Riesen aus Stein, die jederzeit erwachen könnten, um ihr wohl behütetes Idyll zu verteidigen – inklusive seiner Bewohner wie Gämsen, Murmeltiere, Braunbären, Luchse, Wölfe und Otter. Nur wer die Wanderstiefel schnürt, kann völlig eintauchen in die hochalpine Landschaft mit ihren zahlreichen Bergseen.

# Rehe

Rehe haben sich fast über den gesamten europäischen Kontinent ausgebreitet und verbleiben meist in der Region, in der sie auch geboren wurden. Ihr Tagesablauf ist durch Äsungsphasen bestimmt, die etwa alle zwei Stunden stattfinden und in denen das Reh die wenig gehaltvolle Nahrung aus Gräsern, Knospen und Trieben zu sich nimmt. In manchen Wäldern in Deutschland nehmen Rehe allerdings derart überhand, dass sie den Baumbestand nachhaltig schädigen. Deswegen sind erwachsene Tiere auch zu bestimmten Zeiten zur Jagd freigegeben. Ricken gebären in der Regel ein bis vier Kitze pro Jahr, die sie in den ersten Lebensmonaten säugen. Die Brunft der Böcke kann sich über Tage hinziehen. Heftige Kämpfe unter den Geschlechtsgenossen sind an der Tagesordnung, teils sogar mit tödlichem Ausgang für eines der Tiere.

# WANDERUNG

*Die Gerlsdorfer Spitze ist die höchste Erhebung der Hohen Tatra, sie bietet atemberaubende Panoramablicke.*

## Überschreitung des kleinsten Hochgebirges der Welt

Meistens ist es spannender, genau das Gegenteil vom Mainstream zu wählen. Das ist zwar anstrengend, aber fast immer reizvoll. Warum also deshalb nicht eine Trekkingtour in der Slowakei und Polen unternehmen? Einmal die Hohe Tatra durchwandern und ganz andere Eindrücke sammeln als bisher.

*Für Naturfreunde ist dieser Trekkingpfad genau das Richtige.*

Manchmal bleibt einem ob der örtlichen Gegebenheiten gar nichts anderes übrig, als die Wanderstiefel zu schnüren und loszugehen, wohin auch immer. Denn Tatranská Lomnica, auf Deutsch Tatralomnit, ist nur bedingt attraktiv. Der Ort, der 850 Meter über dem Meer liegt, ist zwar das touristische Zentrum der slowakischen Hohen Tatra, der Sitz der Nationalparkverwaltung und des dazugehörenden Tatra-Nationalpark(TANAP)-Museums, man sollte sich dennoch nicht zu viel versprechen: Ein paar Häuschen hier, ein paar Hotels und Geschäfte dort, Gondelbahnen zur Lomnitzer Spitze und auf den Steinbachsee mit seinem Observatorium – viel mehr ist im Sommer nicht geboten. Also zieht es Besucher hinaus in die Natur, in die

# HOHE TATRA

> **Routensteckbrief:**
> **Distanz:** ca. 80 km | **Dauer:** 5–7 Tage | **Höhenmeter:** ca. 2500 m
> **Stationen:** Tatranská Lomnica – Téryho-Hütte → 5,5 Std. | Téryho-Hütte – Schlesierhaus → 7–8 Std. | Schlesierhaus – Popradsee → 3–4 Std. | Popradsee – Morskie Oko → 6–7 Std. | Morskie Oko – Lysá Polana → 2 Std.

spektakuläre Hohe Tatra. Der Gebirgszug in den Karpaten liegt teils in der Slowakei, teils in Polen. Er zieht sich vom slowakischen Tatranska Lomnica bis in die polnische Wintersport-Hochburg Zakopane. Mehr als 32 bezaubernd schöne Täler erstrecken sich entlang der Tatra, deren höchster Berg mit mehr als 2654 Metern die Gerlsdorfer Spitze ist.

Längst schon zählt das Wandern in der Hohen Tatra zu einem der Geheimtipps für Menschen, die es gern etwas ruhiger haben. Der höchste Teil des Karpatenbogens, der sich aus sanften Tälern und Wäldern steil in die Höhe zieht, ist für Trekkingfreunde faszinierend, schon ob der 85 Seen, die sich zudem in dieser Bergwelt befinden. Mit nur gut 26 Kilometern ist die Tatra das kleinste Hochgebirge der Welt. Nachdem Tatránska Lomnica hinter den Wanderern liegt, führt die erste Etappe vorbei an den Wasserfällen Velky und Maly Skryty zur Zamkovckeho-Hütte. Gut 600 Höhenmeter sind hier bereits bewältigt. Die Hütte selbst hat eine wechselhafte Geschichte. Einst erbaute der Bergführer Štefan Zamkovský Anfang der 1940er-Jahre das Haus. Während des Zweiten Weltkrieges gewährte die Zamkovsky-Hütte politischen Flüchtlingen, Partisanen und auch jüdischen Familien Unterschlupf. Im Jahr 1948 verstaatlichten die Kommunisten dann die Hütte und verwiesen den Erbauer der Tatra. Erst viel später kehrte wieder Gerechtigkeit ein: 1992 übergaben die Behörden die Hütte im Rahmen der Rückgabe an die ursprünglichen Inhaber, die Nachkommen Zamkovskys. Die Wanderer befinden sich nun schon mitten im ältesten Nationalpark der Slowakei. Der TANAP wurde bereits im Jahr 1949 gegründet und umfasst den Hochgebirgsteil der Tatra, das höchste nördlich der Alpen liegende Hochgebirge. Fünf Jahre nach den Slowaken erklärte dann auch die polnische Seite die Hohe Tatra zum Nationalpark. Zusammen bilden die Parks seit 1993 ein Biosphärenreservat der UNESCO. Die Verwaltungen des Nationalparks befinden sich in Tatranská Lomnica und in Liptovský Mikuláš. Hochinteressant ist die Tierwelt, die in der Hohen Tatra lebt: Steinadler, Braunbären, Tatragebirgsgämsen oder Tatramurmeltiere sind hier beheimatet. Die Gämse ist das Symbol der Tatra, und das hat seinen Grund: Aufgrund der geografischen Lage entwickelte sie sich in der Region nach Beendigung der Eiszeit Tausende von Jahren völlig isoliert und unterscheidet sich daher von ihren Artverwandten in den Alpen. Etwa 1000 ihrer Art leben noch hier und sind streng geschützt.

Wanderer und Bergsteiger fasziniert aber vor allem, dass auf dem Gebiet der Hohen Tatra der mit 2655 Metern höchste Gipfel der Slowakei, der Gerlachovský štít, zu finden ist.

Eine der mit sieben bis acht Stunden längsten Abschnitte steht den Trekkern am zweiten Wandertag bevor, wenn es vom Endpunkt der ersten Etappe, der Reryho-Hütte, zum Schlesierhaus geht.

Tags darauf stehen Hochgebirgspanoramen auf dem Plan, der Weg über den Prinzensattel, die Räuberhütte und der Abstieg über den Prielom- und den Polski-Hrebet-Pass.

Zwei Tage später steht dann der polnische Teil der Hohen Tatra an, ehe diese so reizvolle Wanderung weitere zwei Tage später endet.

Wichtig ist zu beachten, dass einige der touristischen Wanderwege aus Sicherheitsgründen zwischen 1. November und 15. Juni geschlossen sind. Außerdem dürfen Wanderer außerhalb der Wanderwege und Lehrpfade des Nationalparks in der Zeit vom 16. Juni bis zum 31. Oktober nur in Begleitung eines Bergführers unterwegs sein.

*Bergseen wie der Starolesnianske bezaubern auf dem Weg durch die Tatra.*

Polen 183

*Sonnenaufgang in der Hohen Tatra: Steile Berghänge warten hier auf wagemutige Kletterer.*

# Slowakei

Die Slowakei ist ein Land der Seen und Heilquellen; das beherrschende Landschaftselement jedoch sind die Gebirgszüge, wobei sich die höchsten Gipfel in der Hohen Tatra, einem Teil der Karpaten, befinden.

## INFO

**SLOWAKEI**
**Fläche:** 49 012 km²
**Bevölkerung:**
5,5 Mio. Einwohner
**Hauptstadt:**
Bratislava (440 000 Einwohner)
**Höchster Berg:**
Gerlachovský štít/Gerlsdorfer Spitze (2655 m)
**Längste Höhle:**
Dobschauer Eishöhle (41,13 km)

### Nationalpark Hohe Tatra

**Lage:** Der 738 Quadratkilometer große Nationalpark (seit 1949) im zentralen Norden der Slowakei umfasst die zu den Karpaten gehörige West-, Hohe und Belaer Tatra. Zusammen mit dem angrenzenden Nationalpark Tatra auf polnischer Seite (seit 1954) bildet er ein gemeinsames UNESCO-Biosphärenreservat.

**Highlights:** Eine klassische eintägige Rundtour führt vom Hrebienok (1285 Meter) oberhalb von Starý Smokovec durch das Hochtal Malá Studená dolina über den Priečne sedlo (Prinzensattel).

**Tipps:** Vom Berghotel Sliezsky Dom führt eine Tour auf die Gerlsdorfer Spitze, mit 2655 Metern der höchste Berg der Tatra (nur mit lizenziertem Bergführer).

---

Ist das noch Europa? Oder ist das eine indonesische Vulkanlandschaft, ein gottverlassenes Hochtal in den Anden, ein Erosionsareal im afrikanischen Grabenbruch? Nein, diese fantastische Felsödnis liegt tatsächlich im Herzen von Europa: in der slowakischen Tatra, die sich 2655 Meter hoch auftürmt und die Wasserscheide zwischen zwei Meeren bildet. Ob ein Gewässer in die

Ostsee fließt oder ins Schwarze Meer, entscheidet sich in diesem Gebirge, das von 300 Höhlen durchbohrt und mit 100 Gletscherseen gespickt ist, unergründlichen Relikten der letzten Eiszeit – kein Wunder, dass den Slowaken die Tatra als größte Natursensation ihres kleinen Landes gilt. Das »kleinste Hochgebirge der Welt« wird die Hohe Tatra im polnisch-slowakischen Grenzland auch gern genannt.

## Nationalpark Niedere Tatra

**Lage:** Der rund 728 Quadratkilometer große Nationalpark wurde 1978 gegründet. Er schützt in der zentralen Slowakei auf einer Länge von rund 100 Kilometern Hauptkamm und Vorgebirge der Niederen Tatra sowie Teile der Höhenzüge Kozie chrbty und Starohorké vrchy.

**Highlights:** Der Nationalpark kann zu Fuß erkundet werden und ist zudem ein beliebtes Wintersportgebiet. Eine schöne Wanderung führt oberhalb von Brezno auf den 2043 Meter hohen Ďumbier, den höchsten Berg des Massivs.

**Tipps:** An der Nordseite der Niederen Tatra erstreckt sich oberhalb von Liptovský Ján das schöne, 15 Kilometer lange Tal Demänovská dolina mit Tropfstein- und Eishöhlen, die besichtigt werden können.

---

Der Name täuscht – nur im Vergleich mit der Hohen Tatra kann die Bergwelt hier niedrig genannt werden, denn immerhin ist der höchste Berg in diesem Nationalpark, der Ďumbier, auch stolze 2043 Meter hoch. Doch zerfurchte, felsige Gipfel von so großer Höhe sind hier die Ausnahme, es herrschen abgerundete Bergkegel vor. Das gesamte Gebiet ist dicht bewaldet, ein reicher Bestand an Fichten wird in höheren Lagen von niedrigen Latschenkiefern abgelöst, denen ein Bereich saftiger Bergwiesen folgt. Die dichten Wälder bilden auch das Revier des bekanntesten Tieres des Nationalparks, des Braunbären. In Gesellschaft von Luchsen und Wölfen hat er hier eine sichere Heimat gefunden. Die Bergseen, beispielsweise der Vrbické pleso, die idyllisch in die Landschaft eingebettet liegen, sind Relikte eiszeitlicher Gletscher.

*Der Gipfel der Bystrá in der Westtatra erreicht eine Höhe von 2248 Metern.*

*Der Chopok ist mit 2023 Metern der dritthöchste Gipfel der Niederen Tatra.*

*Auf den Bergwiesen der Niederen Tatra blühen Glockenblumen.*

**Hohe Tatra**
*Die Hohe Tatra verwandelt sich im Winter in ein magisches Winterwunderland, das Wintersportler und Naturliebhaber gleichermaßen begeistert. Es gibt zahlreiche gut markierte Wanderwege, die im Winter eine neue Dimension an Schönheit erhalten.*

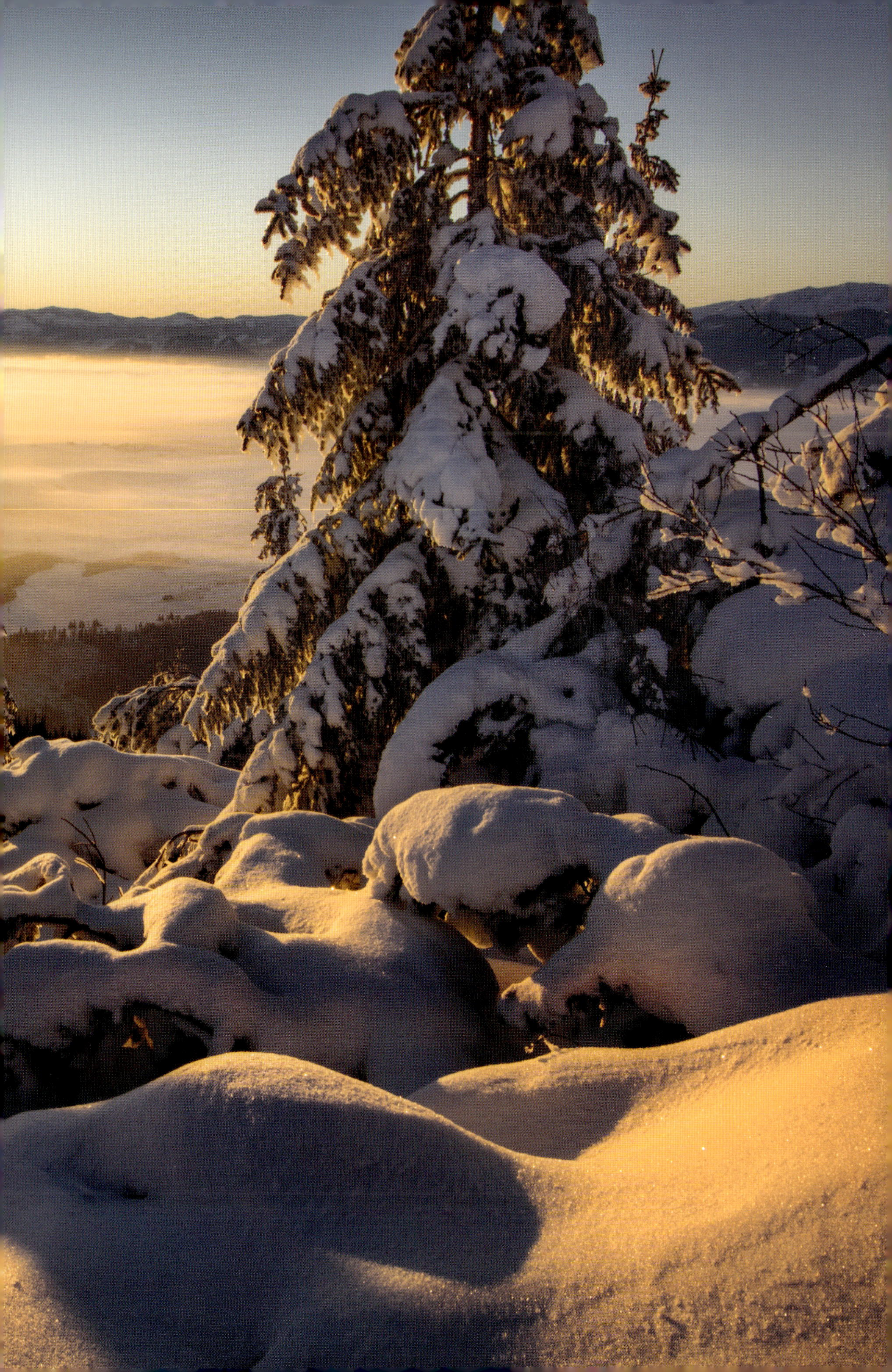

*Das größte natürliche Felsentor Mitteleuropas: Triumphal spannt sich das Prebischtor über sein steinernes Reich.*

# Tschechien

Das zentrale Böhmische Becken ist vom Böhmerwald im Südwesten sowie von Erzgebirge und Riesengebirge im Norden umgeben. Gegenüber Mähren, dem östlichen Landesteil, bildet die Böhmisch-Mährische Höhe eine natürliche Trennlinie.

## INFO *

**TSCHECHIEN**
Fläche:
78 703 km²
Bevölkerung:
10,5 Mio. Einwohner
Hauptstadt:
Prag (1,3 Mio. Einwohner)
Höchster Berg:
Sněžka/Schneekoppe (1602 m)
Längster Fluss:
Moldau (440 km)

### Nationalpark Krkonoše

**Lage:** Der rund 385 Quadratkilometer große Nationalpark (seit 1963) im Norden Tschechiens an der Grenze zu Polen umfasst die Regionen des tschechischen Riesengebirges. Zusammen mit dem polnischen Nationalpark Karkonosze bildet er ein grenzüberschreitendes UNESCO-Biosphärenreservat.

**Highlights:** Die Region eignet sich gut zum Wandern, sehr beliebt ist der Gipfel der Schneekoppe, der teils per Lift erreichbar ist. Der abwechslungsreiche »Weg der tschechisch-polnischen Freundschaft« führt von der Spindlerbaude (Špindlerův) 20 Kilometer nach Harrachov, vorbei an Hochmooren, über Bergkämme zum Wasserfall Mumlavský vodopád.

**Tipps:** Im Winter kann man die Region auf rund 550 Loipenkilometern auch grenzüberschreitend erkunden.

---

Man denkt immer, die Alpen seien die Pioniere des Bergtourismus gewesen. Doch das stimmt nicht. Denn schon viel früher wurde vor allem der tschechische Teil des Riesengebirges (das auf Tschechisch Krkonoše heißt) für den Tourismus erschlossen. Seinen höchsten Berg zum Beispiel, die 1602

Meter hohe Schneekoppe, erklommen die ersten Reisenden bereits im 15. Jahrhundert. Graf Leopold von Schaffgotsch ließ sich 1697 in einer Sänfte auf den Gipfel tragen, während Johann Wolfgang von Goethe ihn 1790 zu Fuß in Angriff nahm. Und wenn man heute den Spuren dieser frühen Touristen folgt, kann man sich eines sicher sein: Die Zeiten haben sich geändert, das Riesengebirge aber ist so prachtvoll wie je. Mineralienliebhaber können auch fündig werden: Hier finden sich zahlreiche Gesteine (vor allem Granite und Glimmerschiefer) sowie Bergkristall.

## Nationalpark Böhmische Schweiz

**Lage:** Der 80 Quadratkilometer große Nationalpark (2000 gegründet) liegt im Norden Tschechiens und schließt direkt an den deutschen Nationalpark Sächsische Schweiz an. Beide Parks sind von Landschaftsschutzgebieten umgeben, insgesamt wird damit ein rund 700 Quadratkilometer großes Gebiet im Elbsandsteingebirge geschützt.

**Highlights:** Die berühmteste Felsformation der Böhmischen Schweiz ist das Prebischtor, mit 16 Meter Höhe der größte natürliche Sandsteinbogen Europas. Eine beliebte Tageswanderung beginnt in Hřensko und führt zurück durch die wildromantische Kamnitzklamm.

**Tipps:** Ab Mezní Louka gelangt man auf einer schönen, 13 Kilometer langen Wanderung zur markanten Felsformation Kleines Prebischtor. Unterwegs sieht man die historische Grundmühle sowie die Felsenburg Schauenstein.

Touristen haben nicht erst seit unseren Tagen einen Hang zur Bequemlichkeit. Das war vor 200 Jahren nicht anders, als romantische Schwärmer das Elbsandsteingebirge zur Sehnsuchtskulisse erklärten und massenhaft in diese zerklüftete Felslandschaft strömten. Besonders begeistert waren sie vom Prebischtor, dem Wahrzeichen der Böhmischen Schweiz, das eine Spannweite von imposanten 26 Metern hat. Und da die Romantiker dieses Naturwunder gern bei einem kühlen Bier bestaunen wollten, wurde schon 1826 ein Wirtshaus an dem Tor errichtet. Ende des 19. Jahrhunderts kam noch ein Hotel hinzu, in dem man bis heute eine fantastische Bleibe findet. Der Nationalpark Böhmische Schweiz ist der jüngste Nationalpark Tschechiens, der an der Grenze zu Deutschland unmittelbar an den Nationalpark Sächsische Schweiz anschließt.

*Irgendwo in der subalpinen Einsamkeit des Riesengebirges entspringt die Elbe.*

*Mystisch zeigt sich diese Klamm in der Böhmischen Schweiz.*

*Ein Garten Eden für Vögel ist der ungarische Nationalpark Kiskunsági, der sich zwischen Donau und Theiß erstreckt.*

# Ungarn

Seiner Lage in der geografischen Mitte Europas hat das kleine Land das kontinentale Klima mit heißen Sommern und kalten Wintern zu verdanken. Ungarn wird von der Donau in einen kleineren westlichen und einen größeren östlichen Abschnitt unterteilt und ist hauptsächlich von weiten, baumlosen Tiefebenen – am berühmtesten die Puszta im Osten – geprägt.

## INFO *

**UNGARN**
**Fläche:**
93 033 km²
**Bevölkerung:**
9,7 Mio. Einwohner
**Hauptstadt:**
Budapest (1,7 Mio. Einwohner)
**Höchster Berg:**
Kékes (1015 m)
**Größter See:**
Balaton (Plattensee, 594 km²)

## Nationalpark Kiskunsági

**Lage:** Der 530 Quadratkilometer große Nationalpark erstreckt sich in Zentralungarn in der Großen Tiefebene zwischen Donau und Theiss. 1975 gegründet und 1979 zum UNESCO-Biosphärenreservat erklärt, umfasst er Weideflächen, Flugsandgebiete, Sumpf- und Alkaliseen.

**Highlights:** Ein landschaftlicher und kultureller Höhepunkt ist die Bugacpuszta bei Bugac, in der Besucher zu Fuß und in Kutschen die Flugsandgebiete erkunden sowie die traditionelle Hirtenkultur kennenlernen können.

**Tipps:** Beim Dorf Apaj im Norden des Gebiets führt ein Erlebnispfad durch typische Pusztalandschaft zu den Schilfgürteln von Teichen. Dort kann man auf Beobachtungstürmen eine artenreiche Vogelwelt erspähen.

Wenn man durch die wilde Weite des ungarischen Nationalparks Kiskunsági streift, käme man nie auf den Gedanken, dass der Mensch wesentlichen Anteil an der Entstehung dieses Naturraumes hatte. Doch genauso ist es. Bis zum Ende des 18. Jahrhunderts überschwemmte die nahe Donau immer wieder die Tiefebene. Dann aber

*Auch Schwarzstörche machen im Nationalpark Kiskunsági Station.*

*Der größte und älteste Nationalpark Ungarns ist der Hortobágyi in der Puszta.*

*Die raue Natur hinterließ ihre Spuren im Fell der Ungarischen Steppenrinder.*

wurde sie reguliert, und erst jetzt konnten sich hier jene Salzsteppen herausbilden, für die Kiskunság heute berühmt ist. In den Seen und Sümpfen finden vor allem seltene Vögel wie Großtrappen, Blauracken, Rotfußfalken und Schwarzstirnwürger ideale Lebensbedingungen. Nicht zuletzt wegen der Fisch- und Froschvorkommen. Der Nationalpark ist durch Wege und Ausflugsziele erschlossen. Informationen zu Flora und Fauna erhält man in dem gut organisierten Haus der Natur.

### Nationalpark Hortobágyi

**Lage:** Der 820 Quadratkilometer große Nationalpark (seit 1973) erstreckt sich über das Steppengebiet der Puszta von Hortobágyi im östlichen Ungarn. Rund 520 Quadratkilometer des Areals sind seit 1979 als UNESCO-Biosphärenreservat deklariert, rund 750 Quadratkilometer gehören seit 1999 zum Weltkulturerbe »Puszta«.

**Highlights:** Vom Besucherzentrum in Hortobágyi gelangt man zu Fuß, per Fahrrad oder Schmalspurbahn zum rund 50 Quadratkilometer großen Gelände der Fischteiche, ideal zum Beobachten von Vögeln.

**Tipps:** Das Besucherzentrum in Hortobágyi organisiert Safaris mit Geländewagen in den Wildtierpark – Auge in Auge mit Auerochsen und Przewalski-Pferden.

»Von der Puszta nicht nur träumen«, heißt ein Operettenschlager, den man sofort trällern will, wenn man nach Hortobágyi kommt und überwältigt wird von der grandiosen Stille dieser Landschaft. Die größte zusammenhängende Grassteppe Europas schützt Ungarns ältester Nationalpark, in dem nicht nur die Flora und Fauna gehütet wird, sondern auch die Traditionen der Menschen weiterleben, wie man an den Dörfern und Schafzuchten sehen kann. Kein anderer fasste die Stimmung Hortobágyis schöner in Worte als der ungarische Nationaldichter Sándor Petőfi, der über seine Lieblingssteppe schrieb: »Hier steh ich inmitten der Puszta, gleich einer Statue stumm. Wie über dem Bahrtuch der Toten weht Grabesstille ringsum.«

*Das malerische Tal der Thaya liegt im kleinsten Nationalpark des Landes.*

# Österreich

Das Land bietet auf relativ kleiner Fläche große naturräumliche Vielfalt, wobei die erheblich variierenden Landschaften auch starke Klimadifferenzen aufweisen. Im Süden bildet die Alpenkette – von den Zentralalpen im Westen bis zu den Karnischen Alpen im Osten – eine durchgehende Längsachse. Im Norden wird das Land vom Donautal geprägt, das zu den Ausläufern des Böhmerwalds hin ansteigt, im Südosten vom steirischen und burgenländischen Hügelland.

## INFO *

**ÖSTERREICH**
**Fläche:**
83 855 km²
**Bevölkerung:**
8,9 Mio. Einwohner
**Hauptstadt:**
Wien (1,9 Mio. Einwohner)
**Höchster Berg:**
Großglockner (3797 m)
**Höchste Wasserfälle:**
Krimmler Wasserfälle (385 m)

### Nationalpark Thayatal

**Lage:** Der 13 Quadratkilometer große Nationalpark liegt in Niederösterreich im Grenzgebiet zu Tschechien in unmittelbarer Nachbarschaft des tschechischen Nationalparks Podyjí. Das Thayatal zählt mit seinen steilen Hangwäldern zu den schönsten Durchbruchstälern Österreichs.

**Highlights:** Eine Attraktion des Parks ist die extrem scheue Wildkatze, sie konnte 2007 erstmals seit über 30 Jahren wieder im Nationalpark nachgewiesen werden. Wildkatzen gibt es auch in einem Freigehege beim Nationalparkzentrum zu sehen.

**Tipps:** Von April bis November werden am Wochenende Führungen durch den Nationalpark sowie in der Ausstellung im Nationalparkhaus angeboten.

Im unteren Tal der Thaya ist der ganze Flusslauf natürlich erhalten geblieben. Es handelt sich geomorphologisch um ein Durchbruchstal. Der Fluss hat in Jahrmillionen das uralte Gebirge der Böhmischen Masse abgetragen. Im Wasser leben seltene Fische wie der Schneider mit seiner »genähten« Seitenlinie und kapitale Waller (Welse). Es gibt Vorkommen des Fischotters, der Wasser- und der Sumpfspitzmaus. Am Ufer sonnen sich Würfelnattern, Schlangen, die tauchen können und kleinen Fischen auflauern. Auf den Wiesen flattert der Schwarze Apollo, ein Tagfalter, der leuchtender gefärbte Verwandte in den Hochalpen hat. Auf den Höhenzügen wächst Blutroter Storchschnabel und am Wegesrand das Weiße Waldvögelein, eine Orchidee. An das uralte, niedriger gewordene Gebirge erinnert auch ein Vorkommen des Alpenveilchens.

## Nationalpark Donauauen

**Lage:** Der 1996 gegründete Nationalpark umfasst insgesamt 93 Quadratkilometer, davon sind ca. 65 Prozent Auwald, 15 Prozent Wiesen- und ca. 20 Prozent Wasserflächen. Er schützt die weitgehend intakte Auenlandschaft der Donau und erstreckt sich von Wien bis zur Mündung der March an der slowakischen Grenze.
**Highlights:** Das Nationalparkzentrum in Orth organisiert bis zu drei Tage lange kombinierte Boots- und Wandertouren sowie Wanderungen unter der Leitung von Rangern.
**Tipps**: Bei Stopfenreuth ermöglicht die Au-Terrasse einen großartigen Blick über die Flusslandschaft. Dort kann man an einem Naturbadestrand in der Donau baden.

*Am Morgen sind die Böschungen entlang der Donau mit Tau überzogen.*

Die größte erhaltene Flussaue Mitteleuropas reicht vom äußersten Südosten Wiens bis Hainburg an der Grenze zur Slowakei. Unter den zahlreichen Naturbesonderheiten findet sich die Sumpfschildkröte, die auf den Heißländen ihre Eier ablegt. Dieser Sonderstandort aus Geröllablagerungen weist ein trocken-warmes Kleinklima auf. Der Seeadler jagt nach Enten oder erbeutet Fische. Außerdem lebt hier der Mariskensänger aus der Gattung der Rohrsänger. Der Auwald beherbergt unter seinem Laubdach aus Schwarzpappeln und Flatterulmen unter anderen die Pillenbrennnessel, eine hohe und aggressive Repräsentantin der Brennnesselgruppe. Im Flachwasser wurzelt die Wasserfeder, ein Primelgewächs mit doppelt gekämmten Blättern. Im Frühsommer ragen ihre anmutigen weiß-gelben Blütenquirle über die Wasseroberfläche.

*Ein Paradies der Artenvielfalt: Rotwild bewohnt die Uferlandschaften der Donau.*

*Graureiher finden in den Donauauen ausreichend Fischbeute.*

Österreich 193

*Wanderwege führen entlang der Krummen Steyrling durch den Nationalpark.*

*Die »Große Klause« in den Kalkalpen diente früher zum Triften des Holzes.*

## Nationalpark Kalkalpen

**Lage:** Der rund 209 Quadratkilometer große und 1997 gegründete Nationalpark liegt im Norden Österreichs in den oberösterreichischen Voralpen. Das größte Waldschutzgebiet Österreichs umfasst zwischen 385 und 1963 Meter Meereshöhe die Gebirgslandschaften des Sengsen- und des Reichraminger Hintergebirges.

**Highlights:** Die Region ist ein beliebtes Wandergebiet. Der am Besucherzentrum Ennstal beginnende, rund 150 Kilometer lange Kalkalpenweg führt in elf Etappen durch und um den Nationalpark.

**Tipps:** Ein spannendes Erlebnis sind von Rangern geführte Touren in die Höhlen des Nationalparks. Informationen dazu geben die Besucherzentren in Molln und Ennstal.

---

Kein Element hat diesen Nationalpark so geprägt wie das Wasser. In der Urzeit waren die Berge Lebensraum von Korallen, deren Spuren sich noch heute im Kalkgestein finden. Inzwischen haben sich die einstigen Korallenbänke zu Bergen erhoben und bilden die erste natürliche Barriere für Nordwest-Wolken des Alpenmassivs. Diese vielen Regenfälle haben in das leichte Gestein Löcher und Höhlen gefräst, sodass es fast wie ein Käse durchbohrt scheint. Fällt Regen, füllen sich diese Röhren und bringen Einzigartiges zum Vorschein, Wasserfälle tauchen aus dem Nichts auf, Quellen beginnen zu sprudeln. Was für Wanderer ohne kundigen Führer gefährlich werden kann, hat sich als perfekter Lebensraum für Tiere erwiesen: Der blinde Höhlenlaufkäfer, den es nur in dieser Region gibt, fühlt sich hier ebenso wohl wie Luchs oder der Weißrückenspecht.

*Auf dem Weg auf die Hochiss im Rofan passiert man die markanten »Drei Steinrigen Mandln«.*

## Rofangebirge

**Lage:** Das Rofangebirge erstreckt sich im Bundesland Tirol südlich der bayerischen Voralpen zwischen dem Achensee im Westen, der Brandenberger Ache im Osten und dem Inntal im Süden.

**Highlights:** Ein zentraler Ausgangspunkt für Wanderungen ist die Erfurter Hütte (1834 Meter) nahe der Bergstation der Rofanseilbahn oberhalb von Maurach. Von dort führen Touren zu folgenden Gipfeln: Rofanspitze (2259 Meter), Haidachstellwand (2192 Meter), Gschöllkopf (2039 Meter), Hochiss (2299 Meter), Seekarlspitze (2261 Meter), Roßkopf (2246 Meter).

**Tipps:** Für Kajakfahrer bietet die Brandenberger Ache ein reizvolles Wildgewässer, ein Einstieg liegt beim Gasthaus Kaiserhaus unterhalb der Kaiserklamm. Von dort führt die Wasserroute durch Klammen und Schluchten Richtung Inn.

---

Wildreiche Bergwälder in den tieferen Lagen, tiefgrüne Matten, eingestreute Almen, kristallklare Bergseen und das Schiefergrau der Gipfel zeichnen die alpine Landschaft im Rofangebirge hoch über dem Achensee, der wie ein Fjord das Rofan vom Karwendel trennt, aus. Mal pfeift plötzlich aufgeregt ein Murmeltier, dann wieder gleitet scheinbar schwerelos ein Bussard durch die Lüfte, und immer wieder hört man das bald vertraute Läuten der Kuhglocken. Die bunt getupfte Blumenwiese wird von Wanderwegen durchzogen. Die Schönheit und Ruhe der Bergwelt wird jedoch auch durch die touristische Erschließung des Rofangebirges mit zwei Seilbahnen empfindlich gestört. Vor allem während der Hochsaison, wenn viele Wanderer und Outdoorsportler unterwegs sind, ist das Idyll zeitweise getrübt.

Österreich 195

# Murmeltiere

Einen sympathischeren Hochgebirgsbewohner als das Murmeltier wird man in den Alpen nicht finden. Die putzigen Erdhörnchen sind frech und flink, leben in großen Kolonien zusammen, begrüßen und erkennen sich, indem sie ihre Nasen aneinanderreiben oder die Köpfe zusammenstecken, und verständigen sich mit lauten Pfiffen. Im Winter aber sind sie vom Erdboden verschluckt, weil sie sich dann einem ausgedehnten Schlaf hingeben. Bis zu neun Monate kann ihre Ruhepause dauern, die eine biologische Wunderleistung ist. Die Murmeltiere verkleinern Darm und Magen dramatisch, senken die Atmung auf zwei Züge und den Herzrhythmus auf 20 Schläge pro Minute, verbrauchen dadurch nur ein Zehntel der üblichen Energie und können so mit einem guten Kilogramm Fettreserven überleben.

Österreich

# WANDERUNG

*Schroff ziehen sich die Berge der Lechtaler Alpen etwa 70 Kilometer durch Tirol.*

## Durch Ost- und Westtirol auf dem Adlerweg

**Ein beliebter Fernwanderweg in Tirol ist der Adlerweg. Schon allein deshalb, weil an vielen Stellen ein einfacher Ein- und Ausstieg möglich ist und Wanderer die gewünschte Streckenlänge individuell an ihre Ansprüche anpassen können. Die Natur ist ohnehin überwältigend, außerdem locken Kufstein und Innsbruck als Zwischenziele – und auf das traumhafte Karwendelgebirge blickt der Adler ohnehin mit seinem markanten Kopf hinab.**

In der Form der Schwingen eines Adlers verläuft der Weg durch Tirol und führt durch die schönsten Regionen des Landes. Das klingt nach wunderbarstem Marketing, und doch bleibt nichts anderes übrig, als zuzugeben, dass die Behauptung der Tourismus-Anbieter zumindest teilweise stimmt. Denn die Landschaft in Tirol ist wirklich traumhaft – auch wenn die Wegführung selbst bei blühendster Fantasie nicht an einen Adler erinnert. Die Österreicher verstehen es dennoch perfekt, ihre Gäste mit plakativer und charmanter Werbung ins Land zu holen. Bedauert hat das sicher noch kein Wanderer, der in St. Johann die Bergstiefel schnürte und losging.

Der Wanderweg, der im Jahr 2005 erstmals präsentiert wurde, passiert eine Kultur- und Naturlandschaft, die ihresgleichen sucht. Im Gegensatz zu traditionellen Pfaden wird die Wegführung ständig überdacht und wurde zuletzt 2015 optimiert. Denn neben dem Hauptweg gab es bisher unendlich viele Nebenrouten mit insgesamt 126 Etappen. Dass dabei die Übersicht ein bisschen abhandenkam, ist nachvollziehbar. Seit 2015 firmieren daher nur noch zwei Routen als Adlerweg. Eine der Strecken führt auf 24 Etappen durch die Berge Nordtirols, während die zweite Route nur neun Wandertage umfasst und sich auf die Glockner- und Venediger-Gruppe in Osttirol konzentriert. Allerdings können konditionell gut trainierte Sportler eine alpine Höhenroute dazuwählen.

Wichtig war den Erfindern des Adlerwegs bei der Neugestaltung, den alpinen Charakter stärker in den Vordergrund zu stellen. Noch mehr als bisher wurde auch Wert darauf gelegt, soweit möglich in konstanter Höhenlage entlang der Gebirgsrücken zu bleiben. Das ist im Allgemeinen einfacher zu laufen, und die Aussicht ist auch viel imposanter.

Die Nordvariante führt vom Kaisergebirge im Osten Tirols durch die Brandenberger Alpen und das Rofan nach Kufstein. Sie ist schon zu Beginn ein durchaus anspruchsvoller Weg, bei dem die Wanderer bis zum Ende am Arlberg gut 43 000 Höhenmeter bewältigt haben werden. Dafür ist auch das Karwendel verantwortlich, an dessen Nordseite die Route über die schöne Lamsenjochhütte, die altehrwürdige Falkenhütte und die Karwendelhütte hinaus und wieder hinunter nach Innsbruck führt. Genau diese

# ADLERWEG

**Routensteckbrief:**
**Distanz:** 412 km | **Dauer:** 24 Tage | **Höhenmeter:** 20 000 m
**Stationen:** St. Johann – Gaudeamushütte → 3 km | Gaudeamushütte – Hintersteiner See → 14,5 km | Hintersteiner See – Kufstein → 9,5 km | Kufstein – Gasthof Buchacker → 16,5 km | Gasthof Buchacker – Gwercherwirt → 14 km | Gwercherwirt – Steinberg am Rofan → 18 km | Steinberg am Rofan – Erfurter Hütte → 18 km | Erfurter Hütte – Lamsenjochhütte → 17 km | Lamsenjochhütte – Falkenhütte → 12,5 km | Falkenhütte – Karwendelhaus → 9 km | Karwendelhaus – Hallerangerhaus → 14 km | Hallerangerhaus – Nordkette Innsbruck → 13 km | Innsbruck – Zirbenweg → 7,6 km | Zirbenweg – Solsteinhaus → 7 km | Solsteinhaus – Leutasch → 20 km | Leutasch – Ehrwald → 23 km | Ehrwald – Lorea Hütte: → 9 km | Lorea Hütte – Anhalter Hütte → 16 km | Anhalter Hütte – Hanauer Hütte → 12,5 km | Hanauer Hütte – Württemberger Haus → 11 km Württemberger Haus – Memminger Hütte → 7 km | Memminger Hütte – Ansbacher Hütte → 10 km | Ansbacher Hütte – Kaiserjochhaus → 8,5 km | Kaiserjochhaus – St. Christoph am Arlberg → 17,5 km

Wegführung ist es auch, die dem Adlerweg von Beginn an eine so große Anhängerschaft beschert hat. Gerade mit dem Zwischenziel Innsbruck tauchen die Wanderer aus der Einsamkeit der Berge wieder in die gewohnt lebhafte Stadt ein. Mit allen Vorzügen wie heißen Duschen, Waschservice in den Hotels, vielseitigerem Essen und – gerade in Innsbruck – auch kulturellen Angeboten. Ein Kontrastpunkt, der stärker nicht sein könnte. Schließlich lernen sie den Reiz des einfachen Lebens am Berg danach in der zweiten Hälfte dieser Strecke mit den Passagen in die Tuxer Voralpen, dem Weg durch das Wettersteingebirge und die Lechtaler Alpen noch mehr zu schätzen. Und erkennen vielleicht umso intensiver, wie viel Überflüssiges sie täglich ganz selbstverständlich und als vermeintlich notwendig konsumieren.

Die Ostvariante des Adlerwegs dagegen startet in Ströden im Virgental, das Ziel ist Kals am Großglockner. Die neun Tagesetappen sind überschaubar, wenn auch alles andere als anspruchslos. Insgesamt absolvieren Weitwanderer auf dieser Routenführung 93 Kilometer, laufen gut 8000 Höhenmeter bergauf und fast ebenso viele bergab. Zwei Etappen gelten als schwer. Auf dem Weg von der Bonn-Matreier Hütte zur Badener Hütte passieren die Wanderer die Schärfere Galtenscharte und arbeiten sich zielstrebig immer weiter zum Hoheitsgebiet des Großglockners vor. Fast 1800 Höhenmeter sind auf dieser 8,9 Kilometer langen Strecke in gut fünf Stunden zu bewältigen. Tags darauf gilt auch der 12,7 Kilometer lange Weg zum Matreier Tauernhaus als schwierig. Dafür lockt ein Abstecher zum Gletscherschaupfad Innergschlöss. Die Ausblicke sind beeindruckend: Gletscher und markante Gipfel prägen diese Route.

*Die Wankspitze (2208 Meter) ist eines der Highlights auf dem Weg durch die Mieminger Kette.*

Österreich

*Über die flaumigen Wollgräser hinweg blickt man auf die imposanten Gipfel des Karwendels.*

## Karwendelgebirge

**Lage:** Der 727 Quadratkilometer große Alpenpark Karwendel ist Österreichs größter Naturpark. Er umfasst elf Schutzgebiete und erstreckt sich zwischen 600 Meter (im Inntal) und 2749 Meter Meereshöhe (an der Birkkarspitze) in der einmaligen Gebirgslandschaft des Karwendels in Tirol.

**Highlights:** Ein Erlebnis ist das zwischen 1080 und 1300 Meter hoch gelegene Landschaftsschutzgebiet »Großer Ahornboden« am Talabschluss des Rißtals. Der 267 Hektar große Almboden ist mit mehr als 2000 bis zu 600 Jahre alten Ahornbäumen bestanden.

**Tipps:** Eine abwechslungsreiche Tour führt von Scharnitz rund zwei Stunden durch die wildromantische Gleirschklamm.

Die Natur malt in den schönsten Farben und Formen: Das grandios gezackte Karwendelgebirge ist eine von Eis und Wasser geschaffene wilde Hochgebirgslandschaft, die in puncto Schönheit ihresgleichen sucht. Im Erdmittelalter lagerten sich am Grund flacher Meere mächtige Kalkschichten ab, die später gefaltet und über den Meeresspiegel gehoben wurden. Gletscher und Schmelzwasser haben die Wände und Gipfel des graufelsigen Karwendelgebirges geschaffen, das sich zu großen Teilen auf österreichischem und in kleinen Teilen auf deutschem Boden ausbreitet. Sattgrüne Wiesen und smaragdgrüne Wälder kontrastieren mit den grau-bläulichen Gipfeln oberhalb der Baumgrenze. Über allem schwebt in luftiger Höhe im scheinbar kraftlosen Gleitflug der Steinadler.

*Einer der berühmtesten Orte der Alpen ist der Große Ahornboden.*

*Der »Glockner« ist mit 3798 Metern nicht nur Österreichs höchster, sondern auch ein außergewöhnlich formschöner Berg.*

## Nationalpark Hohe Tauern

**Lage:** Der 1856 Quadratkilometer große Nationalpark wurde 1981 gegründet. Das größte Naturschutzgebiet der Alpen erstreckt sich über die zentralen Tauern in den Bundesländern Salzburg, Tirol und Kärnten.

**Highlights:** Eine dreistündige Wanderung führt oberhalb von Heiligenblut (Kärnten) vom Glocknerhaus (2132 Meter) zur Pasterze, dem größten Gletscher der Ostalpen, und weiter zur Talstation der Gletscherbahn.

**Tipps:** Bei Krimml (Salzburg, 1067 Meter) rauschen die 385 Meter hohen Krimmler Wasserfälle hinab. Rund 1,5 Stunden dauert die ca. vier Kilometer lange Wanderung von Krimml entlang der Fälle hinauf zur obersten Stufe.

---

Der Großglockner, ein 3798 Meter hoher Koloss und Österreichs höchster Berg, ist nicht nur die markanteste Spitze der Hohen Tauern, sondern auch so etwas wie der österreichische Mythenberg, seit er im Jahr 1800 erstmals bestiegen wurde. Tragödien haben sich hier abgespielt, Triumphe wurden gefeiert, und bis heute kann sich kein Besucher der Hohen Tauern dem lockenden Reiz dieses Berges entziehen. 5000 Menschen stehen in guten Jahren auf seinem Gipfel. Die meisten Besucher begnügen sich damit, ihn nur zu betrachten und sich ansonsten dem Abwechslungsreichtum des Nationalparks Hohe Tauern anzuvertrauen. Kaum irgendwo sonst sind die Alpen vielgestaltiger als in diesem geologisch hochkomplexen Gebiet, das von Graten über Gletscher bis zu Graskuppen das Füllhorn hochalpiner Schönheit ausschüttet.

*Gewaltig sind die Wassermassen an den Krimmler Wasserfällen.*

**Engtal und Ahornboden im Karwendel**
*Im Rißtal erwartet den Besucher einer der faszinierendsten Naturräume der Alpen. Über 2000 bis zu 600 Jahre alte Ahornbäume wachsen verstreut auf dem weiten Talgrund. Im Herbst, wenn sich die Blätter gelb färben, strömen viele Besucher in das kleine Tal, um die einmalige Farbenpracht zu bewundern. Die Entstehung dieses Ahornwalds ist nahezu unbekannt, da die Ahornschösslinge normalerweise in dem intensiv beweideten Tal keine Möglichkeit zum Wachsen gehabt hätten. Heute geht man davon aus, dass vor 300 Jahren Viehseuchen oder Krieg dazu geführt haben, dass für mehrere Jahre keine Tiere in das Tal zum Weiden geschickt wurden und sich der Baumbestand so entwickeln konnte.*

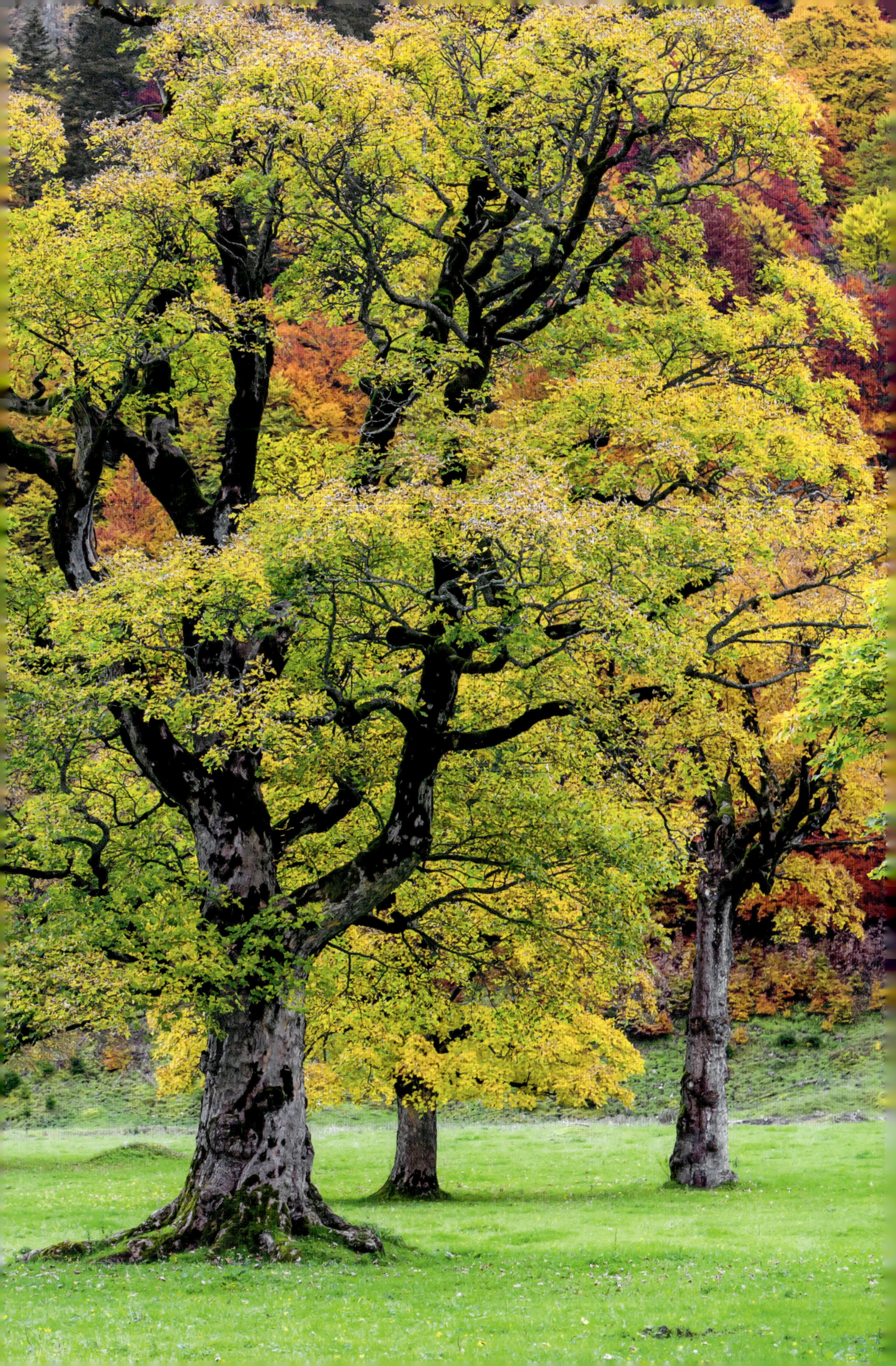

*Vom Ufer des murmelnden Johnsbachs aus bietet sich ein direkter Blick auf den Großen Ödstein im Nationalpark Gesäuse.*

*Nicht nur Wassersportler, sondern auch Graureiher fühlen sich am Neusiedler See wohl.*

## Nationalpark Gesäuse

**Lage:** Der 110 Quadratkilometer große Nationalpark, 2002 gegründet, liegt in der Steiermark auf dem Gebiet der Gemeinden Admont, Landl und St. Gallen. Er umfasst die Gebirgslandschaft des Gesäuses in den nordöstlichen Kalkalpen sowie das Tal der Enns, die das Gesäuse in einer imposanten Schlucht durchschneidet.

**Highlights:** Das Gesäuse ist mit seinen hohen Kalkwänden, die an der Hochtorgruppe 1000 Meter aufragen, ein bekanntes Kletterziel. Ein schöner Wanderweg führt von der 1699 Meter hoch gelegenen Hesshütte auf dem Ennsecksattel über den Josefinensteig in knapp drei Stunden auf das Hochtor, mit 2369 Metern der höchste Berg der Region.

**Tipps:** Die Enns durchfließt in einer hohen Schlucht das Gesäuse als rauschender Wildbach mit steilem Gefälle. Lizenzierte Firmen (siehe Website des Nationalparks) bieten hier abenteuerliche Raftingtouren an.

*Einen treffenden Namen trägt der am Neusiedler See vorkommende Rotschenkel.*

*Die Wechselkröte kann ihre Farben je nach Helligkeit verändern.*

Wasser ist stärker als Stein und gewinnt immer den Kampf dieser beiden Elemente. Doch leicht gibt sich der Stein nicht geschlagen – zum Glück, denn so kann man im Nationalpark Gesäuse in der Steiermark ganz wunderbar das Ringen um die Vorherrschaft erleben. Die Enns hat sich hier beharrlich in den Kalk und Dolomit der Ennstaler Alpen gegraben und ein Flusstal, tief wie eine Schlucht, geschaffen. Doch die Berge links und rechts geben nicht klein bei und ragen weiterhin stolz in den Himmel. So kann man überwältigende Kontraste auf kleinstem Raum erleben, den permanenten Wechsel aus Höhe und Tiefe, Schroffheit und Idyll, Kahlheit und Farbenpracht. Die Wälder im Nationalpark Gesäuse zeichnen sich durch ihre Vielfältigkeit aus. Die großen Höhenunterschiede und die Steilheit des Geländes hat vielerorts die Natürlichkeit erhalten.

## Nationalpark Neusiedler See

**Lage:** Der rund 97 Quadratkilometer große Nationalpark Neusiedler See – Seewinkel (gegründet 1993) liegt im Osten Österreichs an der Grenze zu Ungarn. Er umfasst den Neusiedler See und dessen Uferräume und bildet seit 2001 zusammen mit dem rund 238 Quadratkilometer großen ungarischen Nationalpark Fertő-Hanság das UNESCO-Welterbe »Kulturlandschaft Fertő/Neusiedler See«.

**Highlights:** Höhepunkte sind die im Frühjahr vom Informationszentrum organisierte Pannonian Bird Experience, wenn zahllose Zugvögel in das Gebiet kommen, sowie die Balz der seltenen Großtrappen.

**Tipps:** Besonders naturnah lässt sich das Gebiet per Kanu erkunden, geführte Touren bietet das Informationszentrum an.

Wien liegt am Meer, jedenfalls fast. Denn der Neusiedler See im Süden der österreichischen Hauptstadt wird von allen nur das »Meer der Wiener« genannt. Auch wenn dieser »Ozean« oft nicht tiefer als anderthalb Meter ist, überragt ihn kein anderer See Österreichs an Fläche: Fast 300 Quadratkilometer bedeckt der Neusiedler See, der fast vollständig von einem Schilfgürtel umgeben ist. Dort leben so viele Vogel-, Reptilien- und Amphibienarten wie kaum irgendwo sonst in Europa, von Silberreihern, Großtrappen und Kaiseradlern über Knoblauchkröten und Springfrösche bis zu Smaragdeidechsen, Wiesenottern und Würfelnattern. Nicht zu vergessen die schön gefiederten Fasane und Turmfalken.

*Creux du Van, das älteste Naturschutzgebiet der Schweiz: Die Felsen bilden einen Kessel von einem Kilometer Durchmesser.*

# Schweiz

Die Schweiz spielt unter den europäischen Reiseländern eine Hauptrolle. Das liegt vor allem an den überwältigenden Dimensionen ihrer Bergwelt. Aber nicht nur grandiose Gipfel und sonnige Täler bestimmen das Bild der Schweiz. Von Südwesten nach Nordosten, vom Genfer See zum Bodensee, zieht sich das urbanisierte Mittelland, westlich davon liegt der Jura, das Mittelgebirge im Grenzland zu Frankreich.

## INFO

**SCHWEIZ**
**Fläche:**
41 285 km²
**Bevölkerung:**
8,7 Mio. Einwohner
**Hauptstadt:**
Bern (134 000 Einwohner)
**Höchster Berg:**
Dufourspitze (Monte Rosa, 4634 m)
**Längster Tunnel:**
Gotthard-Straßentunnel (16,9 km)

### Schweizer Jura

**Lage:** Das Mittelgebirge Schweizer Jura erstreckt sich von der Gegend südwestlich von Genf nach Nordosten bis zur Region Basel. Der westliche Teil liegt in Frankreich (Französischer Jura). Die höchsten Juraberge in der Schweiz sind Mont Tendre (1679 Meter) und La Dôle (1677 Meter).

**Highlights:** Eine besondere Naturschönheit ist die Felsformation Creux du Van, ein imposanter Talkessel, der durch Erosion entstanden ist. In den bis zu 200 Meter hohen senkrechten Felsabstürzen fühlen sich auch Steinböcke wohl.

**Tipps:** Auf dem Jurahöhenweg (Teil des Europäischen Fernwanderwegs E4) kann man in 13 Etappen den gesamten Schweizer Jura von Nordosten nach Südwesten erwandern.

−41,8 °C: Das ist der offizielle Kälterekord der Schweiz, und es ist kein Zufall, dass er am 12. Januar 1987 im Jura gemessen wurde. Denn dieses Mittelgebirge, das sich im Westen des Landes entlang der Grenze zu Frankreich erstreckt, ist schon immer für seine Rauheit bekannt. Hier zeigt die sonst postkartenidyllische Schweiz plötzlich ihr hartes, harsches, abweisendes Gesicht.

Nicht nur kalt ist es im Jura, sondern auch nass, weil die Westwinde pausenlos Regenwolken gegen die bis zu 1700 Meter hohen Berge schleudern. Das Leben der Menschen im Jura ist deswegen immer ein Kampf gewesen, der indes im 18. und 19. Jahrhundert eine glückliche Wendung nahm: In dieser Zeit entwickelte sich eine florierende Uhrenindustrie. Die handwerklich geschickten Bauern bauten zunächst in Heimarbeit für Fabrikanten aus Genf Uhrwerke zusammen, um dann eigene Manufakturen zu gründen und ihrer Heimat Wohlstand zu bescheren. Den Erfolg sieht man bis heute in hübschen Orten wie La Chaux-de-Fonds. Gegen Minusgrade kann aber selbst die filigranste Uhr nichts ausrichten. Die zahlreichen, schönen Wanderwege locken jedoch mit grandiosen Aussichten und Naturerlebnissen.

## Schweizerischer Nationalpark

**Lage:** Der 170 Quadratkilometer große Nationalpark im Kanton Graubünden wurde 1914 gegründet und 1979 zum UNESCO-Biosphärenreservat erklärt. Er liegt zwischen 1400 und 3174 Meter hoch.

**Highlights:** Gämsen, Murmeltiere und sogar Bartgeier sieht man auf dem Naturlehrpfad Margunet. Die 2,5-stündige Wanderung führt vom Parkplatz P8 (1890 Meter) über den Margunet (2328 Meter) zum Parkplatz P7 (1878 Meter).

**Tipps:** Besonders beeindruckend sind während der Hirschbrunft im September/Oktober die Wanderungen zur Hirscharena in der Val Trupchun, die das Besucherzentrum in Zernez, Via d'Urtatsch 2, organisiert.

Dass es in einem Land mit derart vielen Naturschönheiten wie der Schweiz nur einen einzigen Nationalpark gibt, mag auf den ersten Blick überraschen. Nicht aber auf den zweiten, denn die Eidgenossen haben eine radikale Vorstellung von Naturschutz: Sie überlassen ihren Nationalpark völlig sich selbst, damit er eines Tages so aussieht wie die Alpen vor der Besiedelung durch den Menschen. Deswegen darf man dort die markierten Wege nicht verlassen, nicht im Park übernachten und ihn in keiner Weise bewirtschaften. Wie lange es dauern wird, bis der Park wieder so aussieht wie einst die unberührten Alpen, weiß niemand. Aber der Weg dahin allein zählt. Hier erlebt man die Alpen in ihrer ursprünglichsten Form und kann die Kraft und Schönheit der Natur hautnah spüren.

*Ungefähr ab 2300 Meter Höhe beginnt die Baumgrenze; oberhalb derer wachsen in den Alpen keine Bäume mehr.*

*Tausende von Tier- und Pflanzenarten leben im Nationalpark, darunter …*

*… Murmeltiere und Raufußkauze.*

Schweiz

# Alpensteinböcke

In den Alpen leben wieder große Rudel von Steinböcken. Sie waren Mitte des 19. Jahrhunderts verschwunden, wurden aber erneut angesiedelt. Alpensteinböcke wechseln im Jahreslauf kaum in tiefere Lagen. Im Winter suchen sie Südhänge nahe der Baumgrenze auf. Die Steingeiß ist nur wenige Tage brünstig, sie wird dann von einem starken Bock aufgesucht. Anfang Juni kommt ein Kitz zur Welt. Alpensteinböcke sind geschickte Kletterer, die sogar in Felskaminen von einer Wand zur anderen springen. Im Schnee hingegen zeigen sie sich unbeholfen und suchen lieber das nackte Gestein auf, wo sie Flechten äsen. Im Sommer tragen die Steinböcke ein raues, überwiegend fahlgraues Fell. Im Winter werden Steinböcke gelblich grau; alte Männchen zeichnen sich durch einen dunklen Schulterfleck aus. Die höchstens 35 Zentimeter langen Hörner der Steingeiß ähneln kleinen Sicheln. Die viel größeren Hörner mit den vorstehenden, verdickten Wülsten des männlichen Alpensteinbocks schwingen im einfachen Bogen nach hinten. Sie können, die Biegung mitgemessen, einen Meter lang werden. Tagsüber ruhen Steinböcke gern wiederkäuend unter geschützten Felsüberhängen, in den Nachmittagsstunden ziehen sie äsend talwärts, erreichen die Weidegründe zur Dämmerung und grasen die Nacht hindurch.

# Gämsen

Ob Gämse, Gams oder – nach alter Rechtschreibung – Gemse: Alle drei Begriffe bezeichnen dieselbe Art *Rupicapra rupicapra*. Die zu den Ziegenarten zählende Gämse lebt vorwiegend in den Hochgebirgslagen des Alpenraums. Sie findet zwar auch oberhalb der Baumgrenze genügend Lebensraum und Nahrung, die vor allem aus jungen Trieben besteht, bevorzugt allerdings hohe Berge mit dichten Wäldern, in die sie sich zurückziehen kann. In Deutschland hat sie eigentlich keine natürlichen Feinde, Angriffe von Luchsen sind äußerst selten. Am meisten macht der Gämse der Mensch zu schaffen, Tausende werden jedes Jahr allein in Deutschland gejagt. Dies geht allerdings mit einer stabilen Population einher, die Gämse gilt derzeit nicht als in ihrem Bestand gefährdet. Die Tiere leben – zumindest in den Sommermonaten – in festen Verbänden aus Weibchen und Jungtieren. Diese Herden haben meist zwischen 20 und 30 Mitglieder. Die Böcke sind im Regelfall Einzelgänger und schließen sich immer nur zeitweise einem Verband an. Während der Paarungszeit im Herbst kommt es zu erbitterten Kämpfen zwischen den konkurrierenden Männchen. Im Frühjahr wirft die Geiß meist ein oder zwei Junge, die etwa drei Monate lang gesäugt werden.

*Nicht nur der größte, sondern auch einer der bekanntesten Gletscher der Alpen ist der gewaltige Aletschgletscher.*

## Alpenregion Jungfrau-Aletsch-Bietschhorn

**Lage:** Die 824 Quadratkilometer große Hochalpenregion in der südlichen Schweiz umfasst mit Jungfrau, Eiger und Mönch sowie dem Großen Aletschgletscher das größte zusammenhängende vergletscherte Gebiet Eurasiens. Seit 2001 bildet es das UNESCO-Weltnaturerbe »Schweizer Alpen Jungfrau-Aletsch«.

**Highlights:** Zum Areal gehören fast die gesamten Berner Hochalpen, eine einmalige Gebirgslandschaft mit monumentalen Felsmassiven und riesigen Gletschern. In einer mehrtägigen Tour lässt sie sich umwandern, Infos unter jungfraualetsch.ch

**Tipps:** Ein spektakuläres Erlebnis ist die Fahrt mit der Jungfraubahn von der Kleinen Scheidegg auf das Jungfraujoch, mit Blick auf den Großen Aletschgletscher.

Das Herz des steil aufragenden Gebirgsmassivs bilden die Berge Jungfrau, Mönch und Eiger. Bis auf rund 3500 Meter Höhe führt eine Zahnradbahn auf das Jungfraujoch. Sein Wahrzeichen ist die gläserne Kuppel des Observatoriums. Der Besuchermagnet ist jedoch der spiegelglatte Eispalast mit seinen von Künstlern gestalteten Eisfiguren. Die Nordwand des Eiger (3970 Meter Höhe) in den Berner Alpen südwestlich von Grindelwald dagegen muss erklettert werden – seit ihrer Erstbesteigung 1938 ist sie mit 1800 Meter Höhenunterschied die berühmteste Kletterwand der Alpen. Die Region ist mit ihren Schneefeldern auch das Nährgebiet des Großen Aletschgletschers. Am Konkordiaplatz beim Jungfraujoch vereinigen sich Aletschfirn, Jungfernfirn und Ewigschneefeldfirn zum mit (noch) 23 Kilometer Länge größten Gletscher Europas.

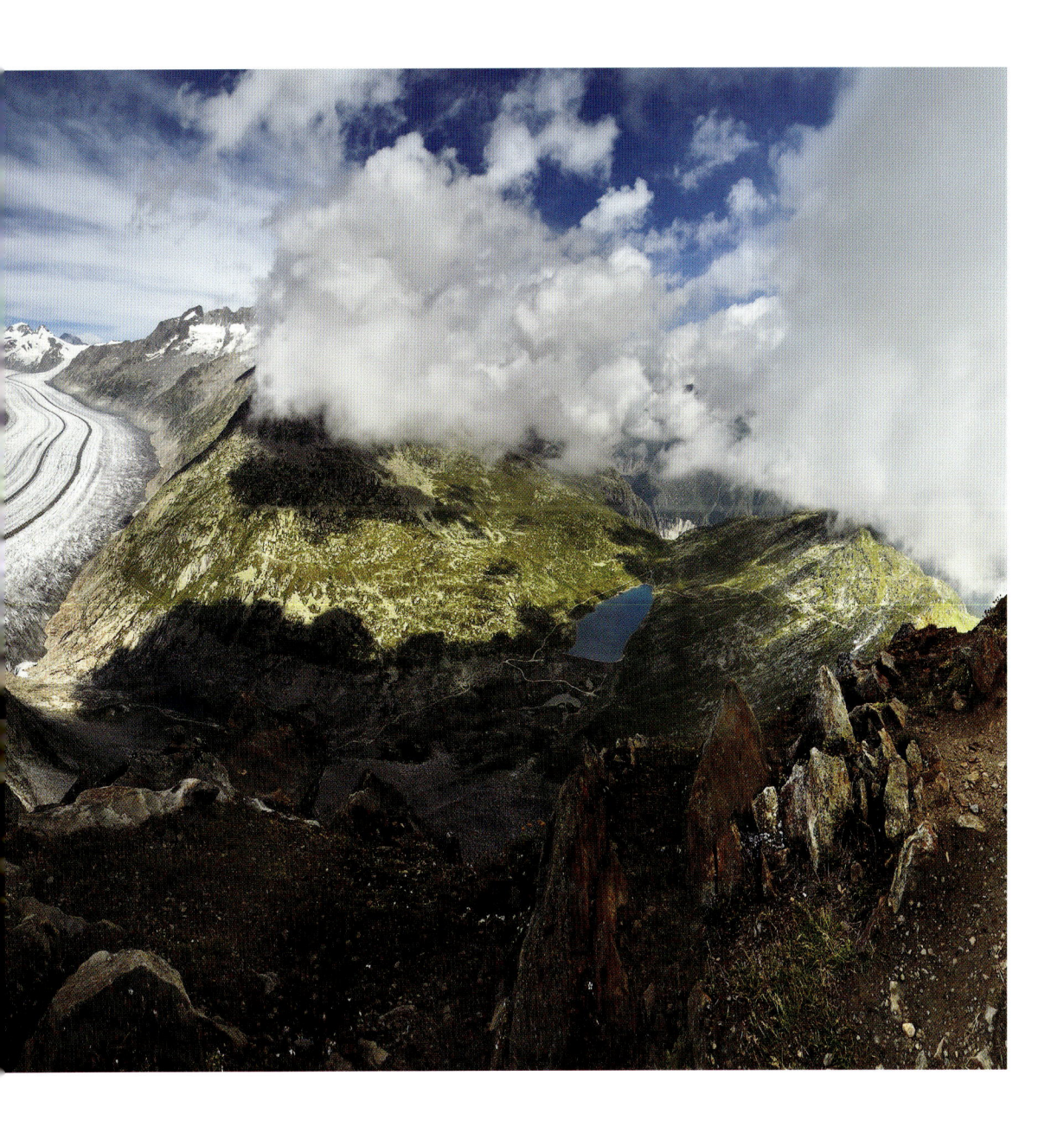

*Faszinierende Landschaftsbilder präsentiert das Berner Oberland: Hier beeindrucken Eiger, Mönch und Jungfrau.*

# Südeuropa

## Mehr als nur Sandstrand: Natur pur unter der Sonne

Nirgendwo anders duftet die Natur so gut wie hier. Thymian, Salbei und wilder Fenchel breiten ihren würzigen Geruch über der Macchia der spanischen Inseln ebenso aus wie in Italien und Portugal. Der Mittelmeerraum zeigt sich sehr abwechslungsreich in Flora und Fauna. Während Millionen von Mohnblüten Umbriens Monti Sibillini mit einem roten Flaum überziehen, scheint die Insel Flores im Azoren-Archipel saftig grün wie ein vollgesogener Schwamm. Auf Madeira wachsen ganze Wälder aus Lorbeer, in Portugal verströmt der Eukalyptus sein Aroma. Südeuropa ist eindeutig ein Erlebnis für alle Sinne.

## AZOREN

- Corvo
- Flores
- Pico
- São Miguel

## MADEIRA

- Ponta de São Lourenço
- Laurisilva

## PORTUGAL

- Nationalpark Islas Atlánticas
- Nationalpark Peneda-Gerês
- Naturpark Sintra-Cascais
- Biosphärenreservat Tejo Internacional
- Sudoeste Alentejano e Costa Vicentina

## SPANIEN

- Nationalpark Picos de Europa
- Nationalpark Ordesa y Monte Perdido
- Sierra de Gredos
- Nationalpark Sierra de Guadarrama
- Nationalpark Mallos de Riglos
- Nationalpark Bardenas Reales
- Nationalpark Monfragüe
- Nationalpark Doñana
- Serra de Tramuntana

## KANAREN

- Nationalpark Caldera de Taburiente
- Nationalpark Teide
- Nationalpark Garajonay
- Nationalpark Tamadaba
- Nationalpark Timanfaya
- Nationalpark Caldera de Giría

## MAROKKO

## ALGERIEN

BELGIEN
LUXEMBURG
DEUTSCHLAND
POLEN
TSCHECHIEN
SLOWAKEI
RANKREICH
SCHWEIZ
ÖSTERREICH
UNGARN
Naturpark Fanes-Sennes-Prags
Naturpark Tre Cime
SLOWENIEN
Naturpark Paneveggio
Nationalpark Gran Paradiso
KROATIEN
ITALIEN
Bosnien und Herzegowina

Nationalpark Monti Sibilini
Nationalpark Gran Sasso e Montu della Laga
Nationalpark Majella
Nationalpark Asinara
Nationalpark Abruzzen

Ätna

LIBYEN

*Mehrere Bäche fließen durch den Nationalpark und stürzen atemberaubend schön an verschiedenen Stellen in die Tiefe.*

# Portugal

Portugal, der schmale Streifen an der Atlantikküste der Iberischen Halbinsel, wird vom Fluss Tejo in den gebirgigen grünen Norden und den flachwelligen trockenen Süden geteilt. Kontrastreich ist die Küste: Wild zerklüftete Felsenkaps wechseln sich mit weiten Sandstränden und sumpfigen Flussdeltas ab.

## INFO *

**PORTUGAL**
**Fläche:** 92 391 km²
(inkl. Azoren und Madeira)
**Bevölkerung:**
10,3 Mio. Einwohner
**Hauptstadt:**
Lissabon (545 000 Einw.)
**Höchster Berg:**
Ponta do Pico (Azoren, 2351 m)
**Höchste Wellen:**
vor Nazaré (über 26 m)

## Nationalpark Peneda-Gerês

**Lage:** Der 702,9 Quadratkilometer große Nationalpark (1971) eingerichtet und liegt in der Region Minho.
**Highlights:** Peneda-Gerês ist die Heimat seltener Arten wie dem Iberischen Wolf und dem Garrano-Wildpferd. Einer der beeindruckendsten Wasserfälle des Parks, ist die Cascata do Arado, die inmitten von Felsen und grüner Vegetation liegt.
**Tipps:** In der kleinen Stadt Gerês gibt es natürliche Thermalquellen, die für ihre heilende Wirkung bekannt sind.

Portugals einziger Nationalpark erstreckt sich im Nordosten entlang der spanischen Grenze über die Gebirgskämme (»Serras«) da Peneda und do Gerês, die mit ihren Stauseen ein wichtiger Wasserspeicher für den Norden des Landes sind. Einsame, von dichten Wäldern bestandene Täler und Berge, karge Hochebenen und Gipfel prägen das Landschaftsbild ebenso wie die steinernen »espigueiros«, die traditionellen Getreidespeicher, die man hier immer noch entdecken kann. Es gibt einige Wanderwege, doch sind die meisten kaum markiert. Deutlich erkennbar ist die

Römerstraße, die einst durch das Gebirge verlief und deren Meilensteine – teils sogar noch das Pflaster und drei erhaltene Brücken – auf insgesamt 40 Kilometer Länge die Größe und Akkuratesse des Römischen Reiches nachdrücklich demonstrieren. Bei Portela do Homen an der spanischen Grenze wurde mitten in der Wildnis sogar eine Thermenanlage entdeckt.

## Biosphärenreservat Tejo Internacional

**Lage:** Das 2016 von der UNESCO als Biosphärenreservat anerkannte 4282,74 Quadratkilometer große Gebiet erstreckt sich an der portugiesisch-spanischen Grenze im Alentejo und der Extremadura.

**Highlights:** Das Gebiet ist ein Paradies für Ornithologen. Der Tejo windet sich durch enge Schluchten, die von eindrucksvollen Felsformationen und üppiger Vegetation gesäumt sind.

**Tipps:** Eine Boots- oder Kajakfahrt auf dem Tejo ist ein hervorragender Weg, um die Landschaft und die Tierwelt aus einer neuen Perspektive zu erleben.

---

Der längste Fluss der Iberischen Halbinsel heißt in Spanien Tajo, auf Portugiesisch Tejo, und bildet den Mittelpunkt des Biosphärenreservats. Zum Schutzgebiet gehören 14 Orte nahe der spanischen Westgrenze, zwölf liegen auf portugiesischem Staatsgebiet im Osten. Die Gegend hier ist zerklüftet und ursprünglich, Steineichen, Korkeichen und dichtes Buschwerk bestimmen die Vegetation. Das trubelige Leben der Küstenregion um Lissabon rückt in weite Ferne, wenn man in die dünn besiedelte Region im portugiesischen Hinterland vordringt. Der Fluss bildet eine natürliche Grenze zwischen Spanien und Portugal, seine Wassermassen bedingen kalte Winter und sehr heiße Sommer. Spanische Kaiseradler, Habichtsadler, Rabengeier und Schwarzstörche genießen die Ruhe und die guten Nahrungsbedingungen hier, und auch für die Smaragdeidechse findet sich ein geschütztes Plätzchen im Unterholz.

*Die Berge des Nationalparks spiegeln sich im See »Senhora da Peneda«.*

*Schwarzstörche nisten entlang des Tejo und ziehen hier ihre Küken auf.*

### Naturpark Sintra-Cascais

**Lage:** Der 145,83 Quadratkilometer große Naturpark erstreckt sich in der Region Lissabon und wurde 1994 eingerichtet.

**Highlights:** Ganz egal, zu welcher Tageszeit: Die Felsnadeln der Praia da Ursa üben stets einen besonderen Zauber aus – mal morgens, wenn die Sonne nur ihre Spitzen erreicht oder tagsüber von oben auf den Wanderwegen über der Bucht mit ihrem türkisblauen Wasser. Der markante Cabo da Roca ist der westlichste Punkt des europäischen Festlands.

**Tipps:** Sintra ist berühmt für seine märchenhaften Paläste und Gärten. Besonders der farbenfrohe Palácio da Pena thront auf einem Hügel im Park und bietet eine herrliche Aussicht.

---

Vielschichtiger kann sich die Natur eigentlich nicht präsentieren als im Nationalpark Sintra-Cascais: steil nach unten ins Meer abfallende Klippen, einsame Seen, halb verfallene Häuser und Dörfer, kaum berührte Sanddünen und jahrhundertealte Architektur. Dazu Sehenswürdigkeiten wie die rund um Sintra, spektakuläre Natur und die Wellen des Atlantiks. 145 Quadratkilometer groß ist das Gebiet, das sich von den Hügeln Sintras bis zu den Stränden von Cascais erstreckt. Längst hat es den Status als Weltkulturerbe erhalten. Mehr als 200 Arten von Wirbeltieren, neun verschiedene Süßwasserfische, über 170 Vogel-, 20 Reptilien- und 34 Säugetierarten wurden in dieser Region so nahe bei Lissabon gefunden. Der Nationalpark bietet unendlich viele Möglichkeiten für Wanderungen und Besichtigungen. Mehr jedenfalls, als in einem einzigen Urlaub bewältigt werden können.

### Sudoeste Alentejano e Costa Vicentina

**Lage:** Der 1988 eingerichtete Naturpark mit einer Fläche von 750 Quadratkilometern befindet sich im Südwesten Portugals. Er umfasst den Süden der Alentejo-Küste und die westliche Algarve bis Cabo de São Vicente. Seine Landschaft ist geprägt durch Steilküsten und eine üppige Vegetation.

**Highlights:** In den Felsen der Steilküste vor dem Küstenstädtchen Cavaleiro kann man Weißstörche beobachten. Es ist weltweit der einzige Ort, wo Störche in Meeresklippen nisten.

**Tipps:** Einen Besuch wert ist auch das Cabo de São Vicente, die äußerste Südwestspitze des europäischen Festlandes. Dort lässt der lichtstärkste Leuchtturm Europas seinen Lichtkegel knapp 60 Kilometer weit über den Atlantik schweifen.

---

*Für kurze Zeit zeigt sich die Costa Vicentina in üppiger Blüte.*

*Der Zugang zur Praia da Ursa ist nicht ganz einfach, aber lohnt sich.*

Man sieht diesen Felsen nicht an, dass sie Weltgeschichte geschrieben haben. Doch genauso war es im 15. Jahrhundert, als Heinrich der Seefahrer an der Costa Vicentina im Südwesten Portugals die besten Seeleute seiner Zeit versammelte, um etwas Ungeheuerliches zu wagen: die Umschiffung von Kap Bojador vor Nordwestafrika. Hinter diesem Kap, so glaubte damals die ganze Welt, beginne ein kochend heißer Ozean voller Ungeheuer, der jeden weißen Mann verbrenne und die Schiffe vom Rand der Erde ins Verderben ziehe. Heinrich aber zweifelte an diesen Gruselgeschichten. 1434 schickte er Gil Eanes los, der das Kap Bojador umschiffte und heil zurückkam. Damit war der Weg frei für die Eroberung aller Ozeane – und für eine neue Welt.

*Die Praia do Amado an der Costa Vicentina liegt eingebettet in eine herrliche Landschaft aus Felsen, Dünen und Klippen.*

*Keine Landschaft Madeiras ist untypischer für diese sonst so sanftmütige Insel als die Ponta de São Lourenço.*

## Madeira:
## Ponta de São Lourenço

**Lage:** Das rund 18 Quadratkilometer große Naturreservat umfasst die östlichste Halbinsel Madeiras und gehört zum 1982 gegründeten Parque Natural de Madeira.

**Highlights:** Eine schöne, rund acht Kilometer lange Wanderung führt von Caniçal auf den Steilklippen des Naturschutzgebiets die schmale, lang gestreckte Halbinsel entlang. Unterwegs hat man einen großartigen Blick auf die vulkanischen Formationen und über das Meer.

**Tipps:** Ab Machico bietet die Agentur Oceanodroma Bootsfahrten zum Beobachten von Vögeln, Walen und Delfinen an, oceanodroma.de.

---

Die Insel der Blumen und des ewigen Frühlings, der Sanftmut und der Milde wird Madeira aus gutem Grund genannt. Doch an einer Stelle erlaubt sie sich einen fast schon gewalttätigen Ausbruch aus ihrer Ausgeglichenheit: an der Ponta de São Lourenço ganz im Nordosten wird Madeira plötzlich wild und ungestüm, schüttelt alles Grüne und Farbenfrohe ab und bricht als nackter, zerklüfteter Fels ins Meer. Wie ein tollkühner Sporn bohrt sie sich hier tief in den Atlantik. Hier muss man einigermaßen schwindelfrei und trittsicher sein, sonst droht ein böses Ende. Doch belohnt wird man mit spektakulären Aussichten auf menschenleere Buchten und grandiose Klippen, auf den tosenden Atlantik und eine Küste, der nichts fremder ist als Milde und Sanftmut. Passend zu diesem Temperament des Landstrichs, beherbergt die Küste einen Strand mit schwarzem Sand, Prainha genannt.

*An der steilen, grünen Küste Madeiras blüht die Baumaloe.*

*Ganze Wälder aus Lorbeer wachsen auf Madeira, die absolut einmalig sind.*

## Madeira: Laurisilva

**Lage:** Der rund 220 Quadratkilometer große Lorbeerwald erstreckt sich zwischen 300 und 1300 Meter Höhe. Der zu rund 90 Prozent unberührte Wald mit subtropischen Pflanzen wie Lorbeerbäumen, Stechpalmen und Farnen, gehört zum 1982 gegründeten Parque Natural de Madeira und seit 1999 zum Weltnaturerbe.
**Highlights:** Unter jahrhundertealten Bäumen kann man im Nordwesten auf verschiedenen Wegen oberhalb von Ribeira da Janela spazieren gehen.

**Tipps:** Eine schöne vierstündige Wanderung führt rund sechs Kilometer oberhalb von Santana ab der ER101 in den »grünen Kessel« Caldeirão Verde samt Wasserfall im Osten der Insel.

---

Der Lorbeerwald (»Laurisilva«) von Madeira wurde von der UNESCO zum Welterbe gekürt, da es sich dabei überwiegend um Primärwald handelt, wie er einst im gesamten Mittelmeerraum weit verbreitetet war. Madeira- und Stinklorbeer, verschiedene Farnarten und Baumheide waren früher überall auf der Insel anzufinden. Für die intensive landwirtschaftliche Nutzung der fruchtbaren Vulkanerde musste aber ein Großteil Brandrodungen weichen. Sklaven aus Nordafrika terrassierten die steilen Hänge und gruben Wasserkanäle (»Levadas«), mit denen Wasser aus den höheren Regionen der Insel auf die Felder geleitet wurde. Nach wie vor wird dieses komplexe Versorgungsnetz unterhalten; die Wege entlang der Levadas, die ursprünglich der Instandsetzung dienten, sind heute beliebte Wanderpfade auf der Insel.

# WANDERUNG

*Wolken umspielen den Pico Ruivo, den höchsten Berg der Insel.*

## Einmal quer über die Insel Madeira

**Ewiger Frühling – wer träumt nicht davon? Dann nichts wie auf nach Madeira! Schon der Name weckt Vorstellungen von bunten Blüten, moosbewachsenen Baumstämmen und saftig grünen Tälern. Wo sonst als bei einer Wanderung kann man die Geheimnisse der vielseitigen Insel erkunden? Vor allem die Ost-West-Querung bietet sich an und sorgt für intensive Naturmomente.**

In neun Etappen teilt sich der Weg, der fast ausschließlich jenseits der Städte und Dörfer durch die Natur führt. Er gilt als die schönste Inselquerung und ist auch mit mittlerer Kondition zu schaffen, denn die Etappen sind zwar fordernd, aber nicht hochanstrengend wie auf manchen anderen Wegen. Doch zunächst heißt es ankommen im Südwesten der Insel und sich akklimatisieren. Es bietet sich an, den Aufenthalt zu verlängern und nicht gleich loszustarten, wenn es die Zeit erlaubt. Denn der Ausgangsort Machico selbst hat einiges zu bieten. Da wären zum Beispiel der Stadtkern und die Kirche des ältesten Orts der Insel. Zudem gibt es auch einen künstlich angelegten Sandstrand, bei dem Reisende noch ein wenig im Meer schwimmen können, bevor es dann auf die große Tour geht.

Von Machico aus führt der Weg nach Pico do Facho, eine Erhebung, die im Mittelalter eine große Rolle spielte. Weil sie so weithin sichtbar war, wurden dort Feuer angezündet, um die Inselbewohner vor der Ankunft feindlicher Schiffe zu warnen. Die Feuer sind längst erloschen, aber der Blick ist noch immer phänomenal und reicht über das Tal bis aufs weite Meer, die Landspitze São Lourenço immer im Blick. Wer sich sattgesehen hat, setzt seinen Weg fort; entlang der alten Wasserkanäle, der Levadas, gibt es immer wieder wunderbare Blicke auf die weite Landschaft und das azurblaue Meer. Wenn der Wind durch die Eukalyptuswälder streicht, schwingt ein einzigartiges Aroma in der Luft. Der 680 Meter hohe Portela-Pass bietet eine wunderbare Möglichkeit, sich schon einmal einzulaufen für die kommenden neun Tage.

Mit etwas Glück hängen die Wolken tief, was der Landschaft das typisch mystische Madeira-Aussehen gibt. Und die schönste Belohnung beim Wandern sind doch immer die Ausblicke auf die Natur; in diesem Fall reicht der Blick weit bis nach Porto da Cruz und den Adlerfelsen. Ein Restaurant mit gläserner Wand lässt von seinen Fleischspießgerichten würzigen Duft in die Landschaft strömen. Eine weitere Belohnung für die ersten 18 Kilometer zu Fuß.
Am nächsten Tag startet die Tour im Morgennebel, der sich gern oben am Portela-Pass hält. Noch strahlt die Sonne nicht so heiß, das gilt es auszunutzen. Über Feldwege geht es bergab, durch schattige Nadelwälder und vorbei an Feldern, auf denen die Schafe blöken. Es ist eine schöne Etappe bis Santo António da Serra, die rund sechs Stunden dauert.

# INSEL MADEIRA

**Routensteckbrief:**
**Distanz:** ca. 145 km | **Dauer:** 9 Tage | **Höhenmeter:** 5500 m
**Stationen:** Machico – Portela-Pass → 18,5 km | Portela-Pass – Santo António da Serra → 17 km | S. A. da Serra – Poiso-Pass → 19 km | Poiso-Pass – Pico Ruivo → 12 km | Pico Ruivo – Encumeada-Pass → 14 km | Encumeada-Pass – Pico Ruivo do Paul → 18 km | Pico Ruivo do Paul – Paul da Serra → 18 km | Paul da Serra – Lorbeerwald von Fanal → 16 km | Lorbeerwald von Fanal – Ribeira da Janela → 14 km

Wer im Tal angekommen ist, sollte sich nicht nur auf der Terrasse seiner Herberge ausruhen, sondern sich in den Ort aufmachen, denn der Park Quinta do Quinta do Santo da Serra lockt mit wunderbaren Anpflanzungen von Kamelien, die die Wege säumen. Pfauen streifen durch das Grün, das auch Hirschen und Enten ein Zuhause gibt. Am Wochenende verwandelt sich Quinta do Santo da Serra in einen großen Marktplatz; dann bieten Händler dort ihre Waren feil, darunter auch viel Kunsthandwerk wie Korbflechtereien oder Stick- und Klöppelwaren.

Die Baumgrenze steht am nächsten Tag auf dem Programm der Strecke. Dabei fängt der Trail zunächst harmlos im Tal an, windet sich dann aber weiter und weiter hinauf zum Poiso-Pass, der mit seinen 1412 Metern schon fast alpine Züge annimmt. Gute fünf Stunden fordert die Wanderung heute mit einigen Höhenmetern und wunderschön knorrig gewachsener Baumheide, die kleine grüne Tunnel bildet, durch die die Strecke führt.

Berge bleiben auch auf dem nächsten Etappenabschnitt ständige Begleiter, denn der Trail führt nun durchs Zentralmassiv. 1500 Höhenmeter gilt es zu überwinden, die Madeirer haben den Wanderern eigene Tunnel in die Berge gearbeitet, um ihnen das Weiterkommen zu erleichtern. Kaum ist man abgestiegen, geht es schon wieder bergan: eine fordernde Etappe zum Pico Ruivo. Weiter geht es mit Anstrengungen, aber inzwischen dürften die Wanderer sich warmgelaufen haben. Das ist auch nötig, denn die wohl schwerste Etappe steht an. Der Encumeada-Pass will erklommen werden, dabei geht es beständig durch das Hochmassiv und durch grüne Täler. Kleine charmante Dörfer wie Curral das Freiras belohnen die Mühe. Immer wieder schön ist aber das sattgrüne Panorama des Hochmassivs und seiner Täler, insbesondere das Ribeira-Brava-Tal sieht aus Vogelperspektive traumhaft aus. Der nächste Tag steht ebenfalls im Zeichen des Hochmassivs, das sich nun so langsam wieder in eine Ebene verwandelt. Doch auch der erhabenste Platz muss irgendwann verlassen werden, um wieder ins Tal zu gelangen. Auch hier hat Madeira einiges zu bieten. Bekanntestes Naturdenkmal ist wohl der Lorbeerwald, von vielen auch »Feenwald« genannt. Er erstreckt sich rund um das Dorf Fanal und verzaubert mit seinen dicken, bemoosten Stämmen, dem Nebel, der sich zwischen den Bäumen staut und von den Flechten hinuntertropft. Hier heißt es innehalten und lauschen, bevor es zum Endspurt geht. Die letzte Etappe führt über Levadas bis zum Meer. Der Fensterfelsen von Ribeira da Janela ist Ziel der Wanderung und bietet mit dem schwarzen Strand und dem glitzernden Meer die perfekte Kulisse, um das Glück des Angekommenseins voll zu genießen.

*Schmal schlängelt sich der Wanderpfad am Pico do Arieiro.*

*Der höchste Berg der Azoren und Portugals: 2351 Meter hoch ist der Vulkan Pico, der immer wieder seine Insel verwüstet.*

*Lagoa do Fogo, die »Lagune des Feuers«: Das ist eine der berühmtesten Sehenswürdigkeiten der Vulkaninsel São Miguel.*

## Azoren: Pico

**Lage:** Pico ist mit 447 Quadratkilometer Fläche die zweitgrößte Insel der Azoren und berühmt für ihren fruchtbaren vulkanischen Boden. Die Weinbaukultur der Insel gehört zum UNESCO-Welterbe.
**Highlights:** Pico ist einer der besten Orte, um Wale zu beobachten, mit etwas Glück erspäht man hier sogar Blauwale. An einigen Stellen ist es von Mai bis Oktober möglich, mit Delfinen zu schwimmen, wobei hier einige Regeln beachtet werden müssen. Anbieter für Touren findet man in Madalena, Lajes und São Roque.
**Tipps:** Zwischen São Roque, Lajes und Madalena führen zwei Panoramastraßen durch das Inselinnere, vorbei an Kraterseen, Hortensien, Kamelien, Lavafeldern und dem Vulkan Ponta do Pico.

Der höchste Berg Portugals liegt auf einer Insel der Azoren. 2351 Meter misst der Pico, der als Vulkan noch immer Fumarolen in den Himmel spuckt. Wissenschaftler wachen stets über seine Aktivitäten. Er ist im Jahr 1718 das letzte Mal ausgebrochen, und wenn er Lava ausstößt, überzieht sie alles mit ihrer tödlichen Masse. Tiefschwarz bedeckt das Vulkangestein die Insel. Mühsam haben Winzer die Brocken zu Trockensteinmauern gestapelt, um dahinter Wein anzubauen. Das poröse Gestein schützt vor Wind und saugt sich zugleich mit der morgendlichen Feuchtigkeit voll. Verdelho heißt der markante Wein von der zweitgrößten Azoreninsel, der es sogar bis an den russischen Zarenhof geschafft hat. Wer nicht Wein angebaut hat, hat sich bis 1984 beim Walfang verdingt.

## Azoren: São Miguel

**Lage:** São Miguel im Osten des Archipels ist mit rund 745 Quadratkilometer Fläche die größte Insel der Azoren, ein Teil steht unter Naturschutz.
**Highlights:** Im Naturschutzgebiet Lagoa das Sete Cidades im Westen liegen die Zwillingsseen Lagoa Azul und Lagoa Verde in einem riesigen Krater. Den schönsten Blick hat man vom Aussichtspunkt Vista do Reis südlich des Lagoa Verde.
**Tipps:** Von Ribeira Grande aus erreicht man nach rund sechs Kilometern auf der EN5-2A Richtung Kratersee Lagoa do Fogo die Caldeira Velha. Im Becken des schönen Wasserfalls am Vulcão do Fogo kann man im warmen Wasser baden.

Um die Azoren-Hauptinsel São Miguel scharen sich die unbewohnten Felseilande der Formigas und das sonnenverwöhnte Santa Maria, das als einzige Insel der Azoren nicht vulkanischen Ursprungs ist und mit Sandstränden lockt. Auf São Miguel, der »grünen Insel« (»Ilha Verde«), präsentiert sich die Azorenhauptstadt Ponta Delgada als lebhafte Inselmetropole mit sehenswerter Architektur aus der Besiedlungszeit im 15. Jahrhundert und aus der Renaissance, als hier Waren umgeschlagen wurden. Charakteristisch sind die weißen, mit dunklem Lavastein abgesetzten Bauten. Die Landschaft prägen viele erloschene Vulkankrater, in deren Calderas sich Seen gebildet haben. Sprudelnde Thermal- und Schwefelquellen zeugen davon, dass der Vulkanismus auf der Insel keineswegs zur Ruhe gekommen ist.

*Baden kann man im warmen Wasser der Caldeira Velha auf São Miguel.*

*Die Gewässer vor den Küsten der Azoren sind ein Tummelplatz für Pottwale.*

*Corvo*

*Caldeira Funda und Caldeira Rasa, zwei unterschiedlich gefärbte Kraterseen auf Flores.*

### Azoren: Corvo

**Lage:** Corvo, mit 17 Quadratkilometer Fläche die kleinste Insel der Azoren, liegt im äußersten Nordwesten des portugiesischen Archipels. Seit 2007 ist die Insel samt der sie umgebenden Meereszone ein 26 Quadratkilometer großes Biosphärenreservat.
**Highlights:** Corvo wird von einem bis zu 718 Meter hohen Vulkanmassiv dominiert. In den beeindruckenden Krater Caldeirão, dessen Wände teils 300 Meter hoch aufragen, führt von der Inselhauptstadt Vila Nova do Corvo aus ein rund sieben Kilometer langer Asphaltweg.
**Tipps:** Rund um die Insel gibt es interessante Tauchreviere, und man kann Wale beobachten.

---

Wie bunte Flicken schmiegen sich die Felder an die Hänge des Caldeirão do Corvo, bevor der Krater in einem See endet. Die Vulkanerde ist sehr fruchtbar, nicht nur als Weideland für die Rinder; hier wachsen auch Tabak oder Ananas. Wo keine Landwirtschaft ist, gedeiht Baumheide oder Zimbro, der kurzblättrige Wacholder. Wie überall auf den Azoren wird es hier vor allem im Winter lebendig, wenn die Zugvögel aus dem Norden eintreffen. Eine Vogelart ist den Bewohnern der Azoren besonders wichtig: Es ist der Priolo, der nur hier heimisch ist. Wer auf dem Meer unterwegs ist, wird zwischen Pontinha da Areia und Ponta Negra noch sehr gut die alten Lavaströme erkennen, die beim letzten Vulkanausbruch ins Meer geflossen sind. Geformt wurden sie allerdings schon vor 80 000 Jahren.

*Rund 20 Wasserfälle ergießen sich rund um den Lagoa dos Patos auf Flores.*

## Azoren: Flores

**Lage:** Die knapp 142 Quadratkilometer große Insel Flores liegt im äußersten Westen der Azoren. Das Hochland, die Süd- und die Nordostküste stehen unter Naturschutz.

**Highlights:** Ein rund zwölf Kilometer langer Weg führt von Ponta Delgada über Ponta da Fajã nach Fajã Grande. Unterwegs hat man einen schönen Blick auf die Westküste und deren vorgelagerte Inseln, sieht Hortensien und Wasserfälle und kann in Fajã Grande herrlich baden.

**Tipps:** Südlich von Fajazinha ragen an der Westküste die imposanten Basaltsäulen Rocha dos Bordões bis zu 30 Meter hoch auf.

Wer schon Blume heißt, sollte hübsch sein – Flores (deutsch: Blumen) gilt nicht ganz zu Unrecht als die schönste der Azoreninseln. Keine andere der übrigen acht großen Inseln ist üppiger und satter im Grün. Dazu ein Blütenmeer aus vielen Farben: Färberwaid, Hortensien, rote Azorinas, Blumenrohre oder bunte Schwertlilien leuchten am Rand der alten Saumpfade, auf denen Wanderer heute den westlichsten Zipfel Europas durchqueren. Sie führen oft zu den Kraterseen auf der Insel, am Ufer rauschen Wasserfälle an steilen Felswänden in die Tiefe. Grüne Moosteppiche zeugen von der hohen Feuchtigkeit, Flores vereint die höchste Niederschlagsmenge der Azoren, im Winter ist es hier neblig und feucht. Häufige Wetterwechsel erzeugen oftmals herrliche Regenbögen, die sich über das Eiland spannen.

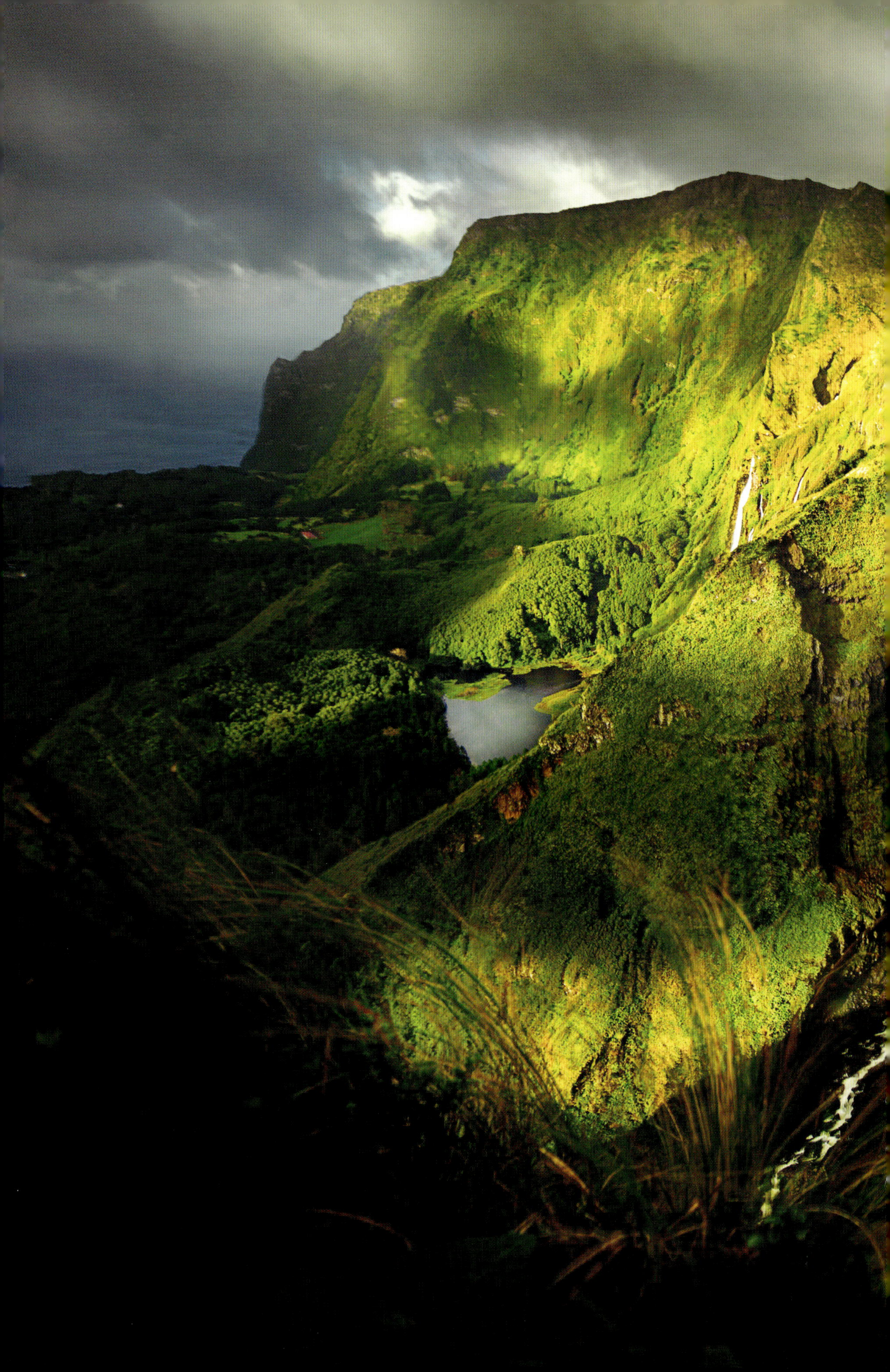

**Flores: Reserva Florestal Natural do Morro Alto e Pico da Sé**

*Die Hochebene mit den Vulkankegeln Morro Alto (911 Meter) und Pico da Sé (721 Meter) und den von den Ribieras da Badanela und da Fazenda tief eingeschnittenen Tälern bildet auf der Insel Flores ein Biotop, das sich deutlich vom blütenreichen Landschaftsbild der »Blumeninsel« unterscheidet. Starke Atlantikwinde und häufige Regenfälle hüllen die beiden Gipfel oft in dichten Nebel. Die hohe Feuchtigkeit bedingt die Bildung von Hochmooren und das Wachstum einer den extremen Klimabedingungen angepassten Flora. Kurzblättriger Wacholder und Torfmoose überziehen die dunkle Vulkanerde mit ihrem tiefen Grün. Der Gipfel des Morro Alto gibt einen fantastischen Aussichtspunkt ab – vorausgesetzt, der Nebel reißt auf. Dann blickt der Wanderer über die gesamte Ilha da Flores und kann in der Ferne sogar noch das Nachbareiland Corvo erspähen.*

*»Europas Gipfel« lautet die Übersetzung von Picos de Europa, die sich bis zu 2648 Meter hoch auftürmen.*

# Spanien

**Rund vier Fünftel der Iberischen Halbinsel nimmt Spanien ein. Die langen Küsten haben es, wie auch seine Inselgruppen Balearen und Kanaren, als Reiseziel so populär gemacht. Dabei sind die Landschaften zwischen dem grünen Norden und dem trocken-heißen Süden sehr abwechslungsreich.**

## INFO *

### SPANIEN
**Fläche:** 504 750 km² (inkl. Balearen und Kanarische Inseln)
**Bevölkerung:** 47,4 Mio. Einwohner
**Hauptstadt:** Madrid (3,3 Mio. Einwohner)
**Höchster Berg:** Teide (Teneriffa, 3715 m)
**Längster Fluss:** Ebro (928 km)

### Nationalpark Islas Atlánticas

**Lage:** Der 2002 eingerichtete Nationalpark umfasst im Nordwesten Spaniens die galicischen Inselgruppen Cíes und Ons sowie Sálvora, Cortegada und einige kleine Inseln – rund 73 Quadratkilometer Meeres- und zwölf Quadratkilometer Landfläche.
**Highlights:** Auf den Inseln Monteagudo und Ons führen Wanderwege durch die einzigartige Insellandschaft mit reicher Vogelpopulation und exzellenten Stränden.
**Tipps:** Der Meeresboden rund um die Inseln zeigt eine hohe Biodiversität mit allein 200 Algenarten. Das Gebiet ist ein beliebtes Tauchrevier, Genehmigungen erhält man über iatlanticas.es und im Nationalparkhaus in Vigo.

Wenn es einen Amazonas unter Wasser gibt, könnte es der Algenwald vor den Atlantikinseln Galiciens sein. Mehr als 200 Algenarten bilden eine einmalige Vielfalt, Braun- und Rotalgen formen tatsächlich wie ein Wald verschiedene Schichten, samt Baumkrone und schattiger Unterzone. Ganz unten siedeln Schnecken, Ringelwürmer oder Gliederfüßler, während sich im Mittelbau Hummer und Seepferdchen tummeln, die wiederum Delfine und Haie herbeilocken. Forscher vermuten, dass auch solche grünen Lungen im Wasser Einfluss auf das Weltklima haben. Doch nicht nur unter Wasser weist das Schutzgebiet Islas Atlánticas de Galicia einen besonderen Wald auf: Auf der Insel Cortega wächst einer der größten Lorbeerwälder Europas. Wanderfalken und Kormorane haben hier ihre Brutplätze gefunden. Auf manchen Inseln ist der Besucherstrom reglementiert.

## Nationalpark Picos de Europa

**Lage:** Der mit über 646 Quadratkilometer Fläche größte Nationalpark Spaniens liegt nahe der Küste in Kantabrien, Asturien und Kastilien-León. Er schützt seit 1918 das Kalksteinmassiv Picos de Europa im Kantabrischen Gebirge.

**Highlights:** Eine spektakuläre, insgesamt rund 13 Kilometer lange Wanderung führt auf der aus dem Fels gesprengten Ruta del Cares von Poncebos durch die Schlucht des Flusses Cares nach Caín.

**Tipps:** In Fuente Dé (1090 Meter) fährt eine Seilbahn auf den Mirador del Cable (1850 Meter) mit schönem Blick auf die Hauptkette der Picos de Europa. An der Bergstation beginnen einige Wanderwege.

Die Picos de Europa sind viel mehr als nur ein mächtiges Gebirge mit 200 Gipfeln, die höher als 2000 Meter hoch aufragen. Für die Spanier sind sie ein Schicksalsort, an dem ihre Geschichte eine dramatische Wende nahm: Im Jahr 722 gelang es dem asturischen König Pelayo, in der Schlacht von Covadonga die maurischen Invasoren zurückzuschlagen. Sie waren 711 auf der Iberischen Halbinsel einmarschiert und hatten sie fast vollständig erobert. Covadonga gilt als Beginn der Reconquista, die 1492 mit der Vertreibung der letzten Mauren aus Granada endete. Daran erinnern die Picos de Europa bis heute jeden Spanier. Nur 20 Kilometer liegen die Picos de Europa von der Küste entfernt. Sie waren das Erste, was die heimkehrenden Seefahrer von Spanien sahen.

*Der Lago de La Ercina spiegelt die Silhouette der Picos.*

*Die Inselgruppe Islas Cíes besteht aus drei Inseln, die aber unbewohnt sind.*

*Auf Spaniens einsamen Atlantikinseln finden Seevögel gute Nistplätze.*

*Schluchten und Felsabstürze, so tief wie Höllenschlunde, sind typisch für den Nationalpark Ordesa y Monte Perdido.*

## Nationalpark Ordesa y Monte Perdido

**Lage:** Der 156 Quadratkilometer große Nationalpark in der Provinz Huesca grenzt im Norden an den Pyrenäen-Nationalpark in Frankreich. Er gehört zum Weltnaturerbe Pyrenäen-Monte Perdido und in Teilen zum Biosphärenreservat Ordesa-Viñamala.

**Highlights:** Felsformationen, Wasserfälle und Blicke auf den 3355 Meter hohen Monte Perdido bietet eine 18 Kilometer lange Wanderung ab der Pradera de Ordesa, Anfahrt über die A135 bis zum Parkplatz Ordesa.

**Tipps:** Ebenfalls Aussicht auf den Monte Perdido hat man auf einer neun Kilometer langen Wanderung auf der Hochebene von Larri. Die Tour beginnt und endet am Parkplatz zwischen KM80/81 an der A2611.

---

Der Monte Perdido ist ein Geisterberg, der zaubern und sich unsichtbar machen kann. Der 3355 Meter hohe Koloss in den Zentralpyrenäen ist in Nordspanien und Südwestfrankreich noch aus Hunderten von Kilometern zu sehen. Doch wenn man sich ihm nähert, verschwindet er urplötzlich und taucht erst in letzter Sekunde wieder auf. »Der verlorene Berg« – einen passenderen Namen konnte man dem Berg nicht geben, der seinerseits dem ältesten Nationalpark der spanischen Pyrenäen seinen Namen gibt. In dieser wilden Gegend findet man nicht nur die tiefsten Schluchten Europas, sondern auch noch viele Pflanzen- und Tierarten, die woanders ausgestorben sind, zum Beispiel den Schmutzgeier. Dieser Greifvogel trägt seinen Namen wohl, weil er seine Nahrung gern aus Müllabfällen klaubt oder sein Nest mit diversen zivilisatorischen Fundstücken ziert.

*Der Bartgeier, auch bekannt als Lämmergeier, ist ein majestätischer Greifvogel.*

*Mallos: Wie aus dem Nichts wachsen feuerrote Felsen senkrecht aus dem Boden.*

## Nationalpark Mallos de Riglos

**Lage:** Die Mallos de Riglos sind bis zu 300 Meter hohe Felsformationen aus Konglomeratgestein, die in den Vorbergen der Pyrenäen im Nordosten Spaniens in der Comarca Hoya de Huesca in Aragonien aufragen.

**Highlights:** Besonders beeindruckend sind die Mallos direkt hinter dem Dorf Riglos, dort kann man zudem an den Steilwänden eine der größten Gänsegeierkolonien Europas beobachten. Den Aussichtspunkt erreicht man über einen Weg von Linás de Marcuello aus, vorbei an der Burg von Marcuello. In Riglos informiert das Zentrum ARCAZ über die faszinierenden Vögel.

**Tipps:** Die Felsen sind ein beliebtes Klettergebiet, Informationen vor Ort erhält man im Refugio de Riglos in Riglos, refugioderiglos.es

---

Man muss sie bei Sonnenuntergang sehen, am besten im Sommer, wenn die Hitze über dem Vorland der Pyrenäen flimmert und die Gänsegeier wie stumme Himmelsherrscher hoch über Aragonien kreisen. Dann wirkt dieses Naturwunder noch unwirklicher, noch unglaublicher. Denn dann scheinen die roten Steine wie Scheinwerfer zu leuchten und die Mallos de Riglos von innen zu glühen, als wollten sie mit dem Uluru in Australien um die Wette strahlen. Wie eine Geistererscheinung steigen diese steinernen Monolithen in der Provinz Huesca 300 Meter senkrecht aus der Erde, feuerrot wegen des hohen Anteils an Eisen und Ton im Stein, von der Erosion in Jahrtausenden zu gigantischen Skulpturen modelliert. Doch nicht nur stille Betrachter ziehen die Mallos de Riglos in ihren Bann, auch Extremkletterer finden in den steilen Wänden ihr Eldorado.

Spanien

WANDERUNG

*Die Route führt durch beeindruckende Berglandschaften, tiefe Täler, charmante Dörfer und historische Stätten.*

## Durch die Pyrenäen auf dem Gran Bucle

**Stille, schroffe Gipfel, klares Licht und tiefblaue Bergseen – wer die Pyrenäen entdecken möchte, trifft mit dem Gran Bucle eine gute Wahl. Der »große Ring«, wie der Name übersetzt heißt, führt nahe der Grenze zu Frankreich durch eine außergewöhnlich schöne Berggegend. Zudem streift sie die höchsten Gipfel der Bergkette.**

Umgeben von 2000 Meter hohen Gipfeln, schmiegen sich die hellen Dorfhäuser an die Hänge. Val d'Aran ist das einzige katalanische Tal, das sich zum Atlantik und nicht zum Mittelmeer öffnet. Diese Besonderheit hat eine ganz eigene Sprachfärbung geschaffen. Wie kein anderes Tal der Gegend zeigt sich dort der französische Einfluss auch in Küche und Kultur. Über Jahrhunderte sind ganz besondere Völkchen über diese Bergpässe gewandert: Schmuggler mit ihrer Hehlerware, Soldaten, Hirten, Händler oder auch Pilger. Sie alle brachten eigene Einflüsse mit und hinterließen ihre Legenden. So treffen Besucher in Vielha auf eine reiche Sagenwelt. Omnipräsent scheint dort die Geschichte vom Riesen Mandronius, der laut Legende das Tal einst von den römischen Besatzern befreit haben soll. Nicht nur seine Erscheinung war beeindruckend, sondern auch seine Verteidigungstaktik, denn er soll Cäsar abgeschnittene Ohren der Legionäre nach Rom geschickt haben.

Die erste Etappe führt über 22 Kilometer durch kleine Dörfer bis nach Bossòst. Beeindruckend sind dabei die Panoramablicke auf die höchsten Gipfel der Gegend, den Aneto mit seinen 3404 Metern und den Maladeta mit 3308 Metern. In Bossòst lockt die Marienkirche aus dem 12. Jahrhundert. Am nächsten Tag führt die zweite Etappe durch die weite Ebene des Tals von Toran. Höhepunkt ist dabei die Einsamkeit rund um die Berghütte Refugio de la Honeria auf 1015 Meter und der Blick auf die Gipfel ringsum. Dort heißt es, am besten Kräfte zu sammeln und sich mental auf den nächsten Tag vorzubereiten, denn er gilt als einer der schwierigsten des Trails. Allein die Strecke von 25 Kilometern ist lang, hinzu kommt der große Höhenunterschied: Mehr als 2000 Höhenmeter stehen auf dem Programm. Davon sollten sich die Wanderer nicht abschrecken lassen, denn

# GRAN BUCLE

> **Routensteckbrief:**
> **Distanz:** 132 km | **Dauer:** 7–9 Tage | **Höhenmeter:** 6500 m
> **Stationen:** Vielha – Bossost → 22 km | Bossost – Berghütte Refugio de la Honeria → 16,5 km | Berghütte Refugio de la Honeria – Bagergue → 25 km | Val de Ruda – Sant Mauric → 13,5 km | Sant Maurici – Boí → 19,5 km | Boí – Berghütte Refugio de Conangles → 19 km | Berghütte Refugio de Conangles – Vielha → 16,5 km

dieses Stück Strecke gehört zugleich zu den schönsten des Weges. Die saftigen Wälder wirken wie verzaubert, mit dem Moos und den Flechten an den Stämmen, die von der sauberen Luft zeugen. Wasserfälle und smaragdgrüne Bergseen bieten immer wieder willkommene Erfrischungsmöglichkeiten für die geschundenen Wandererfüße. Wem diese Anstrengung zu groß ist, der greift auf das Bergtaxi zurück, das Wanderer zur nächsten Hütte bringt. Bei manchen Tourenanbietern ist diese Variante auch im Plan enthalten. Auf jeden Fall sollten Anfänger und nicht gut durchtrainierte Wanderer mit dieser Möglichkeit liebäugeln. Höhepunkte der Etappe sind die Garganta de Ermer (Ermer-Schlucht), der Bosque de Grauers (Grauers-Wald) und der Lago de Liat (Liat-See). Beim Abstieg überqueren die Wanderer auch den Río Rojo, dessen rote Farbe von dem Erz stammt, das seine Fluten durch die Berge spült.

Am nächsten Tag steht der Anstieg bis zur Hütte Refugio de Saboredo durch das Val de Ruda an. Der Weg schlängelt sich durch den Nationalpark Aigüestortes i Estany de St. Maurici entlang traumhafter Seen. Beim Abstieg fällt schließlich der Blick auf den wohl schönsten See, den Sant Maurici, der eine perfekte Kulisse zu den Els-Encantats-Bergen bildet, die wie zwei Nadeln aus der Landschaft ragen. Wie auf der gesamten Strecke gilt auch hier: Nicht trainierte Wanderer lassen sich Teile der Strecke vom Bergtaxi fahren und überbrücken damit auch landschaftlich nicht so reizvolle Passagen der Tour, ohne zu übermüden.

Am nächsten Tag startet in Sant Maurici wiederum eine der Bilderbuchpassagen der Strecke: Überquert wird heute der El Portarro d'Espot mit seinen 2427 Metern. Nach der Überquerung tauchen die Wanderer ein in ein Gebiet mit mäandernden Flüssen, die sich durch die satten Wiesen schlängeln. Dazu rauschen Wasserfälle in die Tiefe und bieten mit ihrem Sprühschleier etwas Abkühlung. Vom Llebreta-See aus ist es nicht mehr weit bis zum Dorf Boí. Dort sollten die Wanderer sich unbedingt noch Kraft für einen Rundgang reservieren, denn das Dorf ist bekannt für seine romanischen Kirchen, die UNESCO-Weltkulturerbe sind. Vor allem die Kirche Santa Eulalia mit ihrem 23 Meter hohen, sechsstöckigen Glockenturm ist einen Blick wert.

Über ganz alte Pfade, auf denen einst Hirten und Händler gewandert sind, führt die nächste Etappe durch saftige Buchenwälder. An der Nordseite der Pyrenäen geht es schließlich zurück nach Vielha, zum Ausgangspunkt der Wanderung.

*Maladeta-Massiv mit dem Pico de Aneto, dem höchsten Gipfel der Pyrenäen.*

*Granitkugel im Nationalpark Aigüestortes i Estany de St. Maurici.*

Spanien

*Die Windströmung Cierzo ist verantwortlich für Erosion, die die einzigartigen Landschaften der Bardenas Reales schuf.*

*Vom Salto del Gitano im Nationalpark Monfragüe lassen sich die über dem Tajo kreisenden Aasgeier gut beobachten.*

## Naturpark Bardenas Reales

**Lage:** Der 425 Quadratkilometer große Naturpark im Norden Spaniens in der Provinz Navarra schützt ein Halbwüstengebiet mit einer reichen Tierwelt. Seit 2000 ist er UNESCO-Biosphärenreservat.

**Highlights:** Die trockenen Bardenas Reales erinnern teils an eine Mondlandschaft mit bizarren Formationen aus Lehm, Kalk und Sandstein. Sie können zu Fuß, per Pferd, Fahrrad oder Geländewagen erkundet werden. Die markantesten Gebiete liegen in der zentralen Weißen Bardena. Die berühmtesten Formationen sind Castildetierra und Pisquerra.

**Tipps:** Besonders lohnend sind geführte Touren, die etwa Möglichkeiten zum Beobachten von Vögeln geben. Professionelle Führungen bietet u. a. Guías Bardenas Reales unter turismobardenas.com.

---

Im 15. Jahrhundert gab es in Spanien mehrere Könige, legitime wie die Monarchen von Kastilien und selbst ernannte wie den grausamen Sanchicorrota, der sich zum König der Bardenas Reales aufschwang. Mit seiner Räuberbande hauste er in dieser lebensfeindlichen Gegend im Süden Navarras und terrorisierte Klöster, Dörfer, Städte ringsum. Einem echten König, Juan II. von Aragonien, platzte 1452 der Kragen. Er blies zur Hetzjagd auf Sanchicorrota, trieb ihn in den Bardenas in die Enge, konnte ihn aber nicht gefangen nehmen, weil sich der Bandit mit seinem Messer selbst entleibte. Doch die Bardenas sind eine der grandiosesten Landschaften Spaniens: ein Mosaik ständig wechselnder Topografien, mal Mondlandschaft voller Schluchten und Krater, dann wieder Ödnis im prachtvollsten Ocker und im nächsten Augenblick Steppe, Savanne oder Wadi.

## Nationalpark Monfragüe

**Lage:** Der rund 181 Quadratkilometer große Nationalpark wurde 1979 als Naturpark gegründet, ist seit 2003 ein UNESCO-Biosphärenreservat und seit 2011 eine UNESCO-Starlight-Reserve. Er umfasst im Südosten Spaniens eine bergige mediterrane Landschaft mit Stein- und Korkeichenwäldern sowie Mattoral (Buschland) und ist berühmt für seine artenreiche Vogelwelt.

**Highlights:** Der Park kann zu Fuß, per Fahrrad und Kajak erkundet werden, ein Höhepunkt ist der Blick von den Aussichtspunkten am Tajo auf die Uferfelsen, in denen Mönchs- und Schmutzgeier nisten.

**Tipps:** Ornithologische Führungen sowie Ausflüge zu den steinzeitlichen Höhlenmalereien kann man im Nationalparkbüro buchen.

---

*Steineichenwälder umstehen den Tajo im Nationalpark Monfragüe.*

Es ist ein atemberaubender Anblick, wenn die Geier zu fliegen beginnen. Am besten steht man dann am Aussichtspunkt Portilla del Tiétar an der Mündung des Tiétar in den Tajo und folgt stumm dem unglaublichen Schauspiel, das sich einem hier, im Nationalpark in der Extremadura, bietet: Dutzende riesenhafter Greifvögel kreisen stundenlang mit müheloser Eleganz über der Schlucht des Flusses. Die Vielfalt an Vögeln ist in Monfragüe enorm. Die größte Kolonie an Mönchsgeiern in Europa nistet hier, Giganten der Lüfte mit drei Meter Flügelspannweite. Aber auch die letzten Spanischen Kaiseradler findet man in diesem Schutzgebiet in der Provinz Cáceres. Ihnen leisten Schwarzstörche, Uhus, Wanderfalken, Steinadler und Schmutzgeier Gesellschaft, dazu Milane, Turmfalken, Kraniche, Reiher und Blauelster.

*Wunderschöne Panoramablicke ergeben sich von den Spitzen des 80 Kilometer langen Gebirgszuges aus.*

*Der selten gewordene Spanische Kaiseradler hat in der Sierra de Guadarrama sein Revier.*

## Nationalpark Sierra de Guadarrama

**Lage:** Der 334 Quadratkilometer große Nationalpark wurde 2013 gegründet. Er erstreckt sich in Zentralspanien in den Provinzen Madrid und Segovia in der Gebirgsregion der rund 80 Kilometer langen Sierra de Guadarrama.

**Highlights:** Vom Nationalparkhaus in Puerto de los Cotos führt eine drei- bis vierstündige Wanderung auf den Peñalara, mit 2428 Metern der höchste Gipfel der Sierra de Guadarrama.

**Tipps:** Pflanzenfreunde entdecken auf einer schönen, rund zweistündigen Wanderung von Canencia zum Aussichtspunkt Chorrera de Mojonovalle eine vielfältige Vegetation mit u. a. Kiefern, Douglasien, Espen, Birken, Ginster und Wacholder.

Nördlich von Madrid steigt die Sierra de Guadarrama als gebirgige Landschaft auf 2430 Meter an. In den sanft abfallenden Granitfelsen entspringt der Manzanares, der sich später durch die spanische Hauptstadt schlängelt. Der Gebirgszug entstand vor 65,5 Millionen Jahren, als zwei tektonische Platten aufeinanderdrifteten und ist somit älter als der Himalaya. Die Granitformation gilt als die größte in ganz Europa und bringt etwa bei La Pedriza seltene Phänomene hervor, etwa rosa schimmernde Felsen. Vor allem im Mittelalter galt der Gebirgszug als natürliche Barriere zwischen dem christlichen Norden und dem muslimischen Süden Spaniens. Burgen und alte Ruinen zeugen heute noch davon. Zwischen den Kiefernwäldern und Steineichen hat sich die Geburtshelferkröte ein Refugium gesucht.

# Gänsegeier

Der Name täuscht: Diese monumentalen Vögel geben sich bei Weitem nicht mit Gänsen als Nahrung zufrieden. Sie machen sich über verendete Schafe und Ziegen her, selbst Rinder und Pferde sind ihnen nicht zu groß. Und sie haben die sprichwörtliche gierige Geduld bei der Nahrungssuche. Frühmorgens fliegen sie los, kreisen stundenlang am Himmel, entfernen sich dabei bis zu 60 Kilometer von ihrem Nest, suchen den Boden nach Aas und den Himmel nach anderen lauernden Vögeln ab. Scheinbar mühelos gleiten sie dabei durch die Lüfte, keine Kraft scheint sie das Kreisen zu kosten, nur ab und zu schlagen sie kurz mit den Flügeln – ein majestätischer Augenblick. Mit ebensolcher Geschicklichkeit und Grazie gehen sie beim Nestbau vor. Am liebsten legen sie ihre Brutstätten an steilen Felsen, in Schluchten und auf hohen Klippen an.

*An den Ausläufern der Sierra de Gredos wachsen Pflanzen, die sonst nur in mediterranen Zonen vorkommen.*

*Im östlichen Teil der Sierra liegt das Valle de Iruelas mit seinen Wildbächen und großem Waldbestand.*

## Sierra de Gredos

**Lage:** Die Sierra de Gredos ist eine Bergkette im Kastilischen Scheidegebirge in Kastilien und León. Sie gehört größtenteils zum 864 Quadratkilometer großen Regionalpark Sierra de Gredos.

**Highlights:** Oberhalb von Hoyos del Espino beginnt beim Parkplatz (Plataforma, 1780 Meter) eine insgesamt sechsstündige Wanderung zum Bergsee Laguna Grande unterhalb des höchsten Gipfels Almanzor (2592 Meter).

**Tipps:** Von Cuevas del Valle (842 Meter) an der N502 führt eine hervorragend erhaltene Römerstraße aus dem 2. Jahrhundert v. Chr. zum Puerto del Pico (1391 Meter). Bergauf dauert die Tour rund 2,5 Stunden.

Jahrhundertelang waren die Kastilier nicht nur Weltenherrscher, sondern auch Schafhirten. Doch immer im Winter mussten sie die Meseta, das Hochland im Herzen ihrer Heimat, verlassen, weil es kahlgefressen und zudem bitterkalt war. Tausende Hirten zogen mit Hunderttausenden Schafen über die Sierra de Gredos in den Süden und sangen dabei Lieder von herzzerreißender Traurigkeit. Auf den Pässen blickten sie noch einmal zurück, bevor sie die Einsamkeit des Winters gefangen nahm. Die Sierra de Gredos war aber auch ihr Trost. Denn im Frühjahr wurde sie zum Tor der glücklichen Rückkehr. 2500 Meter hohe Zackengipfel und tiefe, dunkle Schluchten wie die Garganta de los Infiernos, der Höllenschlund, prägen das Bild der Sierra de Gredos.

# Iberische Steinböcke

Am 6. Januar 2000 starb der letzte Pyrenäen-Steinbock. Damit war die zweite Unterart des Iberischen Steinbocks ausgerottet, nachdem der Portugiesische Steinbock schon 1890 verschwunden war. Das sollte kein zweites Mal geschehen. Deswegen genießen die beiden verbliebenen Unterarten auf der Iberischen Halbinsel heute den höchsten Schutz: die *Capra hispanica*, deren Bestand etwa 8000 Tiere zählt, und der Gredos-Steinbock, der 1905 bis auf ein Dutzend Tiere ausgerottet war und sich nun wieder auf eine Population von 3500 Exemplaren erholt hat. Der Bestand dieser Steinböcke scheint nun also einigermaßen gesichert. Äußerlich ähnelt der Iberiensteinbock stark seinem nahen Verwandten aus den Alpen. Das markanteste Unterscheidungsmerkmal ist die Form der Hörner, die beim spanischen Bock stärker gekrümmt sind.

*Der permanent in Doñana lebende Iberische Luchs hat eine geschützte Heimat.*

*Der Perleidechse gefällt das südspanische Klima besonders.*

## Nationalpark Doñana

**Lage:** Der knapp 543 Quadratkilometer große Nationalpark liegt am rechten Ufer des Guadalquivir in dessen Ästuar am Atlantischen Ozean im Südwesten Spaniens. Das zugehörige Biosphärenreservat gehört zum UNESCO-Weltnaturerbe.

**Highlights:** Am Besucherzentrum El Acebuche bei Matalascañas starten mehrmals täglich rund 70 Kilometer lange, vierstündige Geländewagentouren durch die unterschiedlichen Habitate des Gebiets und zu ihren Tierwelten.

**Tipps:** Sanlucar de Barrameda ist Ausgangspunkt für dreistündige Bootsfahrten auf dem Guadalquivir in das Nationalparkgebiet, visitas donana.com

---

Eine grandiose Ödnis, die jede Sehnsucht nach Einsamkeit stillt: Im Doñana-Nationalpark an der andalusischen Atlantikküste muss man sie sich allerdings mit Millionen von Tieren teilen. Denn die Fernreise ist keine Erfindung des Menschen, der erst seit Jahrzehnten massenhaft Kontinente wechselt. In der Natur macht man das schon seit Jahrtausenden, und bis heute ist der Vogelflug eines der erstaunlichsten Phänomene der Tierwelt – eine Meisterleistung an Organisation, Orientierung und Krafteinteilung, die Millionen Zugvögel Jahr für Jahr vollbringen. Ihr wichtigster Großflughafen im westlichen Europa und einer der wichtigsten Brutplätze weltweit ist der Doñana-Nationalpark im Mündungsdelta des Guadalquivir, des größten Flusses in Andalusien, in diesem riesigen Feuchtgebiet voller Dünen und Strandhafer, Schirmkiefern und Wacholder.

*Am imposantesten ist Mallorca in der Serra de Tramuntana, die viele Wanderwege durchziehen.*

## Mallorca: Serra de Tramuntana

**Lage:** Der rund 90 Kilometer lange Gebirgszug erstreckt sich im Nordwesten Mallorcas über ein mehr als 1060 Quadratkilometer großes Gebiet. Seit 2011 gehört die bis zu 1445 Meter hohe Serra de Tramuntana als Kulturlandschaft zum Welterbe.

**Highlights:** Durch die Region führt der teils noch in Planung befindliche Fernwanderweg GR221 über eine Distanz von rund 150 Kilometern von Port d'Andratx nach Pollença. Die »Trockenmauerroute« folgt teils historischen Pfaden parallel zu den alten Trockenmauern der Region.

**Tipps:** Von der Plaza d'Espanya in Palma fährt die Schmalspurbahn Tren de Sóller über die zur Serra de Tramuntana gehörende Serra d'Alfàbia nach Sóller, trendesoller.com

Die »Königin im Mittelmeer«, wie Mallorca auch genannt wird, bietet mehr als nur schöne Strände. So zieht die Kulturlandschaft der Serra de Tramuntana schon seit mehr als 150 Jahren auch viele Künstler magisch an. »Diese Landschaft macht stumm. Alles, was der Maler oder Dichter erträumen kann, hat die Natur an diesem Ort erschaffen«, schrieb einst George Sand anlässlich ihres Aufenthalts mit Frédéric Chopin im Kloster von Valldemosa. Die Serra de Tramuntana (spanisch: Sierra del Norte) ist ein zum Meer hin steil in malerische Buchten abfallendes Waldgebirge mit dem 1443 Meter hohen Puig Major als höchster Erhebung, bizarren Felsengärten, idyllischen Dörfern und wilden Schluchten. Zeugnisse einer jahrtausendealten Besiedlung sowie ein ausgeklügeltes System zur Nutzung von Wasserressourcen.

**Nationalpark Doñana**
*Je nach Jahreszeit lassen sich in diesem riesigen Naturparadies unzählige verschiedene Vogelarten beobachten. Die ausgedehnten Feuchtgebiete, vor allem die »marismas« (zeitweise überschwemmte Gebiete), und die Wanderdünen des Doñana-Nationalparks dienen einerseits als Brut- und Rastplatz, andererseits als Winterquartier. Die beeindruckenden Vogelwanderungen, die sich im Frühling und Herbst beobachten lassen, rauben Naturliebhabern den Atem. Zu den farblich auffälligsten Gästen im Nationalpark gehört der Bienenfresser.*

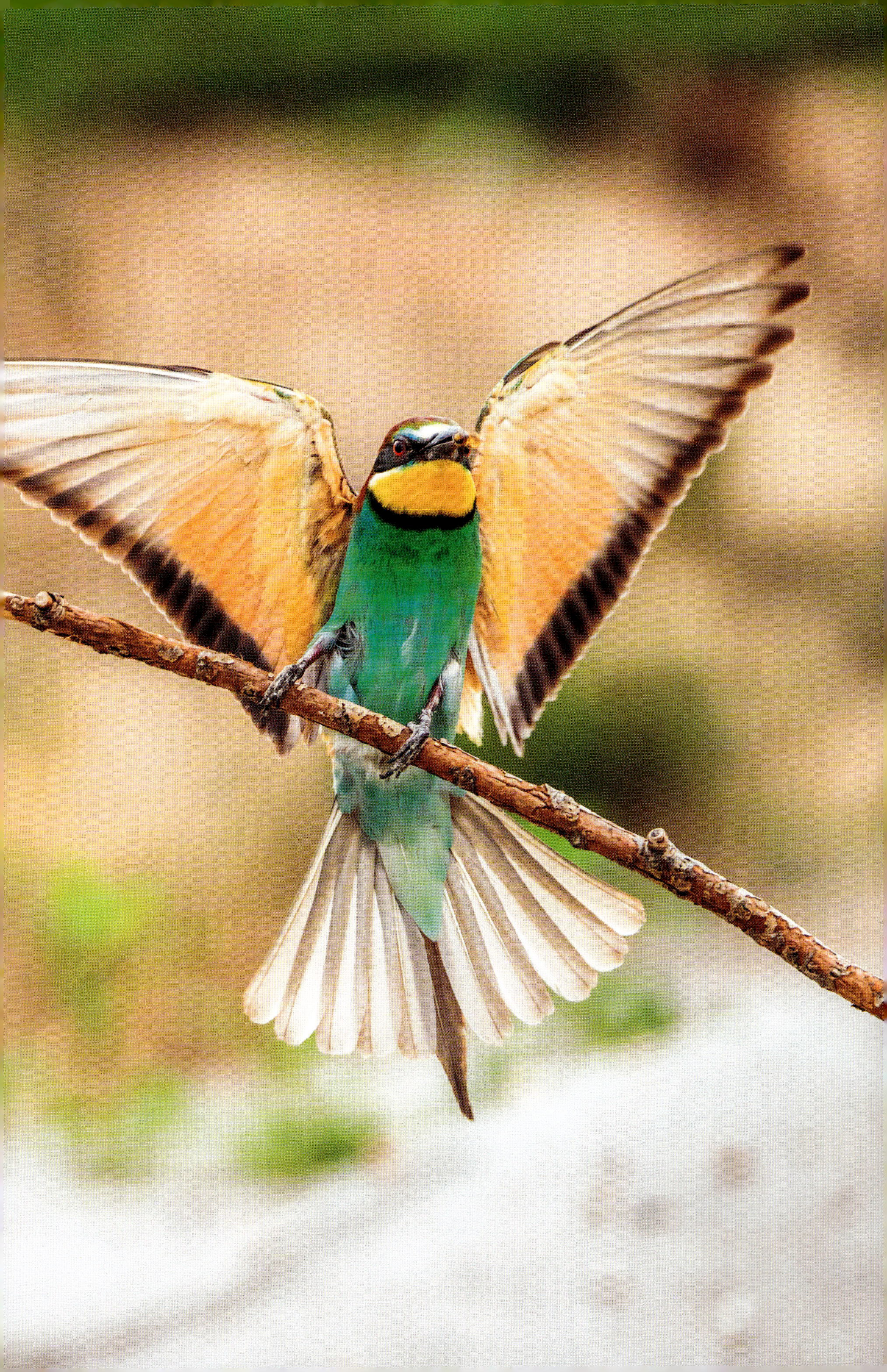

*Der höchste Berg Spaniens, so entrückt und ganz für sich, als sei er nicht von dieser Welt: der Teide auf Teneriffa.*

*Je nach Tageszeit und Lichtverhältnissen leuchten die Feuerberge von Timanfaya in unterschiedlichen Farbstimmungen.*

## Teneriffa: Nationalpark Teide

**Lage:** Der Nationalpark besteht aus der Kraterregion Las Cañadas und dem Gipfel Pico del Teide (3718 Meter) auf Teneriffa. Er erstreckt sich von einer Meereshöhe von 1650 Meter bis zum Gipfel des Teide, des höchsten Bergs Spaniens, über eine Fläche von 190 Quadratkilometern. 2007 wurde er zum Welterbe erklärt.

**Highlights:** Mit einer Seilbahn kann man von der Kraterhochebene bis zur Bergstation knapp unterhalb des Teide-Gipfels (3555 Meter) fahren.

**Tipps:** Bei einer Fahrt auf der Straße TF21 hat man Ausblicke auf die bizarren Felsformationen der Kraterregion, z. B. auf Los Roques de Garcia.

*Die Tajinaste blüht rund um den Teide.*

»Der Anblick dieses Berges ist nicht allein wegen seiner imposanten Masse anziehend. Er beschäftigt auch lebhaft den Geist und lässt uns über die geheimnisvollen Quellen der vulkanischen Kräfte nachdenken.« Diese Worte schrieb Alexander von Humboldt über den Teide, den alles überragenden Berg Teneriffas, den höchsten Berg auf spanischem Staatsgebiet und den dritthöchsten Inselvulkan der Erde. Wie ein unumschränkter Herrscher thront der Koloss über der größten Kanareninsel, aber auch als ein »harmonisches Gemälde« aus Stein, Himmel und Grün, wie Humboldt befand. Im Sommer 1799 bestieg Humboldt den Teide und genoss den Blick über den Atlantik und alle sieben Kanareninsel. Heutzutage braucht man eine Genehmigung zur Besteigung – vielleicht genießt man auch einfach von unten den Anblick und die öde Landschaft.

## Lanzarote: Nationalpark Timanfaya

**Lage:** Der gut 50 Quadratkilometer große Nationalpark wurde 1974 gegründet. Er umfasst im Westen der Kanarischen Insel Lanzarote die 32 Vulkankegel der »Feuerberge« Montañas del Fuego, eine bizarre Landschaft aus Lava, Bergen und Kraterlöchern, die durch massive Eruptionen von 1730 bis 1736 sowie 1824 entstanden sind.

**Highlights:** Den Nationalpark kann man nicht auf eigene Faust erkunden, ein Höhepunkt sind deshalb die geführten Wanderungen, die über das Besucherzentrum Islote de Hilario organisiert werden.

**Tipps:** Wer keine geführte Wanderung unternehmen möchte, kann vom Besucherzentrum aus mit einem Panoramabus rund 30 Minuten auf der Ruta de Vulcanos durch das Gebiet fahren.

Don Andrés Lorenzo Curbelo, Pfarrer im Dorf Yaiza im Südwesten von Lanzarote, wurde im September 1730 Augenzeuge eines Höllenspektakels, das seine Insel für immer verändern sollte: »Plötzlich öffnete sich die Erde bei Timanfaya. Ein gewaltiger Berg bildete sich bereits in der ersten Nacht, und Flammen schossen aus seinem Gipfel. Wenige Tage später brach ein neuer Schlund auf, und der Lavastrom ergoss sich über Timanfaya.« Was Don Andrés zu diesem Zeitpunkt nicht ahnen konnte, war die Dimension dieses Vulkanausbruchs: Sechs Jahre lang spuckte die Erde ihr Innerstes nach außen, unvorstellbare acht Millionen Kubikmeter Lava ergoss sie über Lanzarote – die größte Menge, die jemals Vulkane ausgespien haben. Und bis heute ist die Erde hier heiß und von Lava und Kratern geprägt. Auch einige Strände sind schwarz.

Spanien 247

## Fuerteventura: Nationalpark Caldera de Gairía

**Lage:** Das 2,41 Quadratkilometer große Naturschutzgebiet wurde 1994 gegründet. Es liegt im Zentrum der Kanareninsel Fuerteventura auf dem Gebiet der Gemeinden Antigua und Tuineje und umfasst die zwischen 185 und 462 Meter hoch gelegene Caldera eines erloschenen Vulkans.

**Highlights:** Von Tiscamanita aus führt eine rund vier Kilometer lange Wanderung in die Caldera de Gairía. Dort kann man die faszinierende Vulkanlandschaft erkunden.

**Tipps:** Im Naturschutzgebiet sind seltene Schmutzgeier zu sehen, die auf den Kanarischen Inseln nur noch auf Fuerteventura und Lanzarote vorkommen.

---

Mit ihren flaschenbürstenförmigen Blütenständen und den lanzenförmigen Blättern sieht sie fast ein wenig unspektakulär aus. Doch diese Sukkulenten, die am Fuße des Vulkankegels blühen, gehören zu den Trendpflanzen der vergangenen Jahre. Aloe vera scheint fast zum Allheilmittel für viele Leiden geworden zu sein. Zwischen den Blüten summen nicht nur Bienen, mit Glück lassen sich auch Vögel beobachten. Etwa der Nymphensittich oder die Weißbartgrasmücke. Es lohnt sich, hier schon genau hinzuschauen, denn der erste Eindruck der kahlen Mondlandschaft täuscht. Die Naturwunder zeigen sich eher im Verborgenen als seltene Flechten oder Insekten. Mit etwas Glück stolziert auch ein Kronenkranich durch das Gelände. Auf jeden Fall treffen Wanderer aber Ziegen und Kamele.

## La Palma: Nationalpark Caldera de Taburiente

**Lage:** Der 47 Quadratkilometer große Nationalpark (gegründet 1954) umfasst die zentrale, zwischen 430 und 2426 Metern hoch gelegene Caldera de Taburiente der Kanareninsel La Palma. Der acht Kilometer breite Kessel ist von Schluchten durchzogen und mit Kiefern bedeckt.

**Highlights:** Eine lohnende, rund 15 Kilometer lange Wanderroute führt von Los Brecitos durch das Bachbett Barranco de las Angustias hinunter in die Caldera. Entlang des Baches Rio de Taburiente gelangt man zum Wasserfall Cascada de Fondada, der über eine farbige Felswand rauscht.

**Tipps:** Am Nordrand des Parks ist das unweit der Landstraße LP-4 und rund 2400 Meter hoch gelegene Observatorium Roque de los Muchachos unbedingt einen Besuch wert.

---

Wer nach dem Verbindungsstück zwischen Himmel und Erde gesucht hat, wird auf La Palma fündig. Wie eine menschliche Skulptur ragt Roque Idafe 100 Meter aus der Landschaft. Der Basaltmonolith gilt als letzter Rest eines einstigen Vulkankegels. Das wussten die Ureinwohner der Insel vermutlich aber nicht, als sie ihm Opfergaben brachten. Schon vor 2000 Jahren hatten sie Angst, dass seine kopfförmige Spitze abbrechen und hinunterkullern könnte. Er ist nicht das einzige Naturschauspiel in diesem Nationalpark. Ein Stück weiter unterhalb des Felsens beeindrucken die Cascada de Colores mit ihrer Farbenpracht. Die Wasserfälle haben nicht nur Rillen in die Felsen geschliffen, sondern auch verschiedene bunte Gesteinsschichten freigelegt.

*Wind und Witterung haben dem einst perfekt geformten Vulkankegel Gairía zugesetzt und seine Spitze abgetragen.*

*Im Zentrum La Palmas hat sich eine besondere Landschaftsform im Kraterkessel gebildet.*

*Cascada de Colores auf La Palma: Wasserfälle, die von orange bis knallgelb mit moosgrünen Akzenten schimmern.*

*Wasserfälle sind wertvolle Feuchtigkeitsspender auf Gran Canaria.*

*Tamadaba, der letzte große Wald Gran Canarias, wirkt sehr mystisch.*

## Gran Canaria: Naturpark Tamadaba

**Lage:** Der 75 Quadratkilometer große Naturpark im Norden der Insel Gran Canaria schützt das Gebiet des Gebirgsstocks Tamadaba, der am 1444 Meter hohen Pico de Bandera seinen höchsten Punkt erreicht.

**Highlights:** Eine Besonderheit sind die Wälder mit kanarischen Kiefern, allen voran der Pinar de Tamadaba. Der schöne Kiefernwald ist ein Rückzugsgebiet für endemische Vögel wie den Gran-Canaria-Buntspecht und deshalb zum Vogelschutzgebiet erklärt worden. Wer bei der Wiederaufforstung des Gebiets helfen möchte, wendet sich an Foresta, fundacionforesta.org.

**Tipps:** Ein schöner Wanderweg führt von Agaete in Tamadaba nach Artenara und zu einem Picknickplatz. Von dort reicht der Blick bis zum Teide auf Teneriffa.

---

Es duftet würzig und frisch nach Pinien – im Nordwesten Gran Canarias hat sich einer der letzten Kiefernwälder der Insel erhalten. War Gran Canaria einst urwaldgleich von Wald überzogen, ist von der grünen Lunge nicht mehr viel erhalten geblieben. Der Pinar de Tamadaba ist der letzte große Wald der Insel, alle anderen sind dem holzhungrigen Schiffbau zum Opfer gefallen. Zwischen den Bäumen wachsen nicht nur Zistrose und Wolfsmilch, auch eigentümliche Felsformationen sind zu sehen, etwa der Dedo de Dios – der steil aufragende Finger Gottes. Die Kiefern auf den besonders im Sommer waldbrandgefährdeten Kanarischen Inseln haben eine Besonderheit: Fegt eine Feuersbrunst über sie hinweg, schlagen sie dennoch anschließend wieder aus. Ranger hüten die Landschaft in den heißesten Monaten.

*»Lieblicher Säuselwind«: So nannte Homer den Passat, der La Gomera verschwenderisch mit Feuchtigkeit versorgt.*

## La Gomera: Nationalpark Garajonay

**Lage:** Der knapp 40 Quadratkilometer große Nationalpark wurde 1981 gegründet und gehört seit 1986 zum Weltnaturerbe. Er schützt die zentrale Hochfläche der Insel La Gomera mit dem 1487 Meter hohen Garajonay und dichtem, artenreichem Nebel- bzw. Lorbeerwald.

**Highlights:** Das Gebiet kann zu Fuß auf Wanderwegen erkundet werden. Eine schöne, knapp neun Kilometer lange Wanderung führt im Westen von El Cedro durch dichten Lorbeerwald bis hinauf auf den Garajonay. Oben genießt man eine grandiose Aussicht.

**Tipps:** Im Besucherzentrum Juego de Bolas in der Nähe von La Palmita an der Nordseite des Parks kann man in einem botanischen Garten die Pflanzen der Region kennenlernen.

---

Es war einmal eine wunderschöne Prinzessin, die Gara hieß, auf La Gomera lebte und den bettelarmen Bauernsohn Jonay aus Teneriffa liebte. Doch Glück war den beiden nicht beschieden. Ihre Liebe sei eine Sünde, sagte man ihnen, und als auf Teneriffa der gewaltige Vulkan Teide ausbrach, sahen die Menschen darin eine Strafe Gottes für die unstatthafte Verbindung. Also flohen Gara und Jonay in die Lorbeerwälder im Hochland von La Gomera und brachten sich gegenseitig mit selbst geschnitzten Lorbeerlanzen um. Das ist die traurige Geschichte von Garajonay, die wunderbar in diesen Zauberwald im Herzen von La Gomera passt. Dank der Passatwinde, die sich an den Bergflanken ausregnen, hat sich hier ein immergrüner Nebelwald voller uralter Lorbeerbäume und mannshoher Farne, wuchernder Moose und wehender Bartflechten gebildet.

Spanien 251

# WANDERUNG

*Das bergige Inselinnere Gran Canarias ähnelt in seinen dramatischen Schluchten dem Grand Canyon im Westen der USA.*

## Gran Canaria: von Nord nach Süd in sechs Tagen

**Manchmal fühlt man sich wie in Marokko, dann wieder wie in den Alpen, und am Ende wähnt man sich in die Wüste versetzt – dabei befindet man sich immer auf Gran Canaria. Die Insel hat viele Gesichter. Sie lassen sich am besten auf einer Inselquerung entdecken – Naturerlebnisse inbegriffen.**

Von der Hauptstadt bis zu den Dünen von Maspalomas – diese Tour streift einmal über die gesamte Insel. Nicht nur weil es so verkehrsgünstig gelegen ist, erweist sich Las Palmas als ideales Ziel für die Inselüberquerung. Es ist auch der richtige Ort, sich zunächst einmal zu akklimatisieren und Kopf und Seele die Möglichkeit zu geben, auf Gran Canaria anzukommen. Die Füße am Sandstrand schon mal warmzulaufen oder ins Meer zu hüpfen und zu schwimmen. Je nach Jahreszeit bieten sich viele Gründe, um die Tour in Las Palmas zu starten. Obwohl das Nachtleben ausgezeichnet ist, sollten sich Wanderer davon aber nicht hinreißen lassen, denn die Zeche wird am nächsten Tag gezahlt: Die intensive Sonne wird mit einem kleinen Kater in den Knochen noch gleißender, und die Kondition ist auch nicht vergleichbar mit der an ausgeschlafenen Tagen. Es ist daher sicher besser, sich die Bars und Discos als Belohnung fürs Ankommen auf der anderen Inselseite aufzusparen und die Konzentration nun ganz aufs Wandern zu verlegen.

Auf der ersten Etappe startet der Wanderer nach San Andres; die Route führt direkt an der Küste entlang mit einigen wunderbaren Panoramapunkten auf das herrlich blaue Meer mit den natürlichen Felsenpools bei Charco de Las Palomas und den Salinen bei El Bufadero. Immer wieder lockt das Wasser für eine Abkühlung.

Das ändert sich sofort mit der nächsten Etappe, denn die sechs Stunden des zweiten Wandertages führen von der Küste weg ins Landesinnere. Dabei steigt der Weg beständig an und geht direkt ins Gebirge. Der Camino Real führt durch Barranco de Azuaje, eine Schlucht, in der Wasser in den Flüssen gurgelt und sprudelt. Das lässt das Tal sehr grün aussehen, dicker Bambus sprießt dort ebenso wie Bodendecker in großen Mengen. Dunkle Höhlen sorgen immer wieder für Spannung; manche waren einst Unterschlupf für die Schäfer, andere sind mit Madonnenfiguren geschmückt. Teror ist an diesem Tag die Endstation der Tour. Es gehört zu den ursprünglichen Bergdörfern der Insel, die Architektur ist geprägt von Holzbalkonen, die den Häusern ein majestätisch-maurisches Aussehen verleihen. Von Teror aus startet auch die nächste Wanderung zum Inselmittelpunkt. Cruz de Tejeda markiert gleichzeitig den höchsten Pass der Insel. Dort spielt sich ein einmaliges Spektakel ab: Als höchste Stelle der Insel ist der Pass immer windumspielt. Die Winde bringen Wolken, die sich gern in den Bergspitzen verhaken und länger hängen bleiben. Mitunter entsteht der

# GRAN CANARIA

> **Routensteckbrief:**
> **Distanz:** 115 km | **Dauer:** 6 Tage | **Höhenmeter:** 4250 m bzw. 3800 m
> **Stationen:** Las Palmas de Gran Canaria – San Andres → 14 km | San Andres – Teror → 20 km | Teror – Cruz de Tejeda → 14 km | Cruz de Tejeda – Roque Nublo – Cruz de Tejeda → 21 km
> oder als einfachere Alternative: ins Bergdorf La Culata → nur 10 km | Cruz de Tejeda – Pico de las Nieves – San Bartolome de Tirajana → 19 km | San Bartolome de Tirajana – Arteara → 15 km | Arteara – Dünen von Maspalomas → 14 km

Eindruck, man würde durch den Himmel waten. Wie ein Monolith ragt der Roque Bentaiga aus der Berglandschaft. Er ist der Überrest eines Vulkanschlotes, den Wind und Wetter bis auf diese Felsnadel abgetragen haben. Eukalyptusbäume verströmen auf dieser Wanderung einen intensiven Duft, wenn Waldstrecken zu passieren sind. Auf dem Weg über die Wiesen streift der Blick über die malerisch terrassenförmig angelegten Felder.

Auf der nächsten Etappe wandelt sich die Vegetation endgültig von lieblich-sattgrün zu karg und trocken. Kakteen machen den Großteil der Pflanzenwelt aus, ebenso Sukkulenten. Die Felsennadel des Roque de Nublo ragt dabei aus der Landschaft und gibt ihr einen markanten Gesichtszug. Der gleichnamige Naturpark Parque Rural de Nublo mit seinen teils spektakulären Wegführungen umgibt ihn. Die lichten Kiefernwälder des Kamms verströmen später den typischen Duft des Mittelmeeres; Berge werfen richtige Falten, hier lässt sich die Entstehung der Erde auf plastische Weise nachvollziehen. Tiefe, schmale Schluchten sorgen für dunkle Kontraste in dieser Landschaft, die von braungrünen Felsen geprägt ist. Es lohnt sich, auf das Gipfelplateau zu wandern und den Blick zu bewundern. Hier könnten auch Westernfilme spielen, so sehr ähnelt die Kulisse an manchen Stellen der in US-amerikanischen Nationalparks. Nun geht es zurück nach Cruz de Tejeda, weil es dort die besseren Übernachtungsmöglichkeiten gibt als in der Wildnis. Die Alternative zu dieser Strecke wäre das Bergdorf La Culata, dorthin sind es nur zehn Kilometer. Außerdem gilt es als schönstes Dorf der Insel.

Die nächste Etappe ist geprägt vom Aufstieg auf den Pico de las Nieves mit seinen fast 2000 Metern und einem ständigen Abstieg. Die Aussicht ist grandios, und mit etwas Glück reicht die Sicht zum Pico del Teide in Teneriffa. Das Bergdorf San Bartolome de Tirajana lädt heute zum Erholen ein. Nun sind auch schon fast alle Etappen geschafft.

Wer es sich zutraut, der geht den letzten Abschnitt, immerhin mehr als 30 Kilometer, in einem Rutsch. Ratsamer und genussvoller ist es aber, sie noch einmal aufzuteilen und in Arteara einen Stopp einzuplanen. Der Weg dorthin führt wieder durch Täler und Schluchten, die wie Geschwister des Grand Canyon aussehen. Die letzte Etappe geht durch ein trockenes Tal bis zum Ziel und den Dünen von Maspalomas. Dort heißt es, auszuruhen und diese lang gezogene, wüstenähnliche Landschaft zu bewundern.

*Treffender Name für einen Bergriesen: El Gigante bei Arteara.*

*Unverkennbar in ihrer Form und damit das Wahrzeichen der Dolomiten schlechthin sind die Drei Zinnen.*

# Italien

**Die italienische Halbinsel wird von drei großen Landschaften geprägt: Im Norden ragen die imposanten Gipfel der Alpen bis über 4000 Meter in den Himmel. Sanftes Hügelland bildet den Übergang zur Poebene mit ihren fruchtbaren Böden. Den im Süden anschließenden Teil des Landes dominiert der Höhenzug des Apennin bis hinunter nach Kalabrien.**

## INFO *

**ITALIEN**
**Fläche:** 301 000 km², (davon Vatikan 44 km², San Marino 61 km²)
**Bevölkerung:** 60 Mio. Einwohner
**Hauptstadt:** Rom (2,8 Mio. Einwohner)
**Höchster Berg:** Monte Bianco/Mont-Blanc (4807 m)
**Längster Fluss:** Po (682 km)

### Nationalpark Gran Paradiso

**Lage:** Der 710 Quadratkilometer große Nationalpark wurde 1922 als erster seiner Art in Italien gegründet, um die damals letzten Steinböcke der Alpen zu schützen. Das Gebiet im Nordwesten Italiens in den Grajischen Alpen grenzt im Westen an den französischen Nationalpark Vanoise und umfasst eine Gebirgslandschaft zwischen 800 und 4061 Meter Höhe (Spitze des Gran Paradiso).

**Highlights:** Mit Ausnahme des Gran Paradiso ist die Region für Wanderer aller Leistungsstufen geeignet. Im Val di Cogne führt eine fünfstündige Rundwanderung von Lillaz (1617 Meter) zum Lago di Loie (2354 Meter). Am See reicht der Blick zum Mont-Blanc, mit Glück erspäht man Gämsen und Steinböcke.

**Tipps:** Im Zentrum des Parks liegt in Valnontey auf 1700 Meter Höhe der alpine botanische Garten Paradisia, wo man auf 10 000 Quadratmetern von Juni bis September Alpenflora bewundern kann.

Es ist der Traum vieler Hobbybergsteiger, einmal in ihrem Leben auf dem Gipfel eines Viertausenders in den Alpen zu stehen. Die meisten Berge dieser

*Die Landschaft des Gran Paradiso ist geprägt von imposanten Gletschern, schroffen Felsen und malerischen Seen.*

*Naturliebhaber freuen sich über die Sichtung von Gämsen im Nationalpark Gran Paradiso.*

Größe verlangen ein technisches Können, das man sich kaum in der Freizeit aneignen kann – mit einer Ausnahme: dem 4061 Meter hohen Gran Paradiso, der Italiens ältestem Nationalpark seinen Namen gibt. Man kann ihn zwar nicht bei einem Familienspaziergang, aber doch mit durchschnittlicher Kondition und passablen bergsteigerischen Fähigkeiten bezwingen. Der Gipfel des höchsten Berges befindet sich vollständig auf italienischem Staatsgebiet und verspricht, wie sein Name sagt, paradiesische Glücksmomente. Das Panorama ist bei gutem Wetter phänomenal, man wähnt sich über den Wolken. Aber auch ohne Wanderambitionen kann man die Natur des Areals genießen.

## Naturpark Tre Cime

**Lage:** Der Naturpark Tre Cime (Drei Zinnen, gegründet 1981) umfasst auf einer Fläche von 119 Quadratkilometern den nordöstlichen Teil der Dolomiten; im Norden wird er vom Pustertal, im Osten vom Sextental, im Süden durch die Landesgrenze und im Westen durch das Höhlensteintal begrenzt. Die Region beeindruckt durch eine imposante Felslandschaft und bizarre Berggipfel, insbesondere durch die namensgebenden Drei Zinnen. Seit 2009 ist sie als Teil der Dolomiten auch UNESCO-Welterbe.

**Highlights:** Während erfahrene Alpinisten die Drei Zinnen erklettern können, empfiehlt sich für den normalen Wanderer eine Umrundung des Gebirgsstocks (Start bei der über Misurina per Auto bzw. Bus erreichbaren Auronzo-Hütte).

**Tipps:** Ein interessanter Walderlebnisweg präsentiert sich den Besuchern im Waldgelände hinter dem Naturparkhaus Drei Zinnen. Hier gibt es eine WaldWunderWelt, ein keltisches Baumhoroskop und ein Baumdorf zu bestaunen.

Wer bei wolkigem Wetter herkommt, dem mögen sie grau erscheinen – doch es lohnt sich zu bleiben, denn kaum eine Felsformation der Dolomiten kann ihre Farbtöne derart schnell ändern wie die Drei Zinnen. Mal schimmern sie gelb, dann fast weiß, beim Sonnenaufgang goldgelb und beim Sonnenuntergang fast purpur. Kein Wunder, dass diese einzigartige Felsformation im »Reich der bleichen Berge« zu den Wahrzeichen der Dolomiten gehört. Im Hochpustertal Südtirols gelegen, bleiben die Zinnen nur knapp unter 3000 Metern – die große Zinne misst 2999 Meter. Markant ist vor allem ihre senkrechte, überhängende Nordwand, die vielen Kletterern als Herausforderung gilt. Ungeübte Wanderer erfreuen sich am ebenen Fuß der Drei Zinnen, auf dem sich die Felsen leicht umwandern lassen. Von allen Seiten bieten sich tolle Ansichten. Juni bis September ist ideal für Wanderungen. Im Winter wird die Region vor allem von Skitourengehern genutzt.

*Bergfichten umstehen einen kleinen See im Naturpark Paneveggio.*

*Die Brunftschreie der Hirsche schallen im Herbst durch den Paneveggio-Park.*

### Naturpark Fanes-Sennes-Prags

**Lage:** Der rund 255 Quadratkilometer große Naturpark erstreckt sich zwischen Pustertal, Gadertal, Höhlensteintal und der Provinz Belluno in den Pragser Dolomiten und der Fanesgruppe.

**Highlights:** Vom beeindruckenden Pragser Wildsee (1498 Meter) führt eine abwechslungsreiche, rund fünfstündige Wanderung auf die Ofenscharte (2392 Meter), über Almweiden weiter zur Seitenbachscharte und über das Seitenbachtal wieder hinunter zum See.

**Tipps:** Unter dem Logo des Dachses Daksy bietet der Park zahlreiche Aktivitäten für Kinder an, darunter Kreativwerkstätten und Unternehmungen mit Rangern.

In den himmelsstürmenden Dolomiten gibt es auch ein unterirdisches Totenreich. Sein Eingang soll sich am Grund des Pragser Wildsees im Naturpark Fanes-Sennes-Prags befinden. So jedenfalls steht es in der Sage vom Reich der Fanes, dem Nationalepos der Ladiner, in dem der Untergang eines mythischen Königsvolkes beschrieben wird. Auch wenn man diesen Geschichten misstraut, fällt es in diesem Teil der Dolomiten schwer, nüchtern zu bleiben und nicht zu glauben, dass diese berührend schöne Landschaft ein Mythenschauplatz ist. Denn sie sieht so zerklüftet und teilweise so grandios grotesk aus, als sei sie tatsächlich Austragungsort der Kämpfe himmlischer Mächte mit dem Bösen. Und natürlich kennen die Bewohner der Dolomiten 1000 Geschichten über verwunschene Prinzessinnen, die auf ewig zu Stein erstarrten, und rachsüchtige Geister, die für das Alpenglühen verantwortlich sind.

*In den letzten Sonnenstrahlen des Tages beginnen die Dolomiten zu leuchten wie hier mit Blick auf den Piz dles Conturines.*

## Naturpark Paneveggio

**Lage:** Der 191 Quadratkilometer große Naturpark (1988) liegt im Osten der Provinz Trient und umfasst drei Naturräume: im Norden den Fichtenwald von Paneveggio, im Südosten einen Teil der Dolomitenkette Pale di San Martino und im Westen die Porphyrkette Lagorai. Der Park bietet eine abwechslungsreiche Landschaft mit Felswänden, Gletschern und Almen, Nadel- und Mischwäldern, Wildbächen und Seen.

**Highlights:** Durch den Park führt eine Vielzahl von Wander- und Mountainbikerouten. Eine schöne Wanderung führt oberhalb von Predazzo durch das Val Venegia mit Blick auf den Travignolo-Gletscher sowie auf die Gipfel von Bureloni, Focobon und Mulaz.

**Tipps:** Von der Bergstation der Seilbahn von San Martino di Castrozza auf den Col Verde führt eine eindrucksvolle Wanderung zum rasch schmelzenden Fradusta-Gletscher.

Können Haselfichten musikalisch sein? Vielleicht sind es die Exemplare hier. Antonio Stradivari, der berühmte Geigenbauer persönlich, hat hier die Stämme für seine Violinen ausgesucht und ließ die mindestens 150 Jahre alten Bäume bei abnehmendem Mond fällen. Er schätzte ihr Holz sehr, weil es eine gute Resonanz für die Instrumente gab. Bis heute werden Instrumente aus dem Naturstoff gebaut. Deswegen ist der Forst auch als »Wald der Geigen« bekannt. Der an der Grenze zu Venetien liegende Naturpark zeichnet sich durch seine Vielfalt aus. Liebliche Bergalmen treffen auf schroffe Karstgebirge, Geröllhalden auf verwilderte Täler und gepflegte Weiden. Torfgruben, Bergseen und tosende Bäche geben Tieren wie Geiern, Luchs und Hirschen eine Heimat.

# WANDERUNG

*Ausblicke auf dem Belluneser Höhenweg: Blumenwiesen im Vordergrund mit Col Nudo und Schiara im Hintergrund.*

## Wandern in den Dolomiten: die Höhenwege

**In den Dolomiten ist alles geboten: Von der gemütlichen Hüttenwanderung bis zur extremen Klettertour – und das alles vor einem Panorama, das an manchen Stellen zum Niederknien schön ist. Willkommen in Südtirol!**

Wer mag, kann hier wochen-, nein monatelang unterwegs sein. Mal den einen Pfad wandern, dann den anderen ausprobieren und am Ende des Sommers trotzdem nur wenige Passagen doppelt gelaufen sein. Die Dolomiten sind schlichtweg ein Paradies. Für Bergwanderer jedenfalls und für alle, die fasziniert sind von einer ganz besonders attraktiven Bergwelt.

Die Gebirgskette der südlichen Kalkalpen brilliert optisch vor allem durch den abrupten Wechsel zwischen sanft gewellten Almwiesen und den darauf stehenden steilen Riffen aus Kalkstein und Dolomit. Mitunter weisen sie, wie beispielsweise am Schlern und beim Sella-Massiv, Terrassen auf. Die stark zerklüfteten Massive wie der Rosengarten, der Langkofel oder die Sextner Dolomiten sind charakteristisch für diese Bergregion. In dem Gestein, das zu großen Teilen aus geschichtetem Sediment besteht, sind auch Lagen aus versteinerten Korallenriffen zu finden. Vor allem Kinder fasziniert es, wenn sie auf dem Sellastock wandern und Muscheln oder Muschelreste finden.

Eindeutiger ist da schon die Einordnung nach Gebieten. Die Dolomiten verteilen sich auf die Regionen Venetien und Trentino-Südtirol bzw. auf die Provinzen Trentino, Belluno und Südtirol. Der unbestritten höchste Berg ist die Marmolata (3342 Meter), die beliebtesten und am meisten fotografierten Motive aber sind die pittoresken Geisler-Spitzen der Langkofel, der Schlern, die Sella, die Drei Zinnen oder der Rosengarten, der seinen Namen zum einen einer Sage, zum anderen der rosenroten Färbung seines Gesteins im Abendlicht verdankt. Teile der Dolomiten zählen seit dem Jahr 2009 zum UNESCO-Weltnaturerbe.

Einfacher als die Entstehung dieser Berge ist der Ursprung der Dolomiten-Höhenwege zu klären. Im Jahr 1964 lagen die ersten Pläne vor. Kenner der Bergwelt aus Belluno hatten sechs Höhenwege zusammengestellt, die von Nord nach Süd und bis fast an die im Übrigen sehr sehenswerte oberitalienische Tiefebene reichen sollten. Dass bestehende Wege meist kombiniert wurden und lediglich mit dem Zeichen der Höhenwege, einem verschiedenfarbigen liegenden Dreieck, das die Wegnummer enthält, versehen werden mussten, machte die Aufgabe einfacher. Bereits 1966/1967 wurden die Routen 1 und 2 erstmals begangen und 1976 hatten die Projektleiter alle vorgesehenen sechs Wege verwirklicht. Dass dies den Ehrgeiz und die wirtschaftlichen Interessen der nicht berücksichtigten Täler berührte, ist nachvollziehbar. So wurden zwischen 1981 und 1985 die Wege 8 bis 10 eingeweiht. Beklagt hat sich darüber niemand, und schon gar nicht die Wanderer. Sie hatten nun endlich zehn

258 Italien

# DOLOMITEN-HÖHENWEG

> **Routensteckbrief:**
> **Distanz:** 150 km | **Dauer:** 9–13 Tage | **Höhenmeter:** 4700 m
> **Stationen Höhenweg Nr. 1:** Pragser Wildsee – Seekofelhütte → 4 Std. | Seekofelhütte – Faneshütte/Lavarellahütte → 5 Std. | Faneshütte/Lavarellahütte – Rifugio Lagazuoi → 4,5 Std. | Rifugio Lagazuoi – Rifugio Cinque Torri → 4,5 Std. | Rifugio Cinque Torri – Rifugio Croda da Lago → 3 Std. | Rifugio Croda da Lago – Passo Staulanza → 3 Std. | Passo Staulanza – Rifugio Tissi → 4,5 Std. | Rifugio Tissi – Rifugio Carestiato → 5,5–6 Std. | Rifugio Carestiato – Rifugio Pramperét → 4,5–5,5 Std. | Rifugio Pramperét – Rifugio Pian de Fontana → 2,5–3 Std. | Rifugio Pian de Fontana – Rifugio 7° Alpini → 6–8 Std.

Routen mit Strecken von einer Dauer zwischen ein bis vier Wochen zur Auswahl – und damit fast die ganze Welt der Dolomiten.

Da der Weg Nummer 1 zum einen als der »klassische Weg« firmiert und zum anderen der schönste sein soll, liegt auf ihm der Fokus. Der 150 Kilometer lange Trek beginnt am Pragser Wildsee und führt bis nach Belluno. Letzteres ist ein charmantes Städtchen, das sich auch für einen etwas längeren Aufenthalt anbietet.

Der zweite Höhenweg ist der Weg der Sagen und Legenden, der in 185 Kilometern und zwischen 13 und 16 Tagen von Brixen nach Feltre führt. Die weiteren Wege – von 1 bis 10 durchnummeriert – sind der Weg der Gämsen von Toblach oder Niederdorf nach Longarone (zwölf Kilometer, zehn Tage), der Höhenweg Nr. 3 von Toblach/Niederdorf nach Longarone (120 Kilometer, 10 Tage), der Höhenweg Nr. 4 hingegen führt in sechs Tagen (90 Kilometer) von Innichen durch die Sextner Dolomiten nach Pieve di Cadore. Der Tizian-Weg oder Höhenweg Nr. 5 ist 100 Kilometer lang; in zehn Tagen wandert man von Sexten nach Pieve di Cadore. Beim Dolomiten-Höhenweg Nr. 6 hingegen geht es in 13–14 Tagen über 190 Kilometer von Sappada in den Dolomiten nach Vittorio Veneto. Von Pieve d'Alpago führt Weg Nr. 7 auf 110 Kilometern in elf Tagen nach Seguisono. Der Höhenweg Nr. 8 verläuft über 160 Kilometer von Brixen nach Salurn (13 Tage). Als einziger der Wege führt Nr. 9 nicht in Nord-Süd Richtung, sondern von Westen nach Osten. 180 Kilometer geht es in 13 Tagen von Tiers nach Stefano di Cadore. Der Höhenweg Nr. 10 befindet sich genau genommen schon gar nicht mehr im Dolomitengebiet: Der recht schwierige Pfad beginnt in Bozen und endet nach 200 Kilometern und 18 Tagen am Gardasee.

Nun aber zurück zum »Klassiker«: In einer klassischen Wandergegend, dem Pustertal, beginnt der Höhenweg 1. Er führt vorbei an den Hauptkämmen der östlichen Dolomitengruppen nach Süden. Die Strecke verläuft durch die Pragser Dolomiten, Fanesgruppe, Nuvolàu, Croda da Lago, Rochetta, Pelmo, Civetta, Moiazza, Pramper-Dolomiten und über den Klettersteig der Schiara. Die Wege liegen in einer Höhe zwischen 1500 und 2800 Metern. Der Weg ist der leichteste aller zehn Höhenwege, wird aber landschaftlich am meisten gerühmt. Ein blaues Dreieck weist den Wanderweg, der im nördlichen Abschnitt sehr oft von Hütten und Gasthöfen flankiert wird. Es ist eine gut angelegte und gewartete Trasse, die keine Gletscher überquert. Die wenigen ausgesetzten Stellen sind abgesichert.

Die letzte Etappe der Wanderung, vom Rifugio Pian de Fontana zum Rifugio 7° Alpini, ist allerdings die große Ausnahme dieser Tour. Sie führt über den Màrmol-Klettersteig, der zumindest teilweise mit Drahtseilen und Leitern ausgestattet wurde. Trittsicherheit und Schwindelfreiheit sowie Kletterkönnen bis zum Schwierigkeitsgrad II sind hier unbedingt notwendig. Für all diejenigen, die sich diese Passage nicht zutrauen, ist das dennoch kein Hinderungsgrund, den Dolomiten-Weg Nr. 1 zu gehen. Denn es gibt eine Ausweichstrecke, bei der allerdings aufgrund der unschönen Straße, auf der es gegen Ende relativ viel Verkehr hat, zehn Kilometer mit dem Bus gefahren werden sollten. In Belluno schließlich erreichen die Wanderer das Ende dieses fantastischen Höhenwegs durch die Berglandschaft, schauen zurück auf die alles überragende Schiara und überlegen, ob es sich beim nächsten Mal nicht doch lohnen würde, vor dem Start unter Anleitung ein wenig klettern zu üben.

*Auf dem Kammweg geht es durch die Feltriner Berge auf dem Weg Nr. 1.*

*Der Corno Grande (2912 Meter) ist höchste der drei Spitzen des Gran Sasso und spiegelt sich hier im Lago Pietranzoni.*

*Schönste Farbtupfer setzt der Mohn, der in der antiken Mythologie die Blume der Fruchtbarkeitsgöttin Demeter war.*

## Nationalpark Monti Sibillini

**Lage:** Der 714 Quadratkilometer große Nationalpark (1993 gegründet) schützt in den Regionen Marken und Umbrien das zum Apennin gehörende Kalkmassiv der Monti Sibillini. Die abwechslungsreiche Gebirgslandschaft erreicht am 2476 Meter hohen Monte Vettore ihren höchsten Punkt.

**Highlights:** Den Nationalpark durchzieht ein Netz von Wanderwegen und Mountainbikerouten. Durch großartige Landschaft über die zentrale Bergkette der Region führt der Fernwanderweg Grande Anello dei Sibillini auf einer 124 Kilometer langen Schleife ab und bis Visso in neun Etappen.

**Tipps:** Bezaubernde Blütenpracht bieten im Sommer die Wiesen auf den 1380 Meter hoch gelegenen Piani di Ragnolo bei Acquacanina – Panoramablick bis zur Adria inklusive.

---

Auch die Natur rollt manchmal einen roten Teppich aus, und jeder Wanderer darf sich dann wie ein Staatsgast fühlen. In den Monti Sibillini in Umbrien scheint sie gleich ein Dutzend Staatschefs zu erwarten, so verschwenderisch schüttet sie den Mohn über ihre Wiesen. Es ist ein derart liebliches und zartes Bild, als sei es einer Kinderzeichnung entnommen. Dabei sind die Monti Sibillini weit weniger harmlos, als sie scheinen. Dämonen sollen hier leben und – als wollten sie das leuchtende Rot verspotten – Schwarze Magie betreiben. Am gefährlichsten aber ist die Prophetin Sibylle, die tief im Berg haust und sich dort allen irdischen Sünden hingibt. Manchmal verlässt sie aber ihre Grotte, um verirrte Wanderer mit ihren sibyllinischen Gesängen ins Verderben zu locken – oder auf die Gipfel, denn jenseits der Baumgrenze ist die Landschaft am schönsten.

## Nationalpark Gran Sasso e Monti della Laga

**Lage:** Der rund 1489 Quadratkilometer große Nationalpark in den Abruzzen schützt im Apennin die Massive Sasso d'Italia und Laga sowie die Monti Gemelli.

**Highlights:** Eine insgesamt rund fünfstündige Wanderung führt von der faszinierenden Hochfläche Campo Imperatore (2120 Meter) hinauf zum Corno Grande, mit 2912 Metern der höchste Gipfel des Apennin. Unterwegs sieht man Europas südlichsten Gletscher, den Calderone.

**Tipps:** Ein hübscher Spaziergang führt bei Morrice (SS49, 826 Meter) zu jahrhundertealten Esskastanienbäumen, Zeugnisse der kulinarischen Traditionen des Gebiets.

---

Er kam immer inkognito, mit dem Hubschrauber oder der Limousine, doch er blieb es nicht lange. Ein paar schnelle Abfahrten mit seinen Skiern gönnte er sich im Winter auf dem Gran

*Der räuberische Fuchs geht im Nationalpark Gran Sasso auf die Jagd.*

Sasso und einige hastige Wanderungen im Sommer. Dann verschwand Papst Johannes Paul II. wieder, um in Rom die Geschicke der Christenheit zu lenken. Auf seine kleinen Fluchten mochte der sportliche Pontifex auch in den anstrengendsten Zeiten seines Pontifikats nicht verzichten. 35-mal kam er zum höchsten Berg der Abruzzen, an dem sich der südlichste Gletscher Europas ins Tal wälzt. Und nach seinem Tod benannte man die Gipfelspitze in »Vetta Giovanni Paolo II.« um.

## Nationalpark Abruzzen

**Lage:** Der rund 497 Quadratkilometer große Nationalpark liegt hauptsächlich in der Provinz L'Aquila in den Abruzzen.

**Highlights:** Die Società Cooperativa Camosciara organisiert zweitägige Touren ab Civitella Alfedana zu Örtlichkeiten in der Camosciara, an denen Bären oder Wölfe gesichtet werden können, camosciara.com.

**Tipps:** Das landschaftlich schöne, pflanzenreiche Val Fondillo entdeckt man auf einer insgesamt vierstündigen Wanderung durch Wälder und Wiesen vom Sägewerk zwischen Opi und Villetta Barrea (SS83) auf den Monte Amaro.

---

Dass Bären ein Problem sind, ist eine sehr moderne Vorstellung. Jahrtausendelang, sogar von Anbeginn aller Zivilisation, wurden sie verehrt und bewundert. Schon in den Höhlenmalereien des Paläolithikums sind Bären dargestellt. In der griechischen Mythologie spielen sie eine ebenso große Rolle wie in der nordischen und der angelsächsischen. Selbst in Vornamen wie Bernhard, Björn oder Ursula haben sie ihre Spuren hinterlassen. Heute finden Bären in Südeuropa kaum noch Regionen, in denen sie ungestört leben können. Eine große Ausnahme ist der Abruzzen-Nationalpark, in dem rund 100 Exemplare eine gute Heimat gefunden haben. Der Marsische Braunbär ist das Symboltier des 1923 gegründeten Nationalparks in Mittelitalien. Er ist das älteste Naturschutzgebiet des Apennin und ging aus einem königlichen Jagdrevier hervor. Die Besucherzentren im Park bieten Informationen über die lokale Flora und Fauna.

*Lago di Barrea: Dieser malerische Stausee liegt mitten in den Abruzzen.*

*Damit der Bär zu fressen bekommt, werden Obstbäume und Beeren gepflanzt.*

# Wölfe

In einem deutschen Universallexikon aus dem Jahr 1758 heißt es über den Wolf, er sei »gefräßig, grausam, arglistig und der gefährlichste Feind der wilden und zahmen Tiere«, kurzum »das schädlichste Geschöpf Gottes«, das »die Menschen angreift, zerreißt und frisst«. So schätzte man den Wolf seit dem Mittelalter ein und setzte sich zum Ziel, ihn auszurotten. Das gelang auch: 1743 wurde der letzte Wolf in Großbritannien erlegt, 1772 in Dänemark, 1904 in Deutschland. Längst weiß man, dass die Dämonisierung des Wolfes heillos übertrieben war und dieses Tier keineswegs der größte Feind des Menschen ist. Und so lässt man wieder zu, dass es sich in Europa verbreitet, und hat auch vereinzelt Schutzgebiete errichtet, damit sich das Tier in Ruhe fortpflanzen kann. Weibliche Tiere können nur einmal im Jahr Nachwuchs bekommen.

*Die 2596 Meter hohe Cima delle Murelle im Nationalpark Majelle erkundet man am besten über einen Rundwanderweg.*

## Nationalpark Majella

**Lage:** Der rund 741 Quadratkilometer große Nationalpark (1991 gegründet) liegt im südlichen Zentralitalien in den Provinzen Chiti, L'Aquila und Pescara. Er umfasst rund um das zentrale, am Monte Amaro 2793 Meter hohe Maiella-Massiv eine Gebirgsregion in den Abruzzen, die zu gut der Hälfte oberhalb von 2000 Metern liegt. In dem teils dicht bewaldeten Nationalpark leben u. a. Wölfe, Braunbären und Gämsen.

**Highlights:** Der Nationalpark ist durch ein 500 Kilometer langes Wegenetz auf teils historischen Pfaden erschlossen. Besonders eindrucksvoll sind Touren mit lizenzierten Führern, die in entlegene Regionen des Parks führen. Angebote hierzu auf der Website des Parks und in den Besucherzentren.

**Tipps:** Sehr schöne, ein- bis dreistündige Touren führen ab San Tommaso (Caramanico Terme) und Bolognano durch das canyonartige Valle dell'Orta.

---

Wer in Italien Wolfsgeheul lauschen möchte, sollte in die Abruzzen fahren. Die Stammväter der Hunde haben im Majella-Nationalpark eines der wichtigsten Rückzugsgebiete Italiens gefunden. Hier hat sich die seltene Unterart des Italienischen Wolfs erhalten. Nicht immer stößt er auf Gegenliebe, etwa bei den hier lebenden Schäfern, die mit ihren Herden noch immer die Almen beweiden. Doch Wolf und Mensch haben sich arrangiert. Was heute mit staatlichem Finanzausgleich passiert, haben die Hirten früher einfach gelöst, indem sie aus den Steinen, die sie gefunden haben, kleine Schutzhütten erbaut haben. Diese bogenförmig gebauten Tholos sind in Trockenbauweise errichtet und heute noch bei Spaziergängen zu finden. Naturschüt-

*Macchia-Bewuchs prägt die felsige Küste Asinaras, Sardiniens Geheimtipp.*

*Blendend weiß leuchtet sein Fell in der Sonne: der Albino-Esel auf Asinara.*

zer freuen sich außerdem über Braunbären und insgesamt 142 endemische Tierarten im Park.

## Nationalpark Asinara

**Lage:** Der knapp 52 Quadratkilometer große Nationalpark wurde 1997 gegründet. Er schützt die italienische Insel Isola dell'Asinara und die sie umgebenden Gewässer nordwestlich vor Sardinien.
**Highlights:** Die schmale Insel weist zahlreiche Habitate sowie knapp 700 Pflanzenarten auf. Besonders schön ist die rund fünfstündige Wanderung an der Küste von Cala d'Oliva zum Leuchtturm von Punta Scorno.
**Tipps:** Die Insel ist nur mit dem Boot von Stintino oder Porto Torres aus erreichbar. Es gibt keine privaten Autos auf der Insel, daher erkundet man sie am besten zu Fuß.

---

Blendend weiß leuchtet sein Fell in der Sonne, himmelblau die Augen: Den Albino-Esel, der aussieht wie ein Fabeltier, gibt es nur auf der abgeschiedenen Insel Asinara. Ganz im Nordwesten Sardiniens gelegen, garantiert die Isola dell'Asinara mit ihren dazugehörigen Gewässern Naturerlebnisse der besonderen Art. Ihre zerklüftete Küste birgt Rückzugsräume für viele Meeresbewohner, unter anderem Wasserschildkröten, die man beim Schnorcheln und Tauchen beobachten kann. An Land zeigen sich gelegentlich Mufflons, Wildschweine oder Seidenreiher. Nicht immer war die Insel beliebtes Ausflugsziel. Während des Zweiten Weltkriegs wurde sie als Kriegsgefangenenlager benutzt. Die Malariamücken in den Sümpfen senkten die Überlebenschancen der Gefangenen. Die Sümpfe wurden trockengelegt und bis 1997 saßen hier noch Mitglieder der Mafia in Haft.

*Das Wort Ätna stammt aus der indogermanischen Sprache und bedeutet so viel wie »brennend«.*

## Ätna

**Lage:** Der rund 580 Quadratkilometer große Regionalpark schützt seit 1987 die einmalige Landschaft des im Osten Siziliens gelegenen Ätna. Der 3323 Meter hohe aktive Vulkan gehört zum Weltnaturerbe der UNESCO.

**Highlights:** Faszinierend ist eine Wanderung in die Nähe des Kraterrandes, die jedoch nur mit professionellen Führern möglich ist. Vom Rifugio Sapienza, an der Südseite des Berges oberhalb von Zafferana Etnea bzw. Nicolosi gelegen, kann man per Seilbahn oder Geländewagen und weiter zu Fuß die Umgebung des Kraters erreichen.

**Tipps:** Ein besonderes Erlebnis sind Wanderungen im Hochtal Valle del Bove mit seinen bis zu 1000 Meter hohen Wänden, in das sich 2008 ein Lavastrom ergoss.

»Den brennenden Berg« nennen die Sizilianer den Ätna und zeigen damit ihren Respekt gegenüber dem aktiven Vulkan, ohne ihr Leben komplett der Angst vor ihm zu unterwerfen. Der Ätna ist der höchste – auch wenn seine tatsächliche Höhe sich stetig mit seinen Bewegungen ändert – und auch einer der aktivsten Vulkane Europas. Die meisten Ausbrüche sind für Einheimische wie Besucher ein spannendes Naturspektakel, bei dem man dem Strom der Lavamassen aus sicherer Entfernung zuschauen oder die glühenden Eruptionen wie ein Feuerwerk bewundern kann. Dennoch darf man nicht vergessen, dass bei einigen Ausbrüchen auch ganze Städte vernichtet wurden. Der Nationalpark um den Feuer speienden wurde im Jahr 2013 von der UNESCO seiner geologischen Prozesse zum Weltnaturerbe ernannt.

*Krater in der Nähe des Gipfels.*

*Oft wird er diesem Namen gerecht, manchmal ruht der Ätna aber auch friedlich im Abendlicht.*

*Ein Feuerberg, der so oft ausgebrochen ist wie kein zweiter in der Geschichte.*

Italien

# Südosteuropa
## Abenteuerland mit uralten Wäldern und wilden Bergzügen

Winnetou reitet in den Karl-May-Filmen durch eine einzigartige Karstlandschaft aus rauschenden Wasserfällen und dichten Wäldern. Das Sehnsuchtsland findet sich nicht etwa in den USA, sondern ganz nah in den Plitvicer Seen von Kroatien. Doch heute ist Kroatiens Küste mit aufregenden Schnorchel- und Taucherlebnissen rund um Muräne, Zackenbarsch und Barrakuda fast beliebter als das Binnenland. Rumänien punktet hingegen mit Artenvielfalt am Donaudelta, während sich in Griechenland die tiefste Schlucht der Erde befindet und auf dem Balkan eine einzigartige Wipfellandschaft den Zauber ausmacht.

## Nationalparks und Schutzgebiete

**DEUTSCHLAND**
**ÖSTERREICH**
**SLOWAKEI**
**UNGARN**

**SLOWENIEN**
- Nationalpark Triglav
- Julische Alpen
- Höhlen von Postojna

**KROATIEN**
- Nationalpark Plitvicer Seen
- Nationalpark Una
- Nationalpark Krka
- Naturpark Telašcica
- Vransko jezero
- Nationalpark Kornati
- Naturpark Lastovo

**ITALIEN**

**BOSNIEN UND HERZEGOWINA**
- Nationalpark Tara
- Nationalpark Sutjeska
- Kravica-Wasserfälle

**SERBIEN**
- Nationalpark Djerdap
- Naturreservat Uvac

**MONTENEGRO**
- Nationalpark Durmitor
- Nationalpark Biogradska Gora
- Nationalpark Skadarsee

**KOSOVO**
- Nationalpark Alpen Albaniens
- Sharr-Gebirge

**NORDMAZEDONIEN**
- Matka-Schlucht
- Nationalpark Mavrovo
- Ohridsee

**ALBANIEN**
- Nationalpark Divjaka-Karastava
- Nationalpark Prespasee
- Nationalpark Vikos Aoos
- Nationalpark Pindos

UKRAINE

MOLDAU

UKRAINE

# RUMÄNIEN

*Nationalpark Piatra Craiului*

*Nationalpark Bucegi*

*Nationalpark Retezat*

*Biosphärenreservat Donaudelta*

# BULGARIEN

*Nationalpark Zentralbalkan*

*Nationalpark Rila*

# TÜRKEI

*Meeres- Nationalpark Alonnisos-Nördliche Sporaden*

# GRIECHENLAND

# ZYPERN

*Nationalpark Petra tou Romiou*

*Kristallklar schimmert das Wasser der Save vor der imposanten Kulisse der Julischen Alpen.*

# Slowenien

Zwischen Triest und der Dragonja-Mündung hat Slowenien einen kleinen Anteil an der Adriaküste. Der Norden und Nordwesten sind von den Hochgebirgszügen der Karawanken, der Steiner, Sanntaler, Julischen Alpen und Südlichen Kalkalpen bestimmt, das Landesinnere von den Hügellandschaften der Unter-, Weißen und Trockenen Mark, die dann in die Ebenen Pannoniens übergehen.

## INFO

**SLOWENIEN**
**Fläche:** 20 256 km²
**Bevölkerung:** 2,1 Mio. Einwohner
**Hauptstadt:** Ljubljana (294 000 Einwohner)
**Höchster Berg:** Triglav (2864 m)
**Größter See:** Cerkniško jezero (Zirknitzer See, 38 km²)

## Julische Alpen und Nationalpark Triglav

**Lage:** Der 1924 gegründete Nationalpark liegt im Nordwesten Sloweniens in den Julischen Alpen im Dreiländereck des Landes mit Italien und Österreich. Im Zentrum des 880 Quadratkilometer großen Areals ragt der 2864 Meter hohe Triglav auf, der höchste Berg des Landes.

**Highlights:** Der Triglav ist mit seiner 1000 Meter hohen Nordwand zwar eines der beliebtesten Wanderziele im Park, besonders schön ist jedoch das Tal der Soča (Isonzo), das man mit Kajak oder Raftingboot, aber auch zu Fuß von der Flussquelle durch das Trentatal bis zum 20 Kilometer entfernten Bovec erkunden kann.

**Tipps:** Zum Wassersport eignet sich hervorragend der schöne Bohinjsko jezero (Wocheiner See) im Südosten des Nationalparks.

---

Drei Köpfe, so sagt es die alte slawische Legende, besitzt der Gott Triglav, der auf dem höchsten Gipfel der Julischen Alpen wohnt. Den ersten Kopf wendet er dem Himmel zu, den zweiten der Erde und den dritten der Unterwelt. Und weil seine drei Köpfe so markant und noch aus 100 Kilometer Entfernung zu sehen sind, nannten die Slowenen diesen Gipfel ehrfürchtig Triglav, den »Dreikopf«. So heißt der 2864 Meter hohe Gipfel bis heute. Er ist nicht nur ein imposanter Felskoloss mit göttlichem Bewohner, sondern auch eines der nationalen Symbole Sloweniens, das auf dem Landeswappen und der 50-Cent-Münze prangt. Dem einzigen Nationalpark Sloweniens gibt der Berg seinen Namen, den sich Braunbären, Steinböcke, Auerhühner und Kreuzottern mit Wanderern und Kletterern friedlich teilen.

## Höhlen von Postojna

**Lage:** Die Höhlen befinden sich in Südwestslowenien, nahe der Stadt Postojna. Sie liegen etwa 50 Kilometer nordwestlich von Ljubljana.
**Highlights:** Die Höhlen sind bekannt für ihre beeindruckenden Tropfsteinformationen. Besondere Sehenswürdigkeiten innerhalb der Höhlen sind der »Große Saal«, die »Spaghettigrotten« und der »Kaiserliche Saal«.
**Tipps:** Eine der Hauptattraktionen ist die historische Eisenbahn, die Besucher durch die Höhlen führt.

Als der slowenische Universalgelehrte Valvasor 1689 das Höhlensystem von Postojna (damals Adelsberg) erstmals wissenschaftlich beschrieb, waren die unterirdischen Hallen und Gänge bereits seit mindestens 400 Jahren bekannt. Das vom Fluss Pivka durchflossene Höhlensystem avancierte schnell zum Besuchermagnet; 1818 kam Kaiser Franz Ferdinand persönlich, um es zu besichtigen. Heute steigen jährlich mehr als eine halbe Million Besucher in den Höhlenzug, der sie zu Naturwundern wie der Konzerthalle oder dem »Brillant« genannten, weißen Riesen-Stalagmiten bringt. Reichtum und Vielfalt an Tropfsteinen in Postojna sind phänomenal, doch die Höhle birgt auch eine erstaunlich große Zahl an die Dunkelheit angepasster Tiere. Allen voran der Grottenolm Proteus anguinus, ein Schwanzlurch, der nur in diesen Karstregionen vorkommt. Der Gelehrte Valvasor hielt ihn für Drachenbrut; die Slowenen selbst nennen ihn »Menschenfisch«.

*Der Soča-Trail ist ein Abschnitt des Fernwanderwegs Alpe-Adria.*

*Die Vintgar-Klamm erstreckt sich entlang des Flusses Radovna im Triglav.*

*Höhlen von Postojna: mal mächtige, mal filigrane Tropfsteingebilde.*

**Nationalpark Triglav: Tolmin-Schlucht**
*Die Tolmin-Schlucht in ein echtes Naturjuwel im slowenischen Soča-Tal. Kurz bevor das Flüsschen Tolminka beim Ort Tolmin in die Soča mündet, passiert es eine enge Schlucht, in der es allerdings wegen des geringen Gefälles meist ruhig dahinströmt. Gespeist wird das Wasser aus einer Thermalquelle, deren Temperatur zwischen 19 und 21 °C beträgt: Grundwasser wird im Boden durch geothermische Energie erwärmt und kommt durch Felsspalten als türkisblaues Wasser an die Oberfläche. Durch einen Felssturz ist die Quellhöhle heute unzugänglich. Zwischen den Jahren 1953 und 1958 wurden die Wege in der Klamm angelegt und somit auch für Touristen erschlossen. Die Tolmin-Schlucht gehört bereits zum Triglav-Nationalpark, der hier seinen südlichsten Punkt erreicht.*

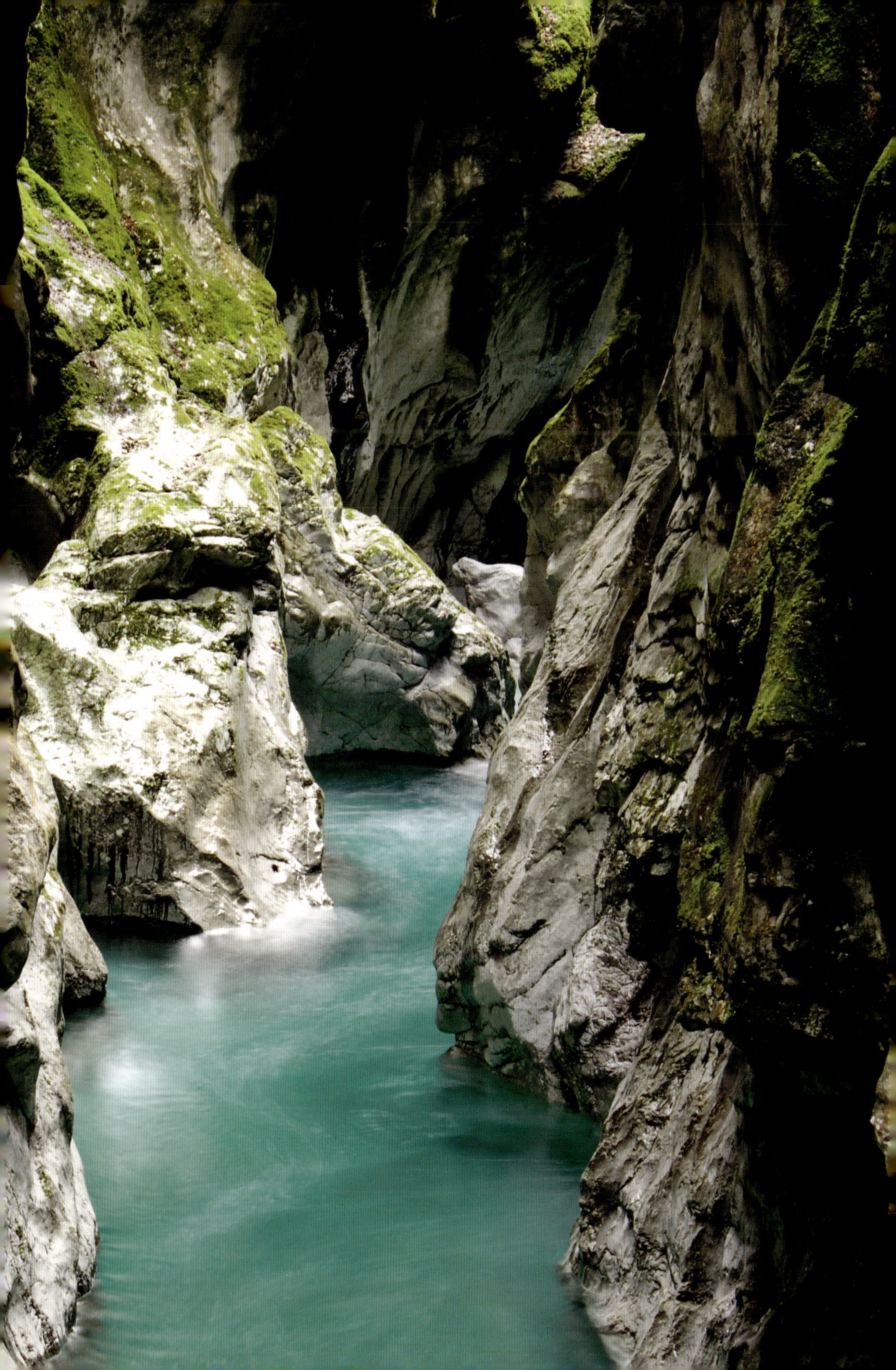

*Fragile Travertinbarrieren trennen die traumhaft schönen Seekaskaden der Plitvicer Seen voneinander.*

# Kroatien

Kroatien besteht aus dem fruchtbaren Tiefland Niederkroatien zwischen Save, Drau und Donau mit dem slawonischen Bergland im Innern. Die Hochflächen mit sumpfigen Flussniederungen gehen in die Karstlandschaft Hochkroatiens über, das von bewaldeten Gebirgen umschlossen wird. Reizvolle Landschaften an der Adria sind die Halbinsel Istrien und Dalmatien.

## INFO *

**KROATIEN**
**Fläche:** 56 542 km²
**Bevölkerung:**
3,8 Mio. Einwohner
**Hauptstadt:**
Zagreb (809 000 Einwohner)
**Höchster Berg:**
Dinara (1830 m)
**Küstenlänge:**
5790 km
(davon 1778 km Festlandküste)

### Nationalpark Plitvicer Seen

**Lage:** Der knapp 297 Quadratkilometer große Nationalpark erstreckt sich über die kaskadenförmig angeordneten Seen im Karst Mittelkroatiens. Der 1949 gegründete Park gehört zum UNESCO-Weltnaturerbe.

**Highlights:** Die insgesamt 16 Seen können ab den beiden Eingängen auf markierten, zwei- bis achtstündigen Rundwegen erkundet werden. Die Touren werden durch Fahrten mit Elektrobooten und dem Panoramazug im Park ergänzt.

**Tipps:** Die mächtigen Wasserfälle Veliki slap (Großer Wasserfall, 78 Meter) und Galovacki buk (Galovak-Wasserfall, 25 Meter) beeindrucken besonders nach starken Regenfällen.

Wer den Schatz im Silbersee in den Weiten des Wilden Westens sucht, wird niemals reich werden. Denn in Wahrheit liegt er im mittleren Kroatien, und zwar in einem der 16 oberirdischen Plitvicer Seen. Dort wurden in den 1960er-Jahren zahllose Karl-May-Romane verfilmt, darunter der Klassiker um den Goldschatz im Silbersee. Die Abenteuer von Winnetou machten die einzigartige Karstlandschaft in Deutschland zu einem Sehnsuchtsziel ersten Ranges. Jeder wollte mal vor diesen bezaubernden Seekaskaden stehen, die durch fragile Travertin-Barrieren voneinander getrennt sind und sich wie eine steinerne Wassertreppe ineinander ergießen. Bis heute hat diese fantastische Landschaft nicht an Reiz verloren. Der Nationalpark wurde 1949 gegründet und 1979 als eines der ersten Naturdenkmäler in das Weltnaturerbe aufgenommen.

Brodelnd und schäumend stürzen sich die Wassermassen des Flusses Krka auf einer Länge von rund 20 Kilometern in die Tiefe. Dutzende große und kleine Wasserfälle, zahlreiche Kaskaden und Stromschnellen sind die Hauptattraktionen des Krka-Nationalparks. Der Skradinski buk ist der größte Wasserfall. An dieser Stelle verengt sich das Flussbett zu einem schmalen Durchlass und von Herbst bis Frühjahr drängt ein weiterer Bach ins Tal. Über ein Gerüst aus Stegen, Brücken und Aussichtspunkten kommen Besucher dem wilden, feuchten Schauspiel ganz nah. Unten angekommen, wird das Wasser zahm und träge, versammelt sich zu einem breiten Strom und fließt gemächlich weiter, um bei Šibenik in die Adria zu münden. Im Sommer erwärmt sich das glasklare Nass schnell und wird zu einem einladenden Badegewässer. Dann bietet der Skradinski buk Wasserratten Erfrischung von der Tageshitze.

## Nationalpark Krka

**Lage:** Der Nationalpark liegt im zentralen Teil Kroatiens, nahe der Stadt Šibenik. Er erstreckt sich entlang des Flusses Krka und ist etwa 100 Kilometer nordwestlich von Zadar sowie 60 Kilometer südöstlich von Split gelegen.
**Highlights:** Die Krka-Fälle sind die Hauptattraktion des Parks. Besonders beeindruckend sind die Skradinski-Buk- und die Roški-Slap-Fälle.
**Tipps:** Baden in den meisten Bereichen des Parks ist aus Naturschutzgründen nicht erlaubt. Es gibt jedoch ausgewiesene Badezonen bei den Wasserfällen Skradinski Buk.

*Holzstege führen bei den Plitvicer Seen über die türkisfarbene Wasserwelt.*

*In unzähligen Kaskaden ergießt sich das Wasser über den Skradinski buk im Krka-Nationalpark in die Tiefe.*

*Im südöstlichen Teil von Dugi Otok trifft man auf spektakuläre Klippen.*

*Die Telašćica-Bucht – der bestgeschützte Naturhafen der Adria.*

*Neugierige Esel auf der Suche nach Essbarem.*

## Naturpark Telašćica

**Lage:** Wie ein Aal liegt Dugi Otok, die »lange Insel«, am Rand des Archipels von Zadar, etwa 30 Kilometer nordwestlich von der Stadt entfernt. Der Park erstreckt sich entlang der westlichen Küste der Insel und umfasst auch die geschützte Bucht Telašćica und die nahe gelegenen Klippen.

**Highlights:** Die dramatischen Klippen der Bucht Telašćica bieten spektakuläre Ausblicke auf das Adriatische Meer und die umliegenden Inseln. Die steilen Felsen erreichen Höhen von bis zu 161 Metern.

**Tipps:** Der Naturpark beheimatet eine reiche Flora und Fauna, darunter seltene Pflanzenarten wie den Kroatischen Drachenkopf. Auch die Tierwelt umfasst verschiedene Vogelarten und gelegentlich auch Rehe.

---

Der südöstliche Teil der Insel Dugi Otok ist als Naturpark Telašćica unter Schutz gestellt. Hier trifft man auf ein einzigartiges Landschaftsbild aus steilen Klippen und Felsküsten. Der Park besteht aus sechs kleinen Inseln und der darum liegenden Küstenlandschaft und bietet einmalig schöne versteckte Buchten, üppige Wälder sowie Olivenhaine und weite Wiesen. Kleine, unbewohnte Inseln liegen im blauen Meer wie hingetupft. Olivenbäume wiegen ihre Zweige im Wind und im Hintergrund bildet eine zerklüftete Steilküste eine grandiose Kulisse. Wie eine riesige Skulptur ragt das Kliff Grpašćak an der Westküste 146 Meter aus den Wellen. Die beste Art, den Naturpark Telašćica zu erkunden, ist ein Boot. Etwa acht Kilometer teilt die namensgebende Bucht Luka Telašćica den Südosten der Insel Dugi Otok und bildet den bestgeschützten Naturhafen der Adria. Eine Besonderheit ist der Salzsee Mir im Südwesten. Nur ein schmaler Grat trennt den smaragdgrünen See vom Meer, sodass Salzwasser unterirdisch zufließen kann. Ein Bad ist himmlisch, das Wasser ist schön warm und seine Mineralien machen die Haut zart. Doch Vorsicht: Im Park leben halbwilde Esel, die gern in Taschen nach Süßigkeiten suchen.

*Der Vransko jezero ist besonders für sein Vogelreservat bekannt, auch der Graureiher ist hier heimisch.*

## Vransko jezero

**Lage:** Vransko Jezero liegt an der dalmatinischen Küste Kroatiens, zwischen den Städten Zadar und Šibenik.

**Highlights:** Vransko Jezero ist ein Paradies für Vogelbeobachter. Es gilt als eines der wichtigsten Feuchtgebiete Kroatiens und beheimatet eine beeindruckende Vielfalt an Wasservögeln, darunter seltene Arten wie Reiher, Pelikane und Kormorane.

**Tipps:** Rund um den See gibt es gut ausgebaute Rad- und Wanderwege, die es ermöglichen, die reiche Flora und Fauna der Region zu entdecken.

---

Der unter Naturschutz stehende Vraner See ist der größte, natürliche See Kroatiens. Nur ein ein Kilometer schmaler Landstreifen trennt ihn vom Meer, mit dem er durch unterirdische Kanäle verbunden ist. So besitzt sein Wasser einen jahreszeitlich schwankenden, aber deutlichen Salzgehalt, den zahlreiche salzliebende Pflanzen und Tiere schätzen. Das ornithologische Reservat an seiner Nordspitze lockt vor allem seltene Vögel an. Von Beobachtungsposten sind Reiher, Wasserhühner, Enten, Eisvögel, Rosaflamingos aber auch Falken und die namensgebenden Krähen – »vrana« heißt Krähe – zu beobachten. Im Wasser tummeln sich sowohl Meeres- als auch Süßwasserfische. Zu den autochthonen Arten zählen Aale und Schleimfische, dazu gesellen sich Welse und zahlreiche Karpfenarten.

**Kroatien**

*So karg die Kornati-Inseln selbst sind, so reich ist das Leben unter Wasser.*

*Hier tummeln sich neben vielen bunten Fischen auch Oktopusse.*

### Nationalpark Kornati

**Lage:** Der 220 Quadratkilometer große Nationalpark wurde 1980 gegründet. Er schützt 89 karstige Inseln, Inselchen und Riffe der vor der Küste Dalmatiens gelegenen Inselgruppe der Kornaten sowie die dazugehörigen Gewässer der kroatischen Adria.

**Highlights:** Am besten erkundet man die Kornaten mit dem eigenen Segelboot oder mit einem vom Nationalpark lizenzierten Anbieter. Informationen dazu, zu Eintrittskarten für den Park sowie über die erlaubten Ankerplätze erhält man im Nationalparkzentrum sowie in den Touristeninformationen der Festlandgemeinden.

**Tipps:** Tauchausflüge sind lediglich über lizenzierte Anbieter möglich, Schnorcheln ist hingegen auch ohne Genehmigung erlaubt.

---

Einen besseren Unterschlupf als das maritime Labyrinth der Kornati-Inseln hätte die Seestreitmacht von Partisanenführer Tito nicht finden können. 1941 errichteten die Freiheitskämpfer einen ersten Stützpunkt auf der Insel Zut, von der aus Titos Marine – in Wahrheit nur eine Handvoll Fischerboote – ihre Angriffe gegen die Wehrmacht starten konnte. Auch ein mobiles Lazarett gab es hier, das alle paar Wochen auf eine andere Insel umzog. Zum Glück ist das alles längst Geschichte, und heute gehört die größte Inselgruppe der kroatischen Adria friedliebenden Seefahrern – vor allem Hobbyseglern, die sich ganz von der Anmut dieser Karsttupfer betören lassen können. Die genaue Anzahl der Eilande ist nicht erwiesen, es sind auf jeden Fall über 100, und sie sind heute auch wegen ihrer fantastischen Unterwasserwelt berühmt.

*Unter allen kroatischen Inseln ist Lastovo die abgelegenste und am wenigsten touristische.*

## Naturpark Lastovo

**Lage:** Der 2006 gegründete Naturpark im Süden Kroatiens umfasst die Adria-Inseln Lastovo und Sušac, 42 weitere kleine Inselchen, Riffe und Felsen sowie die Gewässer des Archipels – insgesamt 53 Quadratkilometer Landfläche und 143 Quadratkilometer Meeresgebiet.

**Highlights:** Keine andere bewohnte Insel Kroatiens ist weiter vom Festland entfernt als Lastovo. Das abgeschiedene Eiland bietet deshalb viel unberührte Natur mit bewaldeten Bergen, die zu Fuß und mit dem Fahrrad erkundet werden können, sowie glasklares Wasser an sanften Buchten.

**Tipps:** Anbieter für Boots- und Tauchfahrten findet man in Ubli und Zaklopatica, über die Touristeninformation im Hauptort Lastovo sowie über Hotels und private Vermieter der Insel Lastovo.

---

Odysseus wollte nur noch nach Hause, zu seiner Frau Penelope nach Ithaka. Doch der Held des Trojanischen Krieges musste sich gedulden. Sieben Jahre lang hielt die schöne Meernymphe Kalypso den Schiffbrüchigen in einer riesigen Grotte auf ihrer Insel Ogygia gefangen, bis der Göttervater Zeus ihr befahl, Odysseus freizulassen. Endlich durfte er die Insel verlassen, die keine andere als Lastovo in der kroatischen Adria sein soll. Eine große Grotte gibt es dort tatsächlich, und auch sonst stimmt manche Beschreibung Homers mit der Topografie der Insel überein. Da sie außerdem von Tito zum militärischen Sperrgebiet erklärt wurde, ist sie von einer touristischen Invasion verschont geblieben. So konnte Lastovo seine natürliche Unberührtheit bewahren – den Stammbaum der Weintrauben zum Beispiel kann man bis zur Antike zurückverfolgen.

*Das Wasser der Kravica-Fälle fällt über grüne Kalksteinfelsen in ein Becken, das im Sommer zum Baden einlädt.*

# Bosnien und Herzegowina

Bosnien und Herzegowina erstreckt sich zwischen den Tälern von Una, Save, Drina und dem dalmatinischen Küstengebirge. Das Land ist waldreich, gebirgig und verkarstet. Den einzigen Zugang zum Meer bietet ein 20 Kilometer langer Küstenstreifen der Adria.

## INFO *

**BOSNIEN UND HERZEGOWINA**
**Fläche:** 51 129 km²
**Bevölkerung:** 3,4 Mio. Einwohner
**Hauptstadt:** Sarajevo (290 000 Einw.)
**Höchster Berg:** Maglic (2386 m)
**Längster Fluss:** Bosna (241 km)

## Kravica-Wasserfälle

**Lage:** Die Kravica-Wasserfälle liegen im Südwesten von Bosnien und Herzegowina, etwa 40 Kilometer südlich von Mostar.
**Highlights:** Wanderfreunde können die Naturpfade in der Umgebung der Wasserfälle erkunden und dabei die Flora und Fauna kennenlernen.
**Tipps:** Kleine Boote können gemietet werden, um die Wasserfälle und den umliegenden Fluss Trebižat vom Wasser aus zu erkunden.

120 Meter breit ist der Felsenbogen, von dem aus der Fluss Trebižat 25 bis 28 Meter in die Tiefe stürzt: ein üppig begrünter Hang mit mehreren, breiten Kaskaden, die – dicht beieinander liegend – ein traumhaftes Ambiente schaffen. Die Felsen bestehen aus Tuff- und Karstgestein, das in einem komplexen Prozess unter Beteiligung zahlreicher Pflanzen-, Algen- und Pilzarten entstand. Durch den steten Sprühregen an der Kante hat sich eine ganz eigene Vegetation entwickeln können. Die Wasserfälle im Süden des Landes bei der Gemeinde Ljubuški sind ein oft besuchtes Touristenziel und stehen unter Naturschutz. Dennoch kann man in dieser herrlichen Kulisse auch

baden. Das Naturdenkmal steht auch für die zahlreichen Pilger ins nahe gelegene Medugorje mit seiner Marienwallfahrtskirche fest auf der Ausflugsliste.

## Nationalpark Una

**Lage:** Der erst 2008 gegründete Nationalpark ist 198 Quadratkilometer groß und liegt in der Una-Korana-Ebene im Westen von Bosnien und Herzegowina und gehört zur Stadt Bihać.

**Highlights:** Neben all der Natur ist ein weiteres Highlight ist das malerische Dorf Martin Brod, das für seine alten Mühlen und den Wasserfall bekannt ist. Hier gibt es auch historische Sehenswürdigkeiten wie das Kloster Rmanj.

**Tipps:** Der Fluss Una gilt als einer der schönsten Flüsse für Wildwasserrafting auf der Balkanhalbinsel.

*Ob Angeln oder Rafting – die Una bietet sich für viele Freizeitaktivitäten an.*

Südlich der Stadt Bihać, entlang der bosnisch-kroatischen Grenze liegt der Nationalpark Una, ganz in der Nähe der berühmten Plitvicer Seen in Kroatien. Die Flüsse Una, Unac und Krka gaben der Landschaft ihr Aussehen, denn ihre Wasserfälle, Gumpen und Kaskaden entführen Besucher in eine zauberhafte Natur. Am Strbacki buk fällt das Wasser über 24 Meter in die Tiefe, bis es einige Kilometer weiter die Wasserfälle von Martin Brod erreicht. Verschiedene Typen von Wald wechseln sich mit Sumpfgebieten ab und bieten etwa 60 Säugetierarten einen geeigneten Lebensraum. Über 120 Vogelarten haben sich hier angesiedelt, Schildkröten und Schuppenkriechtiere, Salamander und Seefrösche bevölkern die Flussufer und 15 Fischarten schwimmen in den Wassern der Una. Fliegenfischer sind deshalb dort ebenso gern unterwegs wie Wassersportler.

*Štrbački Buk, der höchste und spektakulärste der Wasserfälle am Fluss Una.*

## Nationalpark Sutjeska

**Lage:** Der 175 Quadratkilometer große Nationalpark wurde 1962 errichtet und liegt südlich von Foča und südöstlich von Sarajevo an der montenegrinischen Grenze.

**Highlights:** Der Perućica-Urwald ist einer der letzten erhaltenen Urwälder Europas. Dieser geschützte Wald, der seit Jahrhunderten unberührt ist, beherbergt eine Vielzahl von Tier- und Pflanzenarten, darunter riesige Bäume, die bis zu 300 Jahre alt sind. Eine geführte Wanderung durch diesen Urwald ist ein einzigartiges Erlebnis.

**Tipps:** Im Park gibt es verschiedene Übernachtungsmöglichkeiten, darunter Campingplätze und einfache Hütten.

Hier sind sie zu Hause, die letzten Urwälder Europas: Sie liegen inmitten des ältesten Nationalparks von Bosnien-Herzegowina. Traurige Berühmtheit erlangte die Gebirgsregion im Zweiten Weltkrieg, als sie Kulisse für die Schlacht an der Sutjeska war: Ein riesiges steinernes Denkmal erinnert nahe der Stadt Tjentište an den Sieg der Partisanen über die deutsche Wehrmacht. Nun wandern Braunbären und Wölfe wieder ungestört durch das wilde Land, vorbei am Skakavac-Wasserfall, wo der kleine Fluss Perućica eindrucksvoll 75 Meter in die Tiefe stürzt. Mehr Wasser führt der Nebenarm der Drina, Sutjeska, der dem Naturschutzgebiet auch seinen Namen gab. Erfahrene Bergsteiger zieht es hierher und hinauf auf den 2386 Meter hohen Maglić, den höchsten Berg des Landes. Er liegt im Osten des Parks, im Westen der Zelengora – beide trennt die Schlucht der Sutjeska.

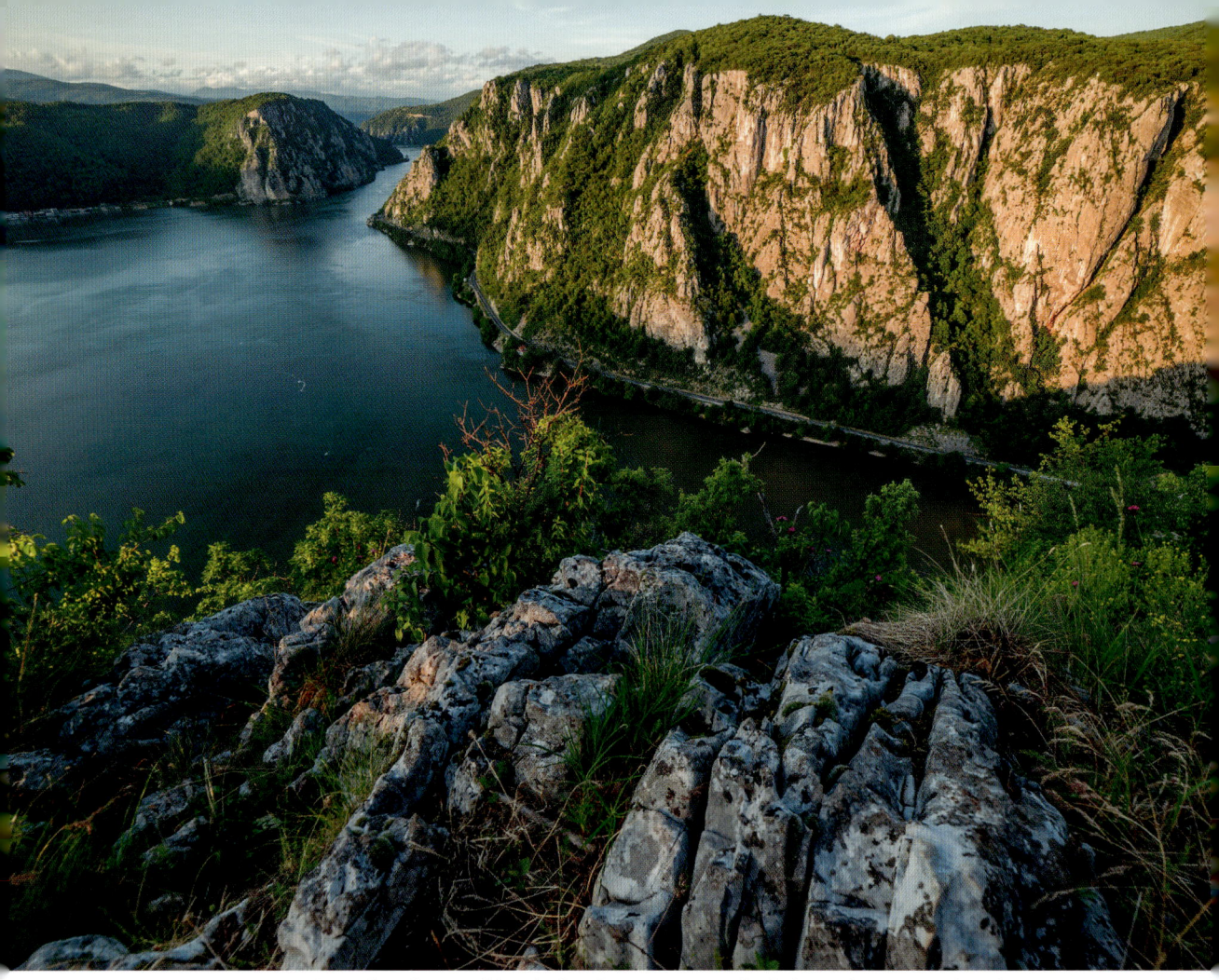

*Eisernes Tor nennen die Serben den Durchbruch, den die Donau so spektakulär in die Berge gefräst hat.*

# Serbien

Der nördliche Teil Serbiens gehört zur Pannonischen Tiefebene, der mittlere wird von mehreren Mittelgebirgszügen eingenommen, und den südlichen Teil Serbiens bedecken hohe Mittel- und Hochgebirge. Das Land gilt als weitgehend unbekannter Schatz der Balkanhalbinsel.

## INFO

**SERBIEN**
**Fläche:**
77 484 km²
**Bevölkerung:**
6,9 Mio. Einwohner
**Hauptstadt:**
Belgrad (1,7 Mio. Einw.)
**Höchster Berg:**
Midžor (2169 m)
**Längster Fluss:**
Morava (351 km)

### Nationalpark Djerdap

**Lage:** Der 640 Quadratkilometer große Nationalpark (1974 gegründet) liegt im Osten Serbiens an der Grenze zu Rumänien und erstreckt sich rund 100 Kilometer entlang der Donau von Golubački Grad flussabwärts bis zum Staudamm bei Sip.
**Highlights:** Landschaftlicher Höhepunkt des Nationalparks ist die 98 Kilometer lange Djerdap-Schlucht, die auch »Eisernes Tor« genannt wird. Diese größte Flussschlucht Europas mit den imposanten Klippen erlebt man am intensivsten auf einer Bootsfahrt.

*Ein Schwarzstorch-Pärchen.*

**Tipps:** Das Besucherzentrum in Donji Milanovac vermittelt geführte Wanderungen durch die ausgedehnten artenreichen Wälder des Parks. Mit Rangern gelangt man dabei in Gebiete, die man auf den üblichen Wanderwegen nicht erreicht.

---

Hier hat die Donau einen Schlitz in die Karpaten geschnitten und den größten Taldurchbruch des Kontinents geschaffen. Nirgendwo in Europa ist ein derartiger Pass zu finden wie Djerdapska klisura, er gliedert sich in viele verschiedene Schluchten in seinen insgesamt vier Furchen. In Gospodin ist die Donau bis zu 82 Meter tief und die Klippen sind 300 Meter hoch, was sowohl vom Boot als auch von den Klippen aus für monumentale Panoramen sorgt. An den Hängen der Berge wachsen urwaldähnliche Biotope aus Ahorn, wildem Flieder, Berberitze oder Buchen. Eine Fülle von Pflanzenarten, aber auch viele Tiere haben sich hier ein Zuhause gesucht, darunter Goldschakale, Tigeriltisse oder auch Luchse. Am Eingang zum serbischen Nationalpark löst die Festung Golubac Klicken der Fotoapparate aus, weil sie wie eine Filmkulisse in den Berg gebaut ist.

*Acht Meter tief stürzt das Wasser am Blederija-Wasserfall.*

*Der Goldschakal breitet sich seit Jahrzehnten in Europa aus, und in Serbien hat sich eine stabile Population etabliert.*

**Serbien**

*Der Blick geht vom Banjska stena auf dem Tara-Berg hinab auf die Drina und den Fluss Zelenka.*

## Nationalpark Tara

**Lage:** Der 220 Quadratkilometer große Nationalpark befindet sich im Westen des Landes, im Tara-Gebirge, nahe der Stadt Bajina Bašta.

**Highlights:** 20 Jahre lang war der Naturforscher Josif Pancic auf der Suche nach der Serbischen Fichte. Schließlich fand er sie in den Schluchten des Tara-Gebirges. Dort hatten die Vorfahren dieser Baumart aus der Familie der Kieferngewächse die letzte Eiszeit überstanden. Nirgendwo sonst weltweit ist die Kiefer noch zu finden. Hier im Nationalpark allerdings findet sie beste Lebensbedingungen, wird der bis zu 40 Meter hoch wachsende Baum doch immerhin im Schnitt an die 200 Jahre alt. Von Mai bis Juni steht er in Blüte, befruchtet sich selbst und bildet dann glänzend rotbraune Zapfen aus.

**Tipps:** Vom Zaovine-See führen Wanderpfade in die Umgebung, wo viele traditionelle Holzhütten – »brvnare« – erhalten sind, etwa auf das Felsplateau Ravna Stena.

---

Ein dicht bewaldetes Gebiet mit beeindruckenden Höhenunterschieden von 250 bis 1500 Metern wartet hier auf den Reisenden. Es ist die Heimat seltener Tiere und Pflanzen, etwa der endemischen Serbischen Fichte. Flankiert wird das Ganze vom Fluss Drina und dem mittelalterlichen Kloster Raca. Wer schwache Bronchien hat, sollte in den Tara-Nationalpark kommen, denn das hiesige Klima gilt als besonders wohltuend für die Atemwege. Der Kurbetrieb ist infolgedessen ein Touristenmagnet, der ins westliche Serbien in die Region zwischen dem Zlatibor-Gebirge und der Drina zieht. Dank groß angelegter Wiederaufforstungsmaßnahmen sind inzwischen zwei Drittel des Naturschutzgebiets wieder mit Wald bewachsen, etwa mit Buchen, Eiben und Stechpalmen. Vor allem die Serbische Fichte, die nach ihrem Entdecker auch Pančićev-Tanne genannt wird, ist von botanischer Bedeutung. Pflanzenfreunde kommen ohnehin auf ihre Kosten, denn es wachsen darüber hinaus einige seltene und geschützte Pflanzenarten im Nationalpark. Ornithologen hingegen dürften sich mehr über den Anblick von Grauadlern freuen, die auf dem Plateau von Rava stena nisten.

## Naturreservat Uvac

**Lage:** Das 78 Quadratkilometer große »Spezial-Naturreservat« wurde bereits 1971 gegründet und schützt die Region rund um den Uvac, einen Fluss im Südwesten Serbiens, der für

*Der See Zaovine wird auch als »Juwel Taras« bezeichnet – völlig zu Recht!*

*Wie eine Wasserschlange windet sich der Uvac im gleichnamigen Canyon.*

seine Mäander und die atemberaubende Landschaft bekannt ist. Der Uvac liegt in der Region zwischen den Städten Sjenica und Novi Pazar, in der Nähe zur bosnischen Grenze.
**Highlights:** Die berühmten, schlangenartigen Mäander des Uvac-Flusses sind das Wahrzeichen der Region. Die gesamte Region ist aber ein Naturparadies, das eine Vielzahl an Wildtieren und einzigartigen geologischen Formationen beherbergt.
**Tipps:** Eine der interessantesten Natursehenswürdigkeiten ist die Ledena Pećina (Eishöhle), eine beeindruckende Karsthöhle mit faszinierenden Stalagmiten und Stalaktiten. Die Höhle kann im Rahmen von geführten Touren besucht werden.

Der Uvac gehört zum Flusssystem der Donau, ist mit 119 Kilometern der längste Nebenfluss des Lim und eines der landschaftlichen Highlights Serbiens. Seine Quelle liegt in den Bergen bei Sjenica. Von dort windet er sich in wilden Schwüngen durch die tiefen Schluchten von Stari Vlah, wo er mehrfach angestaut wird. Auf diese Weise sind die in großartige Landschaftskulisse eingebetteten Seen Sjenicko jezero, Zlatarsko jezero und Radoinjsko jezero entstanden. Wegen seiner engen Windungen ist der Uvac nicht schiffbar, jedoch wie geschaffen für Boots- und Rafting-Touren, etwa ab Rastoke. Beiderseits des Flusstals erheben sich imposante Karstfelsen, die Teil eines Naturschutzgebietes mit mehr als 140 Vogelarten sind. Auch majestätischen Gänsegeier leben in den Klippen. Den besten Blick auf die Schönheit des Uvac bietet der 200 Meter hohe Aussichtspunkt Molitva am Rande des windungsreichen Canyons.

*Die Tara-Schlucht ist eine der tiefsten Schluchten der Welt und ist ein Must-See in Montenegro.*

# Montenegro

Der Kleinstaat Montenegro ist ein dünn besiedeltes Gebirgsland mit einer steil abfallenden und durch Buchten gegliederten Adriaküste. Mit der Unabhängigkeitserklärung 2006 wurde die Staatenunion mit Serbien beendet.

## INFO *

**MONTENEGRO**
**Fläche:**
13 812 km²
**Bevölkerung:**
621 000 Einwohner
**Hauptstadt:**
Podgorica (150 000 Einwohner)
**Höchster Berg:**
Durmitor (2522 m)
**Größter See:**
Skadarsee (370–530 km²)

*Wanderrast am Crno jezero, auch »Der schwarze See von Montenegro« genannt.*

## Nationalpark Durmitor

**Lage:** Der 390 Quadratkilometer große Nationalpark, 1952 gegründet, ist UNESCO-Weltnaturerbe. Er erstreckt sich zwischen 500 und 2522 Meter Höhe im Durmitor, einem Massiv im Norden Montenegros, durch das die Tara eine gigantische Schlucht geschnitten hat.

**Highlights:** Charakteristisch für den Nationalpark ist eine Berglandschaft mit Wäldern, Gletscherseen, vielen endemischen Pflanzen und knapp 50 über 2000 Meter hohen Gipfeln, die im 2522 Meter hohen Bobotov kuk ihren höchsten Punkt erreichen. Ausgangspunkt für schöne Wanderungen auch auf den Bobotov kuk ist der Crno jezero (Schwarzer See).

**Tipps:** Die imposante Schlucht der Tara ist die größte Europas und weltweit die tiefste nach dem Grand Canyon. In Žabljak gibt es mehrere Anbieter für Raftingtouren, z. B. Waterfall Rafting Center, rafting montenegro.com

*Die charakteristische Gipfelform macht den Bobotov Kuk unverwechselbar.*

Wenn man begreifen will, warum es in der Geschichte des Balkans so viele zermürbende, sich endlos hinziehende Kriege ohne Sieger gab, wird man in Gegenden wie den Durmitor-Bergen im Norden Montenegros die Antwort finden: Weil es auf dem Balkan so viele Rückzugsmöglichkeiten gibt, in denen man über Jahre ausharren und den Kampf fortführen kann. Auch Durmitor, dieses wilde Durcheinander aus Gipfeln, Schluchten und Plateaus, diente als uneinnehmbare Fluchtburg von Kriegern. Hier ist die Landschaft so übermächtig, dass sie die Menschen einfach verschluckt wie Ameisen – wenn man bei diesen Superlativen keine Demut vor der Natur lernt, dann nirgendwo! Die 80 Kilometer lange Tara-Schlucht ist mit 1300 Metern die zweittiefste Schlucht weltweit nach dem Grand Canyon.

## Nationalpark Biogradska Gora

**Lage:** Der 56,5 Quadratkilometer große Nationalpark Biogradska Gora liegt im Zentrum von Montenegro, in der Bergregion Bjelasica. Durch seine frühe Gründung 1952 ist er einer der ältesten Nationalparks Europas.

*Perfekt ist die Spiegelung der am Ufer stehenden Bäume im Biogradsko-See.*

**Tara-Schlucht im Nationalpark Durmitor**
*Montenegro, das Land der »schwarzen Berge«, ist rau, unberührt und versetzt Besucher zurück in eine Zeit, als die Welt noch entdeckt werden wollte. Die Natur hier ist überwältigend und beeindruckt mit ihrer schroffen Wildheit und dem ein oder anderen Superlativ: zum Beispiel mit der Tara-Schlucht. Die Einheimischen nennen die Tara die »Träne Europas«: Wer sich zutraut, ihre wilden Gewässer zu befahren, entflieht buchstäblich der modernen Zivilisation, so rau und ursprünglich geht es hier zu.*

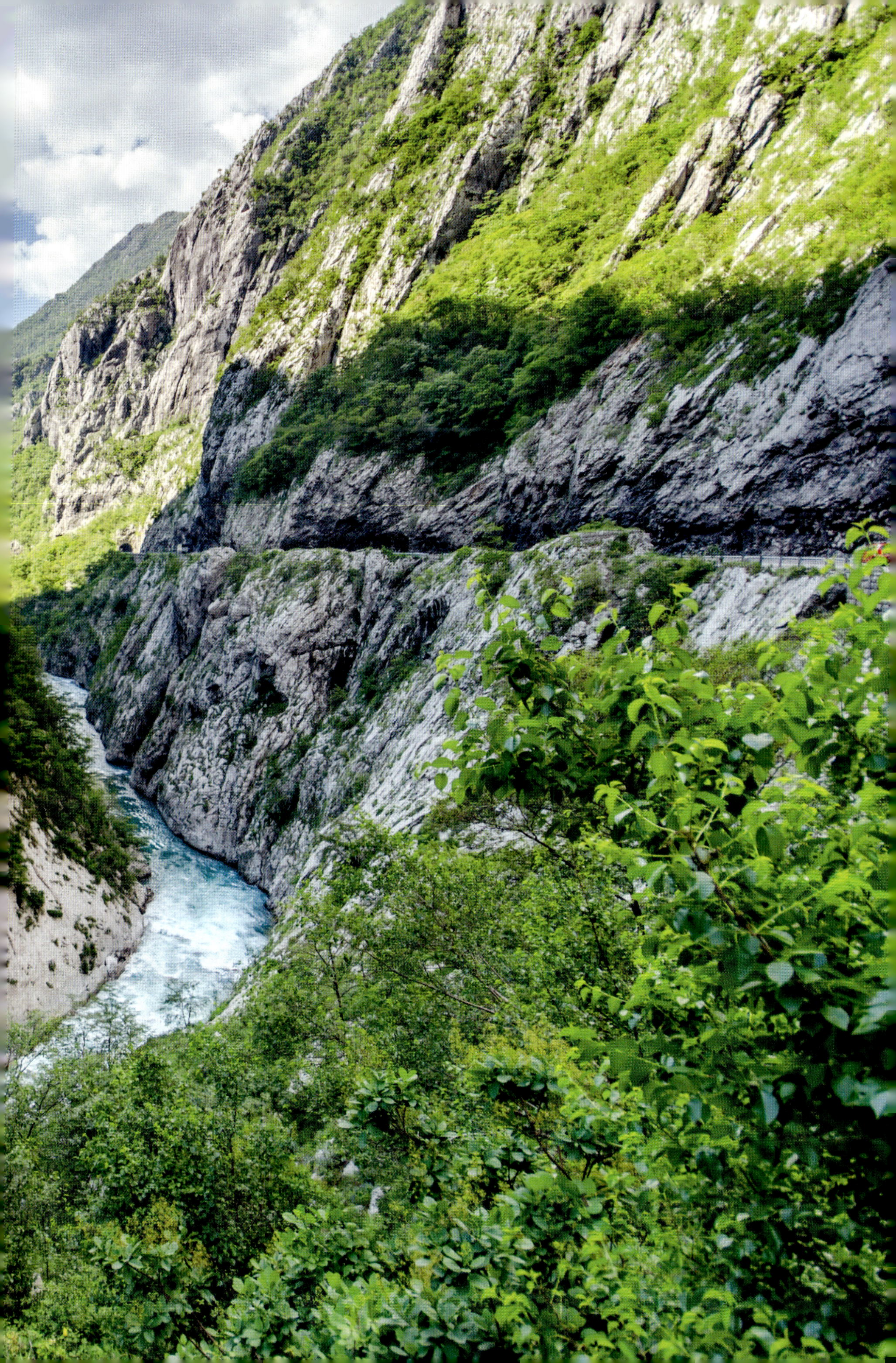

*Der Crnojević nimmt einige enge Kurven, bevor er in den Skadarsee mündet.*

**Highlights:** Der Biogradsko-See, ein Gletschersee im Herzen des Parks, ist das Juwel von Biogradska Gora. Umgeben von dichten Wäldern, die bis ans Ufer reichen, ist der See besonders malerisch und spiegelt die beeindruckende Bergkulisse wider. Der Park beherbergt zudem einen der letzten Urwälder Europas, der rund 500 Jahre alt ist. Die riesigen, alten Bäume – darunter Buchen, Fichten und Ahornbäume – erreichen teilweise eine Höhe von über 40 Metern.
**Tipps:** Der Nationalpark bietet zahlreiche Wanderwege unterschiedlicher Schwierigkeitsgrade. Beliebte Routen führen um den Biogradsko-See oder auf die Gipfel der umliegenden Bjelasica-Berge, von wo aus man beeindruckende Panoramablicke auf die dichten Wälder und die Alpenlandschaft genießen kann.

---

Der kleinste Nationalpark Montenegros liegt etwa 100 Kilometer nördlich der Hauptstadt Podgorica und schützt einen urwüchsigen und uralten Waldbestand, einen der letzten Urwälder Europas. Nikola I. erklärte als damaliger Fürst die Region bereits 1878 zum Naturschutzgebiet, was entscheidend dazu beigetragen haben dürfte, die Lebensdauer der teilweise über 400 Jahre alten Bäume zu verlängern. Kriegerische Auseinandersetzungen zwischen Serben und Montenegrinern, der Erste Balkankrieg und die Partisanenkämpfe des Zweiten Weltkriegs nahmen darauf allerdings weniger Rücksicht. Heute sind noch über 220 verschiedene Pflanzenarten hier zu finden, 150 Vogel- und mehr als zehn Säugetierarten besiedeln die Wald- und Wasserflächen. Hirten treiben ihr Vieh noch wie früher auf die Weiden der sanften Hänge und bewirten Wanderer in ihren Sommerhäusern.

*Kein See auf dem Balkan ist größer als der Skadarsee im Süden Montenegros, der in Urzeiten Teil der Adria war.*

## Nationalpark Skadarsee

**Lage:** 1983 wurde der größere Teil des Skadarsees, der auf montenegrinischem Gebiet liegt, zum Nationalpark erklärt. Der See, der mit einer Fläche von 400 Quadratkilometern ungefähr so groß ist wie der Bodensee, liegt nur etwa 20 Kilometer von der Adria entfernt, von dieser durch ein schmales Gebirge getrennt.

**Highlights:** Auf der Klosterroute, einer der schönsten Panoramastraßen Montenegros, kann man die Landschaft des Parks bewundern. Die (60 Kilometer lange) Straße führt von Ulcinj nach Virpazar.

**Tipps:** Wanderungen, Vogelbeobachtungen und Bootstouren auf dem Skadarsee und durch den Park kann man über Lake Skadar Adventure Tours buchen, lake-skadar.com.

---

An manchen Stellen scheint der Skadarsko jezero oder Skutarisee eher ein Fluss als ein See zu sein, auf jeden Fall ist er ein ökologisches Juwel in atemberaubender Landschaft: Er ist mit 48 Kilometer Länge, 14 Kilometer Breite und bis zu 44 Meter Tiefe das größte Süßgewässer auf der Balkanhalbinsel und Brutgebiet für mehr als 260 Vogelarten, darunter Störche, Reiher, Adler und eine der europaweit letzten Kolonien von Krauskopfpelikanen. Das Gewässer liegt auf montenegrinischem wie albanischem Territorium. Weil der Seespiegel in den Wintermonaten um bis zu fünf Meter ansteigen kann, überwintern bis zu 50 000 Zugvögel am Skadarsee. Im sensiblen Ökosystem leben 20 endemische Tier- und Pflanzenarten; mit dem im Norden anschließenden Flachland steht der See auf der Ramsar-Liste der schützenswerten Feuchtgebiete. Trotz seines Schutzstatus kann man den Skadarsko jezero, dessen Ufer von Seerosenfeldern gesäumt werden, mit Booten befahren.

*Krokusse künden vom nahenden Frühling in der Šar Planina im Kosovo.*

# Kosovo

Der jüngste Staat Europas ist auf drei Seiten von Hochgebirgen (über 2000 Meter) umschlossen. Seine Kernräume sind die fruchtbaren Beckenlandschaften des Amselfeldes (Kosovo Polje) im Osten und der etwas niedriger gelegenen Metohija im Westen. Voneinander getrennt werden sie durch die Hügellandschaft der Crnoljeva.

## INFO

**KOSOVO**
**Fläche:**
10 877 km²
**Bevölkerung:**
1,9 Mio. Einwohner
**Hauptstadt:**
Priština (145 000 Einwohner)
**Höchster Berg:**
Deravica (2656 m)
**Größter See:**
Gazivodasee (11,9 km²)

## Sharr-Gebirge

**Lage:** Das Sharr-Gebirge, auch als die Šar Planina bekannt, ist eine Bergkette auf dem Balkan in Südosteuropa. Diese Berge befinden sich hauptsächlich im Kosovo und Nordmazedonien, erstrecken sich jedoch auch nach Albanien.
**Highlights:** Die Šar Planina bietet viele Möglichkeiten zum Wandern, Skifahren und anderen Outdoor-Aktivitäten.

Der höchste Gipfel im Sharr-Gebirge ist der Berg Titov Vrv in der Grenzregion zwischen dem Kosovo und Nordmazedonien, der eine Höhe von 2747 Metern erreicht. Das Sharr-Gebirge ist für seine malerische Schönheit und vielfältigen Ökosysteme bekannt. Über 30 Gletscherseen erstrecken sich auf dem Gebiet, die teilweise in intensiven Türkistönen um die Wette leuchten. Die Region hat auch ein reiches kulturelles und historisches Erbe, da verschiedene ethnische Gemeinschaften in der Gegend leben. Leider kommt es hier aber auch immer wieder zu gewaltsamen Konflikten. So wurde beispielsweise im Jahr 2001 eine der Hauptverkehrsstraßen durch das Gebirge zerstört, der Wiederaufbau verzögert sich.

*Tief liegen die Wolken im Mavrovo-Nationalpark, als wollten sie die reizvollen Täler vor neugierigen Blicken bewahren.*

# Nordmazedonien

**Die bis heute andauernde tektonische Instabilität in der Region hat zu einer ausgeprägten Gliederung der Republik Nordmazedonien in mehrere Gebirgsketten geführt, die teilweise durch tiefe Täler voneinander getrennt sind und Besuchern eine spektakuläre Landschaft bieten.**

## Nationalpark Mavrovo

**Lage:** Der mit 731 Quadratkilometern größte Nationalpark Nordmazedoniens liegt zwischen Gostivar und Debar im Nordwesten des Landes und ist einer der ältesten Europas.
**Highlights:** In der Mitte des 20. Jahrhunderts zur Stromgewinnung angelegt, liegt der Mavrovo-Stausee eingebettet in die mehr als 2000 Meter hohen Gebirgsmassive Šar Planina im Norden und dem der Bistra im Süden. Er gehört mit einer Ausdehnung von etwa zehn mal drei Kilometern zu den größeren Gewässern des Landes und ist mit seinen bewaldeten, schattigen Ufern ein beliebtes Ziel für Badetouristen und Wanderer. Auch zum Forellenfischen oder Bootfahren kommen Besucher an den Stausee.
**Tipps:** Eine Wanderung zu den Wasserfällen Korab und Duf führt auf schönen Wegen durch den Park.

Der Nationalpark liegt auf Höhen von 600 bis 2000 Metern, eingebettet zwischen majestätischen Gipfeln und größtenteils von Tannen bewaldet. Pure Natur mit klaren Bergseen, dem höchsten Wasserfall des Landes und seltenen Tierarten wie dem Balkan-

## INFO

### NORDMAZEDONIEN
**Fläche:**
25 713 km²
**Bevölkerung:**
1,8 Mio. Einwohner
**Hauptstadt:**
Skopje (544 000 Einwohner)
**Höchster Berg:**
Golem Korab (2764 m)
**Längster Fluss:**
Vardar (388 km)

*Ein letztes Mal schickt die Sonne ihre Strahlen über den Ohridsee hinweg bis zur Kirche des heiligen Johannes von Kaneo.*

*Auf einer Kajaktour durch die Matka-Schlucht kommt man den imposanten Felswänden ganz nah.*

luchs warten hier auf Besucher. Weite Buchenwälder, alpine Matten und viele Flüsse und Bäche durchziehen eine bislang weitgehend unberührte Landschaft. 1949 gegründet, wurde der Nationalpark 1952 erweitert – und gleichzeitig der Mavrovosee aufgestaut und mit einem Wasserkraftwerk versehen, ein erster gravierender Eingriff in die Biodiversität der Region. Neue Projekte dieser Art sind in Planung, und falls sie tatsächlich umgesetzt werden, droht die Aberkennung des Status als Nationalpark: ein Szenario, das ob der reichhaltigen Tier- und Pflanzenwelt lieber nicht zu Ende gedacht wird. Geschützte Tierarten wie der Fischotter, der Balkanluchs und die nur auf dem Balkan lebende Martino-Schneemaus sind hier ebenso vertreten wie seltene Reptilien-, Amphibien- und Insektenarten.

## Ohridsee

**Lage:** Der zum größten Teil in Nordmazedonien und zu einem kleineren Teil in Albanien gelegene Ohridsee ist einer der ältesten Seen der Erde. Er ist eines der seltenen Stillgewässer der Erde.
**Highlights:** Über 200 Tierarten kommen nur hier vor. Die Lebewesen haben sich im Laufe der Jahrmillionen an dieses spezielle Mikrohabitat angepasst.
**Tipps:** Nicht nur wegen des Sees, sondern auch dank seiner vielen Kirchen, Klöster, Moscheen und der gut erhaltenen Altstadt ist Ohrid ein Ort, der viele Besucher anzieht.

*Im seichten Teil des Ohridsees tummeln sich Strahlenflosser zwischen Pfahlrohr.*

Es heißt, er sei eines der ältesten Gewässer der Erde, entstanden durch eine tektonische Verschiebung vor rund 1,4 Millionen Jahren. Häufige Erdbeben formen auch heute noch das Weichbild der Region. Weitere Hinweise auf das hohe Alter des Sees liefert die Fauna mit mehreren endemischen Fischarten wie *Salmo ohridanus*, eine Lachsart, oder der Ohrid-Forelle. Große Zuflüsse gibt es bei dem rund 350 Quadratkilometer großen See nicht, den sich Nordmazedonien und Albanien teilen. Gespeist wird er durch Quellen, entwässert durch den Schwarzen Drin. Bereits 1979 erklärte die UNESCO den mazedonischen Teil des Ohridsees zum Natur- und ein Jahr später auch zum Kulturerbe; seit 2019 steht auch sein albanisches Drittel unter UNESCO-Schutz. Die bis zu 2000 Meter hohen Gipfel des Galičica-Gebirges und dichte Mischwälder, durch die Luchs, Wolf und Braunbär streifen, bilden rund um das kristallklare Wasser einen packenden Naturraum, in dem vielerlei Aktivitäten möglich sind, vom Angeln bis zu Trekkingtouren.

## Matka-Schlucht und Matka-Stausee

**Lage:** Die Matka-Schlucht vor den Toren von Skopje erstreckt sich entlang des Flusses Treska, der durch einen Damm gestaut wurde und so den Matka-Stausee bildet.
**Highlights:** Die Schlucht liegt eingebettet in die felsige Landschaft des Suva-Planina-Gebirges und bietet eine spektakuläre Kulisse für Outdoor-Aktivitäten.
**Tipps:** Die ruhigen Gewässer des Matka-Stausees eignen sich ideal zum Kajakfahren. Es gibt mehrere Verleihe, bei denen man Kajaks mieten kann, um die Schlucht auf eigene Faust zu erkunden.

Westlich von Skopje, der Hauptstadt Nordmazedoniens, erstreckt sich das beliebte Naherholungsgebiet der Matka-Schlucht. Steile Bergwände laden zum Klettern ein, mehrere Klöster locken zu ausgedehnten Spaziergängen und das klare Wasser des Matka-Stausees und des Flusses Treska ist ideal für Bootstouren. Höhepunkt des Ausflugs ist die Vrelo-Höhle mit ihren beeindruckenden Tropfsteinformationen und den beiden unterirdischen Seen. Im Juli und August, wenn die Höhle täglich mit dem Boot zu erreichen ist, bietet die Umgebung ein weiteres Highlight: die herrlichen bunten Schmetterlinge, die in der Schlucht heimisch sind. Der Matkasee entstand 1938 durch das Anstauen des Flusses Treska, der den Canyon durchfließt. Er ist etwa fünf Kilometer lang und erreicht eine Tiefe von bis zu 35 Metern.

*Immer im Blick – vom Valbonatal sind die Gipfel der Albanischen Alpen stets bestens zu sehen.*

# Albanien

Die Albanischen Alpen im Norden und Kalksteinmassive im Süden umschließen ein Hügelland, das zum Meer hin in eine teils sumpfige Küstenebene übergeht. Das Land gilt als vom Massentourismus noch weitgehend unentdeckte Perle des Balkan mit herrlichen Landschaften, vielseitigen Kulturschätzen und schönen Stränden.

## INFO

**ALBANIEN**
**Fläche:**
28 748 km²
**Bevölkerung:**
2,8 Mio. Einwohner
**Hauptstadt:**
Tirana (560 000 Einwohner)
**Höchster Berg:**
Korab (2764 m)
**Küstenlänge:**
380 km

## Nationalpark Alpen Albaniens

**Lage:** Der erst 2022 ins Leben gerufene Nationalpark umfasst ein Gebiet von 828 Quadratkilometern und vereint die ehemaligen Nationalparks Vabonatal und Teth im Norden des Landes.

**Highlights:** Syri i Kalter, das »Blaue Auge«, von Theth liegt knapp außerhalb der Nationalparkgrenzen. Ein Wanderweg führt von Theth zunächst in eineinhalb Stunden zu den Gumpen des Schwarzen Flusses Lumi i Zi beim Dorf Nderlysa, in denen man im Sommer herrlich baden kann. Eine weitere Stunde Fußmarsch entfernt ergießt sich beim Weiler Kaprre ein kleiner Wasserfall in das Blaue Auge. Der glasklare und je nach Lichteinfall türkis- bis dunkelblaue See lädt ebenfalls zum Baden ein – allerdings nur, wenn man kälteunempfindlich ist, denn das Wasser ist wirklich eisig. Beide Natursehenswürdigkeiten sind beliebte Ausflugsziele, deshalb herrscht an den Wochenenden recht viel Trubel und an Restaurants in der Umgebung kein Mangel.

**Tipps:** Der Valbona-Pass ist eine beliebte Wanderroute, die durch den

Park in den kleinen Ort Teth führt, sozusagen ins Herz der Albanischen Alpen.

Tief in den Albanischen Alpen flankieren schroffe Felswände und hohe Bergspitzen im Wechsel mit Wäldern und Alpweiden das Valbonatal. Namensgebend ist der Fluss, der in Kaskaden durch die sattgrüne Landschaft mäandert. Sie ist die Heimat von Gämsen und Bären. Die Albanischen Alpen zeigen sich im Nationalpark wild und unberührt: Hier ist wenig los, denn die Region ist abgelegen, und das Land Albanien kämpft ohnehin mit Bevölkerungsschwund. Wer hierher kommt, findet also Ruhe, die umso mehr Raum lässt für Erlebnisse in der Natur – und die ist spektakulär. Mit 2694 Metern überragt der Gipfel der Jezerca die Hochgebirgslandschaft des Naturschutzgebiets, das sich zu seiner Ost- und Südseite erstreckt. Bergsteiger und Wanderer kommen voll auf ihre Kosten beim Erkunden der Wälder, kleinen Bergseen, Almweiden und Höhlen. Über den Gebirgspass Qafa e Thorës gelangen Wanderer hinüber zum Bereich des ehemaligen Teth-Nationalparks, der das gleichnamige Dorf umschließt. Inmitten der »Verwunschenen Berge«, wie die Nordalbanischen Alpen auch genannt werden, liegt eine wildromantische und ursprüngliche Landschaft, fernab der Zivilisation: Im Winter ist der Weg nach Teth teilweise monatelang nicht passierbar. Im Sommer hingegen ist der Wandertourismus ein Hoffnungsschimmer für die hiesige Bevölkerung, die wirtschaftlich zu kämpfen hat. Viele haben ihre Häuser zu kleinen Pensionen umgebaut, Wanderwege wurden ausgewiesen, und Bergführer zeigen Touristen die einzigartige Schönheit der Gebirgsregion. Eine rund zwei Kilometer lange und stellenweise nur wenige Meter breite Schlucht hat der Grunas-Fluss bis zu 60 Meter tief in das Gestein geschnitten. Am nördlichen Aus- bzw. Eingang erfrischt der 25 Meter hohe Grunas-Wasserfall (Ujëvara e Grunasit), der in eine idyllisch im Grün gelegene Gumpe stürzt. Allerdings werden sich nur besonders Unempfindliche in das eisige Wasser des kleinen Pools wagen.

*Eine echte Naturschönheit – das türkisfarbene »Blaue Auge«.*

*Der Wanderweg durch den Grunas-Canyon führt zum gleichnamigen Wasserfall.*

*45 000 Vögel, 228 Spezies, darunter 15 weltweit bedrohte – die Karavasta-Lagune ist ein Paradies für Birder.*

*Einer der saubersten Seen des Balkans: Der Prespasee erstreckt sich über Nordmazedonien, Griechenland und Albanien.*

## Nationalpark Divjaka-Karavasta

**Lage:** Der Nationalpark befindet sich in der Nähe der Stadt Divjaka und erstreckt sich entlang der Adriaküste. Er ist etwa 90 Kilometer von der Hauptstadt Tirana entfernt und liegt zwischen dem Fluss Shkumbin und dem Fluss Seman.

**Highlights:** Karavasta-Lagune: Die größte Lagune Albaniens und ein UNESCO-Ramsar-Gebiet. Sie ist bekannt für ihre außergewöhnliche Vogelvielfalt.

**Tipps:** Der Nationalpark hat auch einen weitläufigen Strandabschnitt. Der Divjaka-Strand bietet unberührte Natur und ist ideal für Besucher, die das Meer in einer ruhigen und natürlichen Umgebung genießen möchten.

---

Wie sich ein ehemaliges Militärgelände in ein Vogelparadies verwandeln kann, beweist dieses Naturschutzgebiet, das sich auf einer Länge von 22 Kilometern zwischen den Flussmündungen von Shkumbin und Seman entlang der Küste erstreckt. Über 45 000 Vögel haben in dem Feuchtbiotop ein geschütztes Habitat gefunden, dessen Mittelpunkt die unter Ramsar-Schutz stehende Lagune von Karavasta ist. Pinienwälder mit bis zu 400 Jahre alten Bäumen bilden einen grünen, schattigen Gürtel um die Wasserlandschaft. 228 Spezies, darunter 15 weltweit bedrohte – Karavasta ist ein Paradies für Birder. Die entsprechende Infrastruktur wurde im Nationalpark mit entlang der Lagune geführten Stelzenwegen, geschickt in die Landschaft integrierten Beobachtungstürmen und von Vogelkundlern geführten Bootstouren geschaffen.

## Nationalpark Prespasee

**Lage:** Der Prespasee besteht aus zwei miteinander verbundenen Seen: dem Großen Prespasee (Megali Prespa) und dem Kleinen Prespasee (Mikri Prespa). Der größere See liegt hauptsächlich in Nordmazedonien und Albanien, während der kleinere See größtenteils auf griechischem Boden liegt.

**Highlights:** Weil der Nationalpark erst relativ spät und in bewohntem Gebiet eingerichtet wurde, befinden sich mehrere Dörfer im Schutzgebiet. Auch Spuren der langen Besiedlung dieser Region, vor allem Kirchen und Kapellen, sind zu finden.

**Tipps:** Mehrere Wanderwege erschließen die Wildnis; sie sollten wegen der nicht immer übersichtlichen Markierung aber besser mit einem Guide begangen werden.

---

Landschaftlich ist die Region zwischen Großem und Kleinem Prespasee und dem Gebirgszug des Mali i Thatë (2287 Meter) sehr abwechslungsreich. Große Wasserflächen, dichte Wälder und zu Skulpturen erodierte Karstformationen wechseln sich ab und formen verschiedenste Lebensräume für eine artenreiche Flora und Fauna. Als Überwinterungs- und Brutgebiet von Zugvögeln ist der Nationalpark auch ein wichtiges Ziel für Vogelkundler. Sie können hier unter anderem zwischen März und Oktober große Kolonien der seltenen Krauskopfpelikane beobachten; viele meinen sogar, es handle sich dabei um die größte Kolonie Europas. Auch die artverwandten Rosapelikane kommen an den beiden Seen vor, des weiteren Gänsegeier, Sumpfrohrsänger und das scheue Haselhuhn.

*Die auffälligsten Vertreter der Fauna Albaniens sind Krauskopfpelikane.*

*Das Donaudelta in Rumänien ist das wichtigste Vogelschutzgebiet Europas.*

# Rumänien

Das Land wird in einem weiten Bogen von den Karpaten durchzogen, die das hügelige Hochland Siebenbürgens umschließen. Im Westen hat Rumänien Anteil am Banat und am Theißtiefland. Vom Außenrand der Karpaten bis zur Donau erstreckt sich das lössbedeckte Tiefland der Großen und der Kleinen Walachei. Östlich der unteren Donau erhebt sich das Tafelland der Dobrudscha.

## INFO*

**RUMÄNIEN**
**Fläche:** 238 392 km²
**Bevölkerung:**
19,3 Mio. Einwohner
**Hauptstadt:**
Bukarest (1,8 Mio. Einw.)
**Höchster Berg:**
Virful Negoiu (2548 m)
**Längster Fluss:**
Donau
(rumänischer Anteil 1075 km)

## Biosphärenreservat Donaudelta

**Lage:** Das 4178 Quadratkilometer große Biosphärenreservat schützt den Großteil des Donaudeltas am Schwarzen Meer. Rund 3446 Quadratkilometer liegen in Rumänien und gehören zum UNESCO-Weltnaturerbe, die übrigen 732 Quadratkilometer erstrecken sich in der Ukraine.

**Highlights:** In der strengen Schutzzone lebt am Rosca-See Europas größte Kolonie von Rosapelikanen sowie u. a. Reiher und Störche. Pelikane sieht man zudem am Furtuna-See bei Maliuc.

**Tipps:** Besser als von Tulcea aus gelangt man über die nur per Boot erreichbaren Ortschaften mit örtlichen Führern ins Delta. Sulina bietet zudem Strand am Schwarzen Meer.

Die gewaltigen Dimensionen des Donaudeltas im Mündungsgebiet der Donau in das Schwarze Meer, auf dem Gebiet der Ukraine und Rumäniens, werden deutlich, wenn man bedenkt dass es 5800 Quadratkilometer bedeckt und damit mehr als doppelt so groß wie das Saarland ist. 5200 Tier- und Pflanzenarten leben hier in 30 verschiedenen Ökosystemen, die nur zu einem Fünftel aus Land und zu vier Fünfteln aus Wasser und Schilf bestehen. Damit ist das Delta das größte zusammenhängende Schilfrohrgebiet der Erde, durch das die Donau in jeder Sekunde 5000 Kubikmeter Wasser pumpt – und damit in zwei Minuten die Tagesration einer Millionenstadt. Doch all diese imposanten Zahlen verblassen, wenn man das Wunder des Deltas leibhaftig erlebt und bewundern kann. Unter anderem gibt es hier die größte Pelikankolonie Europas. Überhaupt ist das Donaudelta mit seinen angrenzenden Gebieten ein Mekka für Ornithologen. Bienenfresser, Blauracken und Schwarzstirnwürger sind hier kaum zu überschauen. Um die Salzseen bei Murighiol herum lassen sich Reiher, Sichler und Löffler beobachten. Und Botaniker kommen im Caraorman-Wald auf ihre Kosten, wo sie inmitten des Deltas die dortige subtropische Flora studieren können.

## Nationalpark Retezat

**Lage:** Der 1935 gegründete Nationalpark umfasst 381 Quadratkilometer im Westen des Retezat-Gebirges in den Südkarpaten. Die rund 18 Quadratkilometer große strenge Schutzzone Gemenele ist nur mit Erlaubnis der Parkverwaltung zugänglich.

**Highlights:** Eine viertägige Wanderung durch das Kerngebiet führt von der Pietrele-Hütte über den Bucura-See und den mit 2509 Metern höchsten Gipfel Peleaga in das Kleine Rezetat-Gebirge und über den Paltina-Sattel nach Campu lui Neag.

**Tipps:** Am Bucura-See, Rumäniens größtem Gletschersee (2040 Meter), kann man zelten und Wanderungen unternehmen.

Eine eigentümliche Geschichte erzählt man sich im Retezat-Gebirge. Der antike Geschichtsschreiber Herodot berichtet von einem außergewöhnlich tapferen Stamm vom Volk der Thraker, der einst hier lebte und der Schrecken seiner Feinde war. Sie verehrten eine Gottheit mit dem Namen Zalmoxis, die auf den höchsten Gipfeln der Südkarpaten lebte. Einst sei Zalmoxis ein griechischer Sklave gewesen. Dann sei er freigelassen worden, habe Reichtümer angehäuft und sei in sein Heimatland in den rumänischen Karpaten zurückgekehrt. Dort habe er sein Volk um sich versammelt und ihm das ewige Leben versprochen, wenn es nur an ihn glauben würde. Zalmoxis verschwand für drei Jahre in der Unterwelt, und als er wieder auftauchte, um auf seinen heiligen Berg hinaufzufahren, hatte er alle Thraker überzeugt.

*Baumfalken fühlen sich im Delta ...*

*... ebenso wohl wie die Nachtreiher.*

*Auf Wanderungen durch Nationalpark Retezat kann man sich von Mauleseln begleiten lassen.*

# Pelikane

Man weiß gar nicht, welches der vielen unglaublichen Talente des Pelikans man mehr bestaunen soll: Sind es die phänomenalen Flugkünste dieses Tieres, das zu den schwersten flugfähigen Vögeln gehört und trotzdem 24 Stunden lang ohne Pause in 3000 Metern Höhe über 500 Kilometer weit fliegen kann? Oder ist es seine raffinierte Jagdtechnik, bei der er gemeinsam im Hufeisenformationsflug die Fische in flaches Wasser treibt, um dann seinen gewaltigen Hautsack am Unterschnabel wie einen Kescher zu benutzen und seine Beute herauszufischen? Oder ist es doch sein gargantuesker Appetit, der ihn Tag für Tag ein Zehntel seines Körpergewichts fressen lässt? Wichtig ist für die Wasservögel, dass die Flüsse und Seen nur eine geringe Tiefe aufweisen, damit sie leicht an die Fischbestände herankommen.

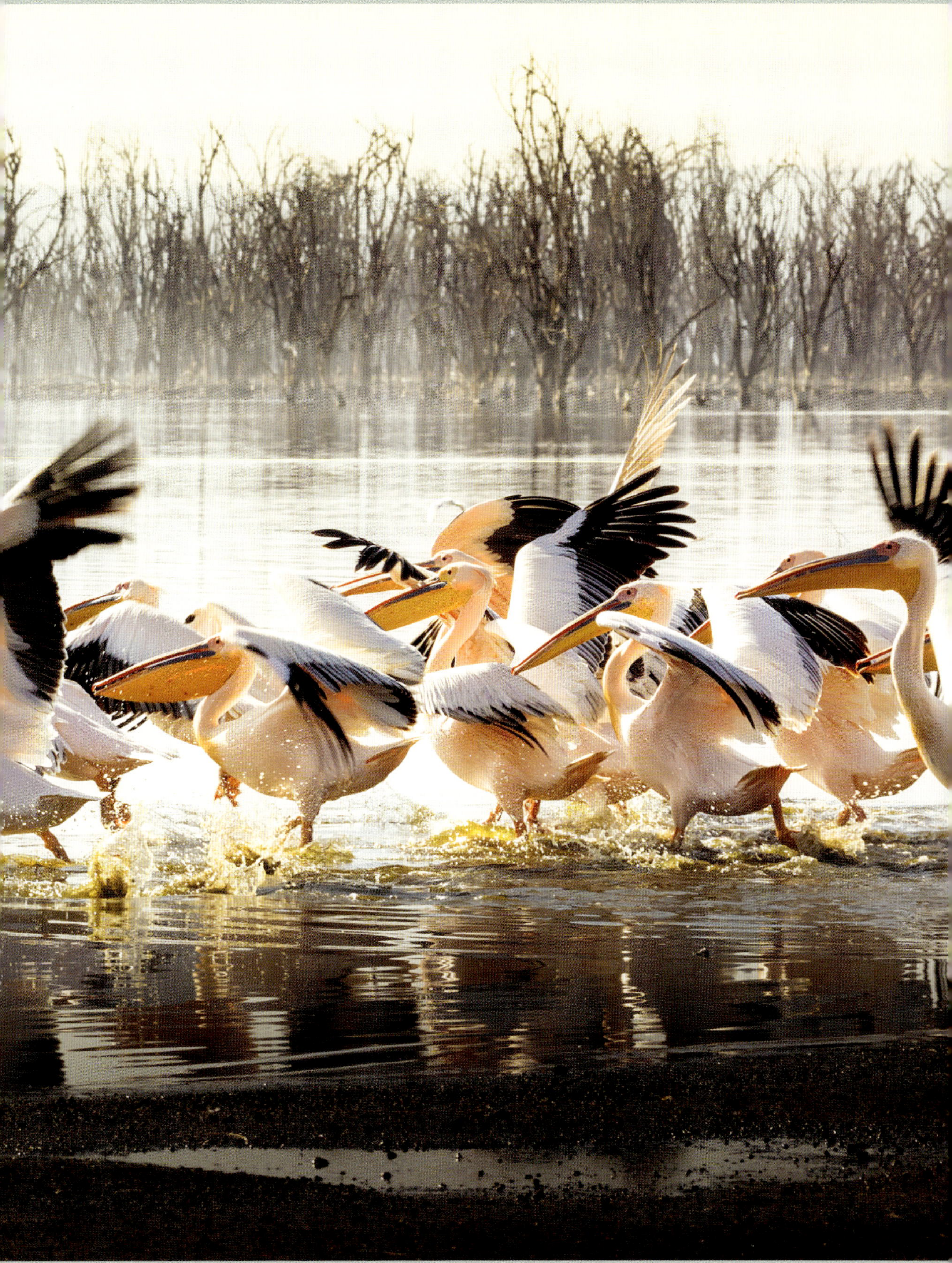

*Um Transsilvanien ranken sich zahlreiche Legenden und Schauergeschichten, so auch im Nationalpark Bucegi.*

*Die scharf gezackten Bergkuppen im Nationalpark Piatra Craiului nähren den Mythos von Dracula.*

## Nationalpark Bucegi

**Lage:** Der rund 337 Quadratkilometer große Naturpark schützt im zentralen Rumänien das zu den Südkarpaten gehörende Bucegi-Gebirge.
**Highlights:** Das Bucegi-Gebirge ist ein Mekka für Wanderer und durch zahlreiche Wege erschlossen. Eine schöne Tour führt von Sinaia zur Hütte Cabana Piatra Arsa und zu den Wasserfällen des Ialomita-Tals.
**Tipps:** Von Bușteni aus leicht mit der Seilbahn zu erreichen sind die faszinierenden Felsformationen Sphinx und Babele (Großmütter), die auf rund 2200 Meter Meereshöhe nahe der Hütte Cabana Babele gelegen sind.

Als hätten Wind und Wetter an der Sphinx von Gizeh herumgeknabbert, so wirkt diese Felsformation wie ein in die Jahre gekommenes Abbild der berühmten Statue in den südlichen Karpaten. Tatsächlich heißt der Felsen auch Sphinx, aber im Gegensatz zu seinem ägyptischen Namensbruder ist er natürlichen Ursprungs und verfügt über ein tiefes Loch, das man als Auge deuten könnte. Dieser Monolith gehört wie auch die pilzförmigen Babele-Steine zu den Besonderheiten des rumänischen Nationalparks. Touristen kommen gern zum Wandern oder Skifahren und kehren in die umliegenden Hütten ein. Mit seinen 34 Höhlen und Wasserfällen bietet das gut erschlossene Naturschutzgebiet viel Abwechslung für Groß und Klein. Am beliebtesten sind die Ialomitei-Höhle und die Ratei-Höhle, außerdem noch die weiteren, bizarren Felsformationen.

*Wanderer und Gämsen haben Piatra Craiuluis Idyll längst entdeckt.*

*Jahrhunderte haben diese Buchen in Piatra Craiului auf dem Buckel.*

## Nationalpark Piatra Craiului

**Lage:** Der 148 Quadratkilometer große Nationalpark schützt seit 1990 das Bergmassiv Piatra Craiului in den südlichen Karpaten.
**Highlights:** Eine mehrtägige Wanderung führt von Zărnești zum Grat des Piatra-Craiului-Gebirges auf den La Om, mit 2238 Metern der höchste Berg des Gebiets.
**Tipps:** Von Zărnești gelangt man auf einem blau markierten Weg zur rund drei Kilometer entfernten Zărnești-Schlucht, an deren steilen Wänden zahlreiche ausgewiesene Kletterrouten verlaufen.

Hier also soll es gewesen sein, hier soll der schreckliche Dracula sein Unwesen getrieben haben: im Piatra-Craiului-Gebirge, das sich im Südwesten Transsilvaniens erstreckt und zu dessen Füßen Schloss Bran liegt. Es wird mit viel Tamtam als Residenz des historischen Vlad III. vermarktet, Fürst der Walachei, genannt Dracula, der »Sohn des Drachens«, den sie aber »Sohn des Teufels« nannten, weil er ein Menschenschinder und Gotteslästerer allerersten Ranges war. Dabei hat das Piatra-Craiului-Gebirge genügend andere Attraktionen, die ganz real sind – darunter allein 216 Schmetterlingsarten, vier Dutzend verschiedene Bergorchideen und über 1300 unterschiedliche Pflanzenarten. Bären, Wölfe und Luchse sind die eigentlichen blutdurstigen Lebewesen in dieser Bergwelt, die nach Westen hin fast senkrecht abfällt und 700 Höhlen in ihren Flanken versteckt.

*Der Rajsko Praskalo ist mit 124,50 Meter Fallhöhe der höchste Wasserfall Bulgariens.*

# Bulgarien

**Im Norden des Landes erstreckt sich die Donauniederung, an die sich südlich das bis zu 400 Meter hohe Donauhügelland anschließt. Auf den Vorbalkan folgen das bis zu 2376 Meter hohe Balkangebirge und die Thrakische Niederung. Ganz im Süden ragen mehrere Gebirgsketten auf, so die Rhodopen, das Pirin- und das Rilagebirge.**

### Nationalpark Zentralbalkan

**Lage:** Der im Jahr 1991 gegründete Nationalpark liegt genau im Zentrum von Bulgarien und hat eine Fläche von 717 Quadratkilometern. Er gehört zum Netzwerk europäischer Wildnis-Schutzgebiete. Über die Hälfte der Nationalparkfläche ist bewaldet, teilweise mit jahrhundertealten Buchen, Fichten, Tannen und Eichen.

**Highlights:** Der Botew (2376 Meter) ist der höchste Berg des Balkangebirges. Von seinem Gipfel hat man einen wunderbaren Panoramablick über den gesamten Nationalpark.

**Tipps:** Im Nationalpark gibt es mehrere Bergwanderwege, etwa den von Kom nach Emine, der Teil des Europäischen Fernwanderwegs E3 ist. Er verläuft auf dem Hauptkamm des Balkangebirges durch den Nationalpark.

Reißende Gebirgsbäche, umgeben von Wasserfällen und darüber eine schmale, alte Holzbrücke – das sind Bilder, die sich tief einprägen, wenn man den Nationalpark Zentralbalkan einen Besuch abstattet. Mit seinen mehr als 71 Hektar gehört das Schutzgebiet zu den größten Europas. Die Hälfte der Fläche ist mit Wald bedeckt; vor allem Buchen wachsen hier, aber auch griechischer Ahorn und Schwarzkiefern. Das Symbol des Nationalparks ist der Braunbär. Doch bis auf Spuren von ihm werden Besucher kaum das Glück haben, dem scheuen Tier in die Augen zu sehen. Wölfe und Fischotter durchstreifen das Gebiet ebenso wie Ziesel, Fliegenschnäpper oder Wimper- und Mops-

## INFO

**BULGARIEN**
**Fläche:** 110 994 km²
**Bevölkerung:** 6,5 Mio. Einwohner
**Hauptstadt:** Sofia (1,3 Mio. Einwohner)
**Höchster Berg:** Musala (2925 m)
**Größter See:** Mandra-See (38,8 km²)

fledermäuse. Auch für alle Kräuterkundigen ist der Park spannend – 166 verschiedene Heilpflanzen wurden bislang gefunden und mehr als 2300 verschiedene Pflanzenarten gedeihen hier.

## Nationalpark Pirin

**Lage:** Der 1962 gegründete, rund 400 Quadratkilometer große Nationalpark im Südwesten Bulgariens umfasst einen Teil des Pirin-Gebirges, eine alpine, zwischen rund 1000 und 2900 Meter hoch gelegene Landschaft mit ausgedehnten, vorwiegend von Kiefern bestandenen Wäldern, einer artenreichen Tier- und Pflanzenwelt sowie weit über 150 Bergseen.
**Highlights:** Der Park ist in verschiedene Regionen unterteilt. In der Region »Wichren« oberhalb von Bansko führen von der Wichren-Berghütte Wanderungen auf den 2914 Meter hohen Wichren, die höchste Erhebung des Gebirges. Hier steht auch die mehr als 1300 Jahre alte Panzerkiefer »Bajkuschewa Mura«, einer der ältesten Bäume der Welt.
**Tipps:** Die Wichren-Hütte ist auch eine Station des internationalen Fernwanderwegs E4, Pyrenäen – Peloponnes. Der Weg führt durch den Park und ist rot markiert.

---

Bulgarien hat als Reiseland ein Problem. Es wird touristisch fast ausschließlich auf die Schwarzmeerküste und bestenfalls noch auf seine byzantinischen Klöster reduziert. Dass Bulgarien ein Garten Eden ist, hat sich hingegen kaum herumgesprochen. Daran hat auch die Tatsache nichts geändert, dass die UNESCO den Pirin-Nationalpark im Südwesten des Landes 1983 zum Weltnaturerbe erklärt hat – wegen seiner »außerordentlichen Schönheit«, wie es in der Begründung heißt, wegen seiner hochalpinen Landschaft mit 70 Gletscherseen und ungezählten Wasserfällen, markanten Gipfeln und idyllischen Hochalmen, die jeden Schwarzmeerstrand fast vergessen lassen. Allen Bergliebhabern sei damit ein wunderbares Refugium als Geheimtipp erhalten. Man findet hier tatsächlich eine der schönsten Wildnisse Europas.

## Nationalpark Rila

**Lage:** Der 810 Quadratkilometer große Nationalpark (gegründet 1992) im Rila-Gebirge Südwestbulgariens ist geprägt von einer artenreichen Gebirgslandschaft. Auf dem Areal befinden sich mehr als 100 über 2000 Meter hohe Gipfel – darunter mit dem 2925 Meter hohen Musala der höchste Berg der Balkanhalbinsel – sowie 120 Seen.
**Highlights:** Eine der schönsten Tagestouren führt im Westen des Nationalparks von Panichishte zu den malerischen sieben Rila-Seen und weiter auf den 2731 Meter hohen Gipfel des Maljovica.
**Tipps:** Eine anstrengende, wenn auch lohnende und ganzjährig mögliche Tour führt von dem Dorf Bistrica oberhalb von Borovetz auf den Musala. Auf der Strecke liegen Gletscherseen und drei Hütten.

Es liegt in der Natur der Sache, dass die Menschen seit jeher auf die Berge gestiegen sind, wenn sie ihren Göttern nah sein wollten. So gingen sie dem Himmel schon viele Schritte entgegen. Und deswegen ist es kein Zufall, dass das bedeutendste Kloster Bulgariens an den Flanken des höchsten bulgarischen Gebirges liegt: Auf fast 3000 Meter Höhe schraubt sich das Rila-Massiv im Südwesten des Landes gen Himmel und gibt auch dem Kloster seinen Namen, das als nationales Heiligtum gilt und von der UNESCO zum Weltkulturerbe erklärt wurde. Wer hier hinaufpilgert, darf sich fühlen, als habe er den halben Weg zum Allmächtigen schon hinter sich gebracht. Es liegt auf 1147 Meter Seehöhe, zwischen den beiden Flüssen Drusljawiza und Rila. Von der Hauptstadt Sofia sind es rund 120 Kilometer Entfernung.

*Perun, der höchste Gott der slawischen Mythologie, soll im Piringebirge hausen.*

*Kein Gebirgszug auf dem Balkan ist höher als das Rila-Gebirge.*

# WANDERUNG

*Das Rila-Gebirge findet im mächtigen Musala auf 2925 Metern seinen Höhepunkt.*

## Für Ruhesuchende: Geheimtipp Rila-Gebirge

**Wer auf der Suche nach einer ursprünglichen Bergwelt ist und einem Trekkingweg, der Einsamkeit verspricht, kommt an Bulgarien nicht vorbei. Eine sechstägige Wanderung führt vom Rila-Kloster bis zum Gipfel des Musala. Die Tour erstreckt sich quer durch den größten Nationalpark Bulgariens und das höchste Gebirge der Balkanhalbinsel. Immerhin sind mehr als 29 Gipfel über 2500 Meter hoch.**

Geheimtipps preiszugeben verbietet sich eigentlich von selbst. In diesem Fall allerdings ist die Gefahr gering, mit einer Empfehlung tatsächlich Besuchermassen auf den Weg zu schicken. Denn das Rila-Gebirge liegt einfach zu weit entfernt, als dass es auf die Schnelle erreicht werden könnte. Ganz abgesehen davon, dass Bulgarien und auch die Hauptstadt Sofia ohnehin nicht zu den Top 20 der touristischen Regionen oder Städte Europas zählen.

Ganz automatisch passieren Fernwanderer das Rila-Gebirge, wenn sie auf dem Weitwanderweg E4 unterwegs sind. Diese Gewalttour führt von Tarifa an der Südspitze Spaniens in einem großen Bogen bis nach Zypern. Gemessen an diesen 10 450 Kilometern, sind die gut 100 Kilometer durchs Rila-Gebirge zwar eher läppisch. Dafür bietet die Route im Südwesten Bulgariens einen spannenden Einblick in Europas ursprünglichste Bergwelt. Die je nach Planung sechs- bis siebentägige Trekkingtour auf den höchsten Gipfel des gesamten Balkans, den 2925 Meter hohen Berg Musala, umfasst aber noch mehr Highlights als den Weg selbst. Heiße Quellen, schneebedeckte Gipfel, über 200 Bergseen, dichte Wälder und vor allem das UNESCO-Weltkulturerbe Kloster Rila garantieren ein ganz besonderes Erlebnis.

Die erste Etappe unserer Routenvariante startet am Kloster Rila. In einem weiten Bogen führt die Strecke auf den

# DURCHS RILA-GEBIRGE

**Routensteckbrief:**
**Distanz:** 100 km | **Dauer:** 6–7 Tage | **Höhenmeter:** 6200 m
**Stationen:** Kloster Rila – Hütte Maljovitsa → 19 km | Hütte Maljovitsa – Hütte Ribni Ezera → 18 km | Hütte Ribni Ezera – Hütte Grntschar → 16 km | Hütte Grntschar – Hütte Zavratschitsa → 18 km | Hütte Zavratschitsa – Hütte Belmeken → 16 km | Hütte Belmeken – Kostenez → 13 km

Rücken des Dodov Vrch und des Maljovitsa. Wer vor dem Abstieg zur Hütte Maljovitsa noch genügend Energie besitzt, kann den nicht weit entfernten Maljovitsa-Gipfel besteigen. Die Aussicht ist einfach traumhaft.

Spannend ist auch die zweite Etappe. Fichtenwälder, Latschen, Seen und lange Weg über abschüssige Hänge charakterisieren den heutigen Abschnitt, der fast 19 Kilometer lang ist. Gut 1300 Höhenmeter sind für diesen Wandertag ebenfalls eine gewisse Herausforderung. Das Tagesziel, die Hütte Ribni Ezera, liegt auf 2230 Metern, malerisch eingebettet in eine Wiesenlandschaft und nur fünf Gehminuten von einem See entfernt.

Am dritten Tag kommt langsam das Ziel in Sicht. Erst ist der Musala nur recht klein im Hintergrund zu sehen, später am Tag zeigt sich seine wahre Größe. Es ist ein traumhafter Wandertag, da die Strecke über weite Bergrücken und über Hochflächen verläuft, die panoramareiche Ausblicke in die Landschaft des Rila-Gebirges ermöglichen.

Die Hütte Grntschar ist bereits der Startpunkt der letzten drei Trekkingtage. In gut sieben Stunden führt der Weg vorbei an den Vorgipfeln Yourushki Chal, Marishki Chal, Golyam Bliznak und Malak Bliznak zügig in Richtung Musala. Denn der höchste Punkt des Balkans, der Musala selbst, ist das eigentliche Ziel dieses Tages. Der Ausblick von dem 2925 Meter hohen Berg auf die umliegenden Gipfel ist grandios. Die Nacht verbringen die Wanderer nach dem Abstieg in der Hütte Zavratschitsa.

Weite, grasbewachsene Bergrücken prägen den vorletzten Tag dieser Tour. Die Orientierung ist nicht ganz einfach, denn einzig die eigentlich für den Winter gedachten nummerierten Stangen weisen den Weg. An dessen Ende gilt es zu klettern: Eine mit einem Seil gesicherte Passage führt hinunter zum Belmeken-See und der gleichnamigen Hütte.

Der Abschied aus dieser spektakulären Landschaft fällt nach einer guten Wanderwoche nicht leicht. Noch einen letzten Wandertag gilt es zu genießen, ehe Kostenez erreicht ist. Ein kleiner Trost: Der Ort ist als Heilbad und Kurort bekannt. Die geschundene Muskulatur kann sich in den Bäderanlagen bestens erholen.

*Über 120 Trichterseen gibt es rund um den Musala.*

*Startpunkt für die Wanderung ist das weltberühmte Kloster Rila.*

**Bulgarien**

*Die Vikos-Schlucht gehört mit ihren schwindelerregenden Höhenunterschieden zu den eindrücklichsten Naturerlebnissen.*

# Griechenland

Nicht nur das Festland mit seinen Gebirgen, Hochebenen und Küstenlandschaften ist eine Reise wert, sondern auch die Inseln in der Ägäis, die Ionischen Inseln an der Westküste und Kreta im Süden. Kein Punkt des Landes ist weiter als 140 Kilometer von der Küste entfernt, daher bestimmt das Meer das Erscheinungsbild und Leben des Landes maßgeblich.

## INFO *

**GRIECHENLAND**
**Fläche:** 131 957 km²
(davon 106 791 km² Festland)
**Bevölkerung:**
10,3 Mio. Einwohner
**Hauptstadt:**
Athen (3,8 Mio. Einwohner)
**Höchster Berg:**
Olymp (2917 m)
**Größte Insel:**
Kreta (8261 km²)

### Nationalpark Vikos Aoos

**Lage:** Der Nationalpark liegt im Nordwesten Griechenlands in der Nähe der albanischen Grenze. Er wurde 1973 gegründet und hat eine Fläche von 126 Quadratkilometern. Seine Landschaft wird geprägt von spektakulären Schluchten, wilden Flussläufen und dem Tymfi-Gebirgsmassiv, das zum Pindosgebirge gehört. Der höchste Gipfel ist der Gamila (2497 Meter).

**Highlights:** Die schmale Vikos-Schlucht hat sich bis zu 700 Meter tief ins Gebirge eingegraben und gilt – zumindest gemessen am Verhältnis von Höhe zu Breite – als tiefste Schlucht der Welt. Durch die Schlucht verläuft ein spektakulärer Wanderweg, der von Monodendri zwölf Kilometer weit bis zum Dorf Vikos oder noch etwas weiter bis Megalo Papingo führt.

**Tipps:** In der Aoos-Schlucht, wo der Fluss Aoos auch im Sommer meist Wasser führt, kann man Kajak- und Rafting-Touren unternehmen.

Die tiefste Schlucht der Erde – was für ein Weltrekord, mit dem sich die Vikos-Schlucht schmücken darf, dieser 700 Meter tiefe Höllenschlund in Griechenland! Doch halt, werden die Kenner der Geografie rufen! Was ist mit dem Grand Canyon, in dem sich der Colorado River 1800 Meter tief in die Erde gegraben hat? Und was mit dem Colca-Canyon in Peru, der sogar eine Tiefe von 3200 Metern besitzt? Und dann erst die Schlucht des Kali Gandaki in Nepal, die unfassbare 6000 Meter tief ist? Trotzdem ist der Vikos-Weltrekord dank des Guinness-Buchs der Rekorde quasi amtlich. Denn er gilt nicht für die absolute Tiefe, sondern für das Verhältnis von Breite und Tiefe. Und da bietet die Vikos-Schlucht tatsächlich eine einzigartige Naturlandschaft. Letztlich spielen Zahlen hier auch nicht die Hauptrolle; die Angaben der Ausmaße des griechischen Canyons variieren ohnehin. Also kann man sich den Kopf frei machen und ganz mit den Sinnen dieses beeindruckende Naturwunder genießen. Als sei man in eine gigantische, steinerne Gletscherspalte gestürzt, so fühlt man sich am Boden der Schlucht, über deren Steilwänden Gänsegeier und Schlangenadler kreisen. Man sollte es diesen Vögeln gleichtun; fantastisch ist der Blick von einem der Aussichtspunkte.

## Nationalpark Pindos

**Lage:** Der 69 Quadratkilometer große Nationalpark, 1966 gegründet, umfasst im Nordwesten Griechenlands einen Teil des bis zu 2632 Meter hohen Pindosgebirges. Zusammen mit dem Nationalpark Vikos Aoos bildet er das Schutzgebiet Nord-Pindos.
**Highlights:** In der unberührten Gebirgslandschaft leben u. a. Bären und Luchse. Ein sehr schönes Wandergebiet liegt rund um das Dorf Perivoli im Zentrum des Parks. Dort sind am Arkoudórema (Bärenbach) möglicherweise Bären zu erspähen.
**Tipps:** Einen guten Eindruck von der Landschaft erhält man auf Fahrten zu den teils sehr malerischen Dörfern der Region, u. a. nördlich von Metsovo.

---

Apollon, der Sohn des Zeus und Gott des Lichtes, war in der griechischen Mythologie auch der Beschützer der Künste und versammelte deswegen immer wieder die neun Musen um sich – Klio, die Rühmende, Melpomene, die Singende, Terpsichore, die Tanzende, Thalia, die Lachende, Euterpe, die Flötenspielende, Erato, die Liebevolle, Urania, die Himmlische, Polyhymnia, die Liederreiche, und Kalliope, die Epische. Gern rief Apollon seine Musen im Pindos-Gebirge zusammen, jenem Hochgebirge im Norden Griechenlands, das Epirus von Makedonien und Thessalien trennt. Und manche Wanderer schwören Stein und Bein, den Gott und seine Musen dort singen gehört zu haben. Nur der Götterberg Olymp ragt in Griechenland höher in den Himmel als das Pindos-Gebirge mit seinen vielen Wanderwegen.

*Der Pindos sieht zwar karg aus, doch hier entspringen die Quellen des Acheloos.*

*Die berühmten Souda-Wasserfälle stürzen aus rund 28 Metern den Fels hinab.*

WANDERUNG

*Am vierten Tag steht die Überquerung der perfekten Bogenbrücke von Kipi auf dem Plan.*

## Auf dem Zagoria-Trek durch das Pindos-Gebirge

**Nahe der albanischen Grenze lockt Griechenland mit wilden grünen Berglandschaften, tiefen Schluchten und glasklaren Flüssen. Alte Klöster und friedvolle Dörfer säumen den Weg. Immer wieder gilt es dabei, auf der Strecke liegende 2500er Gipfel des Pindos-Gebirges zu überwinden oder dem launischen Wetter standzuhalten, das in den Höhen sogar Schnee bis in den späten Frühling liegen bleiben lässt. Die Besonderheit der Region sind die malerischen, runden Steinbrücken, die sich über Täler und Flüsse spannen.**

Er endet im Nichts: Wo eben noch ein Wanderweg war, ist keine Spur mehr, noch nicht einmal ein Pfad ist zu sehen. Nur noch eine grüne Wiese und Gräser, die sich im Wind wiegen. Wo ist die Markierung, die den Zagoria-Trail kennzeichnet? Ob als Pfeil auf Schildern, Punkt auf Steinen oder Strich auf Felsen? Bisher haben mitunter auch rote Punkte, Pfeile oder Rechtecke den Weg gewiesen. Bis hier. Nun heißt es: Kompass und Karte raus und schauen, in welche Richtung es weitergeht. Der Trek zählt nicht umsonst zu den ursprünglichsten in Griechenland, denn nicht nur die Landschaft ist dünn besiedelt, sondern auch

*Das Bergdorf Tsepelovo ist das Tagesziel der dritten Etappe.*

314  Griechenland

# ZAGORIA-TREK

> **Routensteckbrief:**
> **Distanz:** 90 km | **Dauer:** 7 Tage | **Höhenmeter:** ca. 10 400 m
> **Stationen:** Kapelle von Ano Klidhonia –Papigo → 14 km | Papigo – Astraka-Hütte → 8 km | Astraka-Hütte – Tsepelovo → 14 km | Tsepelovo – Kipi → 10 km | Kipi – Monodendri → 14 km | Monodendri – Papigo → 16 km | Papigo – Klidhonia → 14 km

der Trail wenig belaufen. Und an manchen Stellen hat er etwas zu viel Geheimtippcharakter, bei dem die Markierungen abhanden gekommen sind. Auf Abenteuer wie diese sollten Wanderer gefasst sein, wenn sie sich auf den Zagoria-Trek einlassen. Vor allem auf den ersten beiden Etappen ist der Pfad manchmal schwer zu finden, das gibt dem Weg aber auch seinen speziellen Charakter.

Der Einstieg in den Trek ist nicht immer leicht zu finden. Die Kirche von Kleidonia etwa eignet sich gut dafür. Die erste Etappe ist mittelschwer und geht von 440 Metern auf 1020 Meter beständig bergauf. Mal ist es eine Straße, mal wandert man über losen Untergrund. Auf den ersten Etappen ist Kondition gefragt, denn spätestens am zweiten Tag geht es steil in die Astraka-Berge. Sie sind Teil des Tymfi-Massivs, auf dem der Schnee manchmal erst im Juni von den Gipfeln geschmolzen ist. Das Wetter dort oben ist launisch und oftmals kühler und regnerischer, als man es im sonnigen Griechenland erwarten würde.

Wer am ersten Tag schon ins Schwitzen kam, wird den zweiten Tag fürchten, denn er ist der anstrengendste der Wanderung. Zwar stehen nur gut acht Kilometer auf dem Plan, aber die haben es in sich, denn es geht über eine Schlucht in die Berge. Bäume säumen anfangs den Weg, der sich in Kurven bergan schlängelt und 1000 Höhenmeter überwindet. Viele Quellen entspringen in diesem Gebirge und sammeln sich später im Fluss Vikos, der zu den saubersten in ganz Europa gehört. Er ist übrigens auch einer der kältesten und erwärmt sich selten auf mehr als 6 °C.

Während das malerische Dorf Mikro Papigo das Ende der Zivilisation verkündet, führt der Weg nun direkt ins Astraka-Massiv. Die Baumgrenze ist bald überschritten, ebenso wie Esel, Ziegen und Pferde seltener werden. Zwei Wege führen zur Hütte: einer über den Gipfel, der große Trittsicherheit beim Abstieg erfordert, und ein einfacher direkt zur Unterkunft. Wer von den drei Stunden Wanderung noch nicht ausgelastet ist, kann nun noch zum Drachensee wandern. Oder einfach vor der Hütte auf der Terrasse sitzen und das Panorama genießen.

Die dritte Etappe erstreckt sich über Stein- und Geröllfelder und führt fast 1000 Höhenmeter hinunter. Richtig spannend wird es nach dieser Etappe, denn nicht nur die Landschaft verändert sich, sondern auch die Sehenswürdigkeiten. Rund um Kipi haben die Menschen im 18. und 19. Jahrhundert Steinbrücken errichtet, von denen viele aussehen, als seien sie mit dem Zirkel gezogen, so perfekt und rund wie ein Halbkreis sind sie gebaut. Auch wenn manche schon Risse aufweisen, dienen sie noch immer als Verbindung zwischen zwei Ufern oder den beiden Seiten einer Schlucht. Kipi ist zudem von Wäldern mit knorrigen, flechtenbewachsenen Bäumen umgeben. Sie unterstreichen die große Ursprünglichkeit dieser Landschaft. Der Wanderweg führt nun mitten durch das Grün in die Vikos-Schlucht. Sie gilt als tiefste Schlucht der Welt im Verhältnis Tiefe zu Breite. Ob sie diesen Titel wirklich verdient hat, daran lassen Schluchten wie der viel tiefere Grand Canyon zweifeln, dennoch bleiben ihre Ausmaße beeindruckend. Bis zu 1000 Meter tief liegt sie zwischen den Gebirgsketten Stouros und Tymfi. Nicht nur das ist eine Attraktion, sondern auch die Felsformation nahe der Schlucht, die unter dem Namen »Versteinerter Wald« auf den Karten zu finden ist. Immer wieder ergeben sich spektakuläre Blicke auf das tiefe Tal, insbesondere dort, wo der Weg nach Monodendri führt. Nach dem Überwinden der Schlucht mündet der Pfad in bekanntes Terrain, denn es geht bald zurück zum Ausgangsweg. Allerdings birgt der Blick von der anderen Seite auch so manche Überraschung, die man auf dem Hinweg nicht gesehen hat.

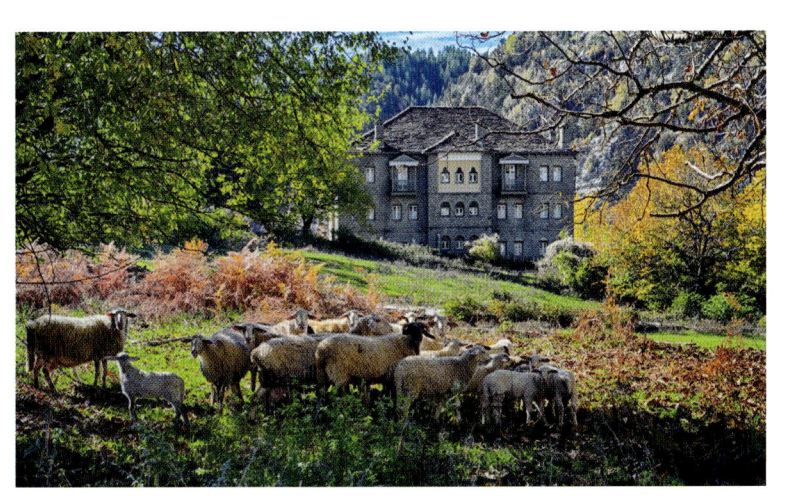

*In Tsepelovo überraschen die großen Herrenhäuser, die fast englisch anmuten.*

## Meeres-Nationalpark Alonnisos-Nördliche Sporaden

**Lage:** Zu Europas größtem Meeres-Nationalpark (2260 Quadratkilometer) gehören 29 der insgesamt 135, meist aus felsigem Kalkstein bestehenden Sporaden-Inseln.

**Highlights:** Höhlen, versteckte Buchten und kristallklares Wasser sind Habitat von Edelkorallen, Mittelmeer-Mönchsrobben und Delfinen.

**Tipps:** Die Anreise empfiehlt sich üer Fähre vom Festland (Volos und Agios Konstantinos) nach Skiathos und weiter zu den Inseln Skopelos, Alonnisos und Euböa.

*Im Mittelmeer gibt es nur eine einzige Robbenart, die Mittelmeer-Mönchsrobbe.*

Der Meeres-Nationalpark wurde im Jahr 1992 als Erster seiner Art in Griechenland gegründet. Die größte Insel der Nördlichen Sporaden gab dem Naturschutzgebiet seinen Namen: Alonnisos ist etwa 20 Kilometer lang und an seiner breitesten Stelle fünf Kilometer breit. Im Süden dominieren Pinienwälder, im Norden findet man dagegen Macchia-Vegetation und Pistazienbäume vor. Alonnisos wird von etwa 3000 Menschen bewohnt. Die seltene Mittelmeer-Mönchsrobbe lebt in einer großen Kolonie in den Höhlen der unbewohnten Inseln, was dem beharrlichen Einsatz von Umweltschützern zu verdanken ist. Einheimische Fischer respektieren die strengen Schutzvorschriften, und obwohl der Park für Besucher geöffnet ist, bleiben einzelne Abschnitte allein der Natur vorbehalten. Diese Ruhe genießen neben den Robben auch zahlreiche Vogelarten, Delfine und Wildziegen.

*Träume von türkisfarbenem Meer und feinem Sand werden am Strand von Kokkinokastro auf Alonnisos wahr.*

*Auf Zypern ist Aphrodite in Ortsbezeichnungen allgegenwärtig. Auch ein Felsen trägt ihren Namen.*

# Zypern

**Die drittgrößte Insel des östlichen Mittelmeers liegt etwa 65 Kilometer vor der Südküste Kleinasiens. Politisch und kulturell zählt Zypern zu Europa, geografisch wird es jedoch zu Asien gerechnet. Das als Sonneninsel bekannte Zypern bietet seinen Besuchern nicht nur herrrliche Strände und reizvolle Landschaften, sondern auch herausragende kulturelle Zeugnisse.**

## Nationalpark Petra tou Romiou

**Lage:** Der Nationalpark zwischen Paphos und Limassol mit seinen spektakulären Felsformationen gehört zu den schönsten Küstenabschnitten Zyperns.
**Highlights:** Die Landschaft bildet hier ein vielgestaltiges Relief aus Küste, Tälern und Wäldern.
**Tipps:** Der Park beherbergt eine Vielzahl einheimischer Pflanzenarten und Wildtiere, darunter Zypressen, Pinien und seltene Orchideen.

Zuerst die Fakten: Der Nationalpark liegt im Südwesten des zypriotischen Bezirks Paphos, umfasst eine Fläche von 3492 Quadratmetern und weist aus geologischer Sicht interessantes Kalkgestein auf. Um sich aber nun der mythologischen Bedeutung des Orts zuzuwenden: Hier soll dereinst die Göttin der Liebe und der Schönheit dem Meer entstiegen sein, Aphrodite. Die Schaumgeborene, was ihr Name bedeutet, ging dann auch sogleich ans Werk, weckte romantische Gefühle zwischen Göttern und Menschen und spann Intrigen. Das Volk der Zyprer verehrte sie dennoch kultisch. Die hiesige Flora steht ganz im Zeichen der Göttin: Der Duft der Wildrose war ihr der liebste, der Granatapfelbaum steht für Fruchtbarkeit, und die Tamariske symbolisiert Schönheit und Jugend. Übrigens: Wer bei Vollmond um Mitternacht an dieser Stelle im Meer schwimmt, bleibt ewig jung, so der Volksglaube.

## INFO *

**ZYPERN**
**Fläche:**
9251 km²
**Bevölkerung:**
1,2 Mio. Einwohner
**Hauptstadt:**
Nikosia (276 410 Einwohner)
**Höchster Berg:**
Olympos (1953 m)
**Sonnentage im Jahr:**
340

# Register

**A**
Abisko, Nationalpark 46
Abruzzen, Nationalpark 262
Adlerweg 198
Ahornboden, Großer 200, 202
Albanien 298 ff.
Alonnisos-Nördliche Sporaden, Meeres-Nationalpark 316
Alpen Albanien, Nationalpark 298
Alpensteinböcke 208
Armorique, Naturpark 125
Asinara, Nationalpark 265
Ätna 266
Auerhühner 59
Azoren 224 ff.

**B**
Bardenas Reales, Nationalpark 237
Bärenrunde 68
Bartrobben 30
Bayerischer Wald, Nationalpark 166
Belgien 122 f.
Berchtesgaden, Nationalpark 171
Białowieża, Nationalpark 175
Biebrza, Nationalpark 174
Biogradska Gora, Nationalpark 289
Björnlandet, Nationalpark 56
Böhmische Schweiz, Nationalpark 189
Bosnien und Herzegowina 282 f.
Braunbären 71
Brecon Beacons National Park 108
Bucegi, Nationalpark 307
Bulgarien 308 ff.
Burren National Park 111

**C**
Cairngorms National Park 95
Caldera de Gairía, Nationalpark 248
Caldera de Taburiente, Nationalpark 248
Camargue, Naturpark 136
Cévennes, Nationalpark 126
Connemara National Park 111
Corvo 226

**D**
Damhirsche 165
Dänemark 62 f.
Dartmoor National Park 102
Deutschland 144 ff.
Divjaka-Karastava, Nationalpark 301
Djerdap, Nationalpark 284
Djurö, Nationalpark 58
Dolomiten-Höhenwege 258
Doñana, Nationalpark 242
Donauauen, Nationalpark 193
Donaudelta, Biosphärenreservat 302
Dovrefjell-Sunndalsfjella, Nationalpark 36
Dugi Otok 278
Duinen van Texel, Nationalpark 118
Durmitor, Nationalpark 289

**E**
Écrins, Nationalpark 133
Eisbären 28
Elche 54
Endla, Naturpark 76
Estland 76 ff.
Exmoor National Park 102

**F**
Fanes-Sennes-Prags, Naturpark 256
Femundsmarka, Nationalpark 45
Finnland 64 ff.
Flamingos 137
Flores 227
Frankreich 124 ff.
Fuerteventura 248

**G**
Gämsen 209
Gänsegeier 239
Garajonay, Nationalpark 251
Gesäuse, Nationalpark 205
Glen Coe 97
Gorges du Verdon 134
Gran Bucle 234
Gran Canaria 250
Gran Canaria, Wanderung 252
Gran Paradiso, Nationalpark 254
Gran Sasso e Monti della Laga, Nationalpark 261
Grands-Causses, Naturpark 126
Griechenland 312 ff.

**H**
Hainich, Nationalpark 163
Hardangervidda, Durchquerung der 40
Hardangervidda, Nationalpark 37
Harz, Nationalpark 160
Haut Jura, Naturpark 126
Hoge Kempen, Nationalpark 122
Hoge Veluwe, Nationalpark 118
Hohe Tatra, Nationalpark 184
Hohe Tatra, Überschreitung der 182
Hohe Tauern 201
Hohes Venn-Eifel, Nationalpark 123
Hortobágyi, Nationalpark 191

**I**
Inverpolly 94
Irland 109 ff.
Island 14 ff.
Islas Atlánticas, Nationalpark 230
Isle of Barra 89
Isle of Lewis 91
Isle of Mull 91
Isle of Skye 92
Italien 254 ff.

**J**
Jasmund, Nationalpark 150
Jökulsárgljúfur, Schutzgebiet 22
Jostedalsbreen, Nationalpark 42
Jotunheimen, Nationalpark 42
Julische Alpen 272
Jungfrau-Aletsch-Bietschhorn, Alpenregion 210
Jurassic Coast 99

**K**
Kalkalpen, Nationalpark 194
Kap Dyrhólaey 18
Karkonosze, Nationalpark 178
Karwendelgebirge 200
Kebnekaise 47
Kellerwald-Edersee, Nationalpark 158
Ķemeri, Nationalpark 80
Killarney National Park 109
Kiskunsági, Nationalpark 190
Koli, Nationalpark 73
Kornati, Nationalpark 280
Korsika, Naturpark 139
Kosovo 294
Kraniche 147
Kravica-Wasserfälle 282
Krka, Nationalpark 277
Krkonoše, Nationalpark 188
Kroatien 276 ff.
Kungsleden 48
Kurjenrahka, Nationalpark 72

**L**
La Gomera 251
La Palma 248
Lakagígar 19
Lake District National Park 98
Landmannalaugur 15
Lanzarote 247
Lastovo, Naturpark 281
Laugavegur 16
Laurisilva 221
Lauwersmeer, Nationalpark 117
Lemmenjoki, Nationalpark 64
Lettland 80
Litauen 81
Luchse 168

## M

Madeira 220 ff.
Madeira, Wanderung 222
Majella, Nationalpark 264
Mallorca 243
Mallos de Riglos, Nationalpark 233
Matka-Schlucht 297
Mavrovo, Nationalpark 295
Monfragüe, Nationalpark 237
Mont-Blanc-Massiv 128
Mont-Blanc, Tour du 130
Montenegro 288 ff.
Monti Sibillini, Nationalpark 261
Moschusochsen 38
Muddus, Nationalpark 53
Mufflons, Europäische 164
Müritz, Nationalpark 151
Murmeltiere 196

## N

Nagliai, Nationalpark 81
Narew, Nationalpark 173
Neusiedler See, Nationalpark 205
New Forest National Park 102
Niedere Tatra, Nationalpark 185
Niederlande 116 ff.
Nordmazedonien 295 ff.
Nordvest-Spitsbergen, Nationalpark 26
Nordvogesen, Naturpark 126
Norwegen 26 ff.

## O

Oberlausitzer Heide- und Teichlandschaft, Biosphärenreservat 154
Ohridsee 297
Ordesa y Monte Perdido, Nationalpark 232
Orkney Islands 87
Österreich 192 ff.
Ostseewanderweg 148
Oulanka, Nationalpark 66

## P

Padjelanta, Nationalpark 50
Paneveggio, Naturpark 257
Parc d'Iroise 124
Pelikane 304
Pembrokeshire Coast National Park 105
Pembrokeshire Coast Path 106
Peneda-Gerês, Nationalpark 216
Petra tou Romiou, Nationalpark 317
Piatra Craiului, Nationalpark 307
Pico 225
Picos de Europa, Nationalpark 231
Pieninen, Nationalpark 178
Pindos, Nationalpark 313
Pirin, Nationalpark 309
Plitvicer Seen, Nationalpark 276
Polen 172 ff.
Ponta de São Lourenço 220
Portugal 216 ff.
Postojna, Höhlen von 273
Prespasee, Nationalpark 301
Pyhä-Häkki, Nationalpark 65
Pyhä-Luosto, Nationalpark 70
Pyrenäen, Nationalpark 139

## R

Rago, Nationalpark 35
Rannoch Moor 97
Rehe 181
Rentiere 67
Retezat, Nationalpark 303
Rila-Gebirge, Wanderung 310
Rila, Nationalpark 309
Rofangebirge 195
Rondane, Nationalpark 44
Rügen 150
Rumänien 302 ff.

## S

Sächsische Schweiz, Nationalpark 159
Saltfjellet-Svartisen, Nationalpark 35
São Miguel 225
Sardinien 265
Sarek, Nationalpark 52
Sauerland-Rothaargebirge, Naturpark 156
Schiermonnikoog, Nationalpark 116
Schleswig-Holsteinisches Wattenmeer, Nationalpark 144
Schweden 46 ff.
Schweiz 206 ff.
Schweizer Jura 206
Schweizerischer Nationalpark 207
Seeadler 155
Seehunde 145
Serbien 284 ff.
Serra de Tramuntana 243
Sharr-Gebirge 294
Shetland Islands 87
Sierra de Gredos 240
Sierra de Guadarrama, Nationalpark 238
Sintra-Cascais, Naturpark 218
Sizilien 266
Skadarsee, Nationalpark 293
Skaftafell, Schutzgebiet 20
Skuleskogen, Nationalpark 56
Slowakei 184 ff.
Slowenien 272 ff.
Snæfellsjökull, Nationalpark 14
Snowdonia National Park 104
Soomaa, Nationalpark 78
Spanien 230 ff.
Spessart, Naturpark 163
St Kilda 88
Steinböcke, Iberische 241
Stora Sjöfallet, Nationalpark 51
Sudoeste Alentejano e Costa Vicentina 218
Südschwarzwald, Naturpark 166
Sutjeska, Nationalpark 283

## T

Tamadaba, Naturpark 250
Tara, Nationalpark 286
Tatrzański, Nationalpark 180
Teide, Nationalpark 247
Tejo Internacional, Biosphärenreservat 217
Telašćica, Naturpark 278
Teneriffa 247
Texel 118
Thayatal, Nationalpark 192
Thy, Nationalpark 63
Timanfaya, Nationalpark 247
Tiveden, Nationalpark 60
Tre Cime, Naturpark 255
Tresticklan, Nationalpark 61
Triglav, Nationalpark 272
Tschechien 188 f.

## U

Uhus 157
Una, Nationalpark 283
Ungarn 190 f.
Uvac, Naturreservat 286

## V

Vanoise, Nationalpark 132
Varangerhalvøya, Nationalpark 32
Vatnajökull, Nationalpark 20
Vercors, Naturpark 134
Vereinigtes Königreich 86 ff.
Vikos Aoos, Nationalpark 312
Vilsandi, Naturpark 77
Vorpommersche Boddenlandschaft, Nationalpark 146
Vransko jezero 279

## W

Walrosse 27
Wettersteingebirge 170
Wildschweine 161
Wisente 176
Wölfe 263
Wolin, Nationalpark 172

## Z

Zagoria-Trek 314
Zentralbalkan, Nationalpark 308
Zypern 317

# Bildnachweis · Impressum

G = Getty Images, M = mauritius images, Look = lookphotos

Cover: Vorderseite: G/Petr Kahanek (Nationalpark Sarek, Schweden), ventdusud/Shutterstock.com (Camargue, Frankreich); Buchrücken: Oleksii Liebiediev/Shutterstock.com (Ätna, Italien); Rückseite: G/Magnus Larson (Madeira, Portugal), Look/Peter Schickert (La Gomera, Spanien), Richard Semik/Shutterstock.com (Gorges du Verdon, Frankreich).

S. 2/3 Look/age fotostock, S. 4/5 G/Roberto Moiola, S. 6/7 Picture Alliance/DUMONT Bildarchiv/Peter Hirth, S. 8 Look/Danita Delimont, S. 9 G/Michael Roberts, S. 10/11 G/Charl Mellin, S. 14 G/Sophie Dover, S. 15 Vladimir Lutsenko/Shutterstock.com, S. 15 G/Krzysztof Baranowski, S. 15 M/Keith Levit, S. 16 Look/David Köster, S. 17 G/Cavan Images, S. 18 G/Manuel Romaris, S. 18 G/Ketkarn sakultap, S. 19 M/imageBROKER, S. 20 M/Cavan Images, S. 21 G/Pone Pluck, S. 21 Shaiith/Shutterstock.com, S. 22 M/Raimund Linke, S. 23 G/Mara Brandl, S. 24/25 Look/Maximilian Draeger, S. 26 G/Hans Strand, S. 27 Look/robertharding, S. 28/29 G/David Merron Photography, S. 30/31 G/Paul Souders, S. 32/33 G/Darrell Gulin, S. 33 M/Alamy, S. 33 M/David Pattyn, S. 33 M/Dick Hoogenboom, S. 34 M/Lydie Gigerichova, S. 34 M/Lydie Gigerichova, S. 35 M/Bruno Kickner, S. 35 M/David Oberholzer, S. 36/37 M/Ryhor Bruyeu, S. 37 G/OlgaMiltsova, S. 37 G/Lydie Gigerichova, S. 38/39 Stuedal/Shutterstock.com, S. 40 M/Ryhor Bruyeu, S. 41 G/Peter Nilsson, S. 42 M/Reinhard Hölzl, S. 42/43 G/Nordreisender, S. 42/43 M/Kevin Prönnecke, S. 44 M/Alamy, S. 44 G/Sodapix, S. 44/45 M/Kevin Prönnecke, S. 46 M/Anders Ekholm, S. 47 G/Hans Strand, S. 47 G/Oskar Kihlborg, S. 48 G/Johner Images, S. 49 G/Johner Images, S. 50 G/Anders Ekholm, S. 50 M/Bernd Römmelt, S. 51 M/David Oberholzer, S. 51 M/jspix, S. 52 G/Westend61, S. 52 G/Sonja Jordan, S. 52 M/Heike Odermatt, S. 52/53 G/Hans Strand, S. 54/55 G/Raimund Linke, S. 56 G/Charley Yelen, S. 57 G/Alan Tunnicliffe Photography, S. 57 M/age fotostock, S. 57 M/Lars-Ove Jonsson, S. 58 Lasse Johansson/Shutterstock.com, S. 58 G/John Lawson, S. 59 Petr Simon/Shutterstock.com, S. 60 G/Gavin Bickerton-Jones, S. 60 UbjsP/Shutterstock.com, S. 60/61 M/Günter Grüner, S. 62 M/Wild Wonders of Europe, S. 62 M/Raimund Linke, S. 63 Szczepan Klejbuk/Shutterstock.com, S. 63 Look/Danita Delimont, S. 64 O.C Ritz/Shutterstock.com, S. 65 G/Photosbyjimn, S. 65 Jiri 'Tashi' Vondracek/Shutterstock.com, S. 66 Mazur Travel/Shutterstock.com, S. 66 G/Karl Ander Adami, S. 67 Look/Design Pics, S. 68 Look/Bernard van Dierendonck, S. 69 Look/Bernard van Dierendonck, S. 70 G/Milamai, S. 70 M/Rolf Mueller, S. 71 Erik Mandre/Shutterstock.com, S. 72 G/Paul Rollison, S. 72/73 O.C Ritz/Shutterstock.com, S. 73 Curioso.Photography/Shutterstock.com, S. 74/75 G/Heikki Salmi, S. 76 G/Kaspar Koolmeister, S. 77 M/Ragnis Pärnmets, S. 77 Look/Lars Bergmann,, S. 78 G/Mirko Macari, S. 78 M/Loic Poidevin, S. 79 Artenex/Shutterstock.com, S. 80 G/Dmitry Vasilyev, S. 81 M/Lukas Jonaitis, S. 82/83 G/Feargus Cooney, S. 86 Look/Karl Johaentges, S. 86 G/James Warwick, S. 87 G/Iain Sarjeant, S. 88 upsidedown Ian/Shutterstock.com, S. 88/89 G/FotoVoyager, S. 89 G/Luca Quadrio, S. 90 Look/robertharding, S. 90/91 G/Southern Lightscapes-Australia, S. 91 mepstock/Shutterstock.com, S. 92/93 G/Juan Maria Coy Vergara, S. 93 G/Southern Lightscapes-Australia, S. 94/95 Michal Balada/Shutterstock.com, S. 95 Harry Collins Photography/Shutterstock.com, S. 95 G/VWB photos, S. 96 Look/Christian Mueringer, S. 96 Look/robertharding, S. 97 Look/Christian Mueringer, S. 98 G/John finney photography, S. 98 G/Daniel_Kay, S. 98/99 G/James Osmond, S. 100/101 Look/ClickAlps, S. 102 Francesco Ferrovecchio/Shutterstock.com, S. 103 Look/robertharding, S. 103 Look/age fotostock, S. 103 G/BerndBrueggemann, S. 104 G/Michael Roberts, S. 104 G/Alan Novelli, S. 105 matt_train/Shutterstock.com, S. 106 G/Michael Roberts, S. 107 M/Drew Buckley, S. 108 G/Joe Daniel Price, S. 108 G/Joe Daniel Price, S. 109 G/Peter Zelei Images, S. 110 G/Sergiu Cozorici, S. 110 G/Eugene_remizov, S. 111 M/Michael Diggin, S. 112/113 G/Sen Li, S. 116 G/Daniel Bosma, S. 117 smutan/Shutterstock.com, S. 117 Erni/Shutterstock.com, S. 117 Simonas Minkevicius/Shutterstock.com, S. 118/119 M/Paul Oostveen, S. 119 G/Erich Kuchling, S. 119 Rudmer Zwerver/Shutterstock.com, S. 120/121 G/Merten Snijders, S. 122 G/Gunther Cleemput, S. 123 G/Dneutral Han, S. 124 G/Mathieu-Rivrin, S. 125 Look/Hemis, S. 126 G/Clement Leonard, S. 127 M/Bob Gibbons, S. 127 Look/Hemis, S. 127 G/Iñigo Fdz de Pinedo, S. 128/129 G/Roberto Moiola, S. 129 G/Mario Colonel, S. 130 Look/Andreas Straufl, S. 131 M/Alamy, S. 131 M/Andy Sutton, S. 132 M/Iris Kürschner, S. 132/133 G/Photo Charlotte Ségurel, S. 134 Look/Hemis, S. 134/135 Richard Semik/Shutterstock.com, S. 135 Juan Carlos Munoz/Shutterstock.com, S. 136 G/Dmytro Cherkasov, S. 136 G/Ventdusud, S. 137 G/Raimund Linke, S. 138 G/By-studio, S. 138 Look/VWPics, S. 139 Jon Ingall/Shutterstock.com, S. 139 TunedIn by Westend61/Shutterstock.com, S. 140/141 M/Mark Robertz, S. 144 G/PPAMPicture, S. 145 M/Johannes Pistorius, S. 146 G/Andreas Jäckel, S. 146 Look/Franz Suflbauer, S. 147 Look/Minden Pictures, S. 148 Look/Rainer Martini, S. 149 Look/Thomas Bugdoll, S. 150 Look/Günther Bayerl, S. 150 Look/Heinz Wohner, S. 150/151 Look/Rainer Mirau, S. 152/153 Look/Heinz Wohner, S. 154 WitR/Shutterstock.com, S. 154 M/imageBROKER, S. 154 Stephan Morris/Shutterstock.com, S. 155 G/danm, S. 156 G/Michael J. Cohen, Photographer, S. 156 Look/Brigitte Merz, S. 157 Alan Tunnicliffe/Shutterstock.com, S. 158 G/Javier Fernández Sánchez, S. 158/159 Look/Tobias Richter, S. 160 Wlad74/Shutterstock.com, S. 160 Look/Heinz Wohner, S. 161 Martin Prochazkacz/Shutterstock.com, S. 162 G/Frank Sommariva, S. 162 Moskwa/Shutterstock.com, S. 163 l i g h t p o e t/Shutterstock.com, S. 163 Krumpelman Photography/Shutterstock.com, S. 164 Simon Vasut/Shutterstock.com, S. 165 M/David & Micha Sheldon, S. 166 M/Gabriele Hanke, S. 167 Annabell Gsoedl/Shutterstock.com, S. 167 WildMedia/Shutterstock.com, S. 168/169 Lubomir Novak/Shutterstock.com, S. 170 Look/Michael Neumann, S. 170 Look/Heinz Wohner, S. 170/171 Look/Rainer Mirau, S. 172 Mike Mareen/Shutterstock.com, S. 173 G/Patstock, S. 173 Look/Bethel Fath, S. 174 ArtMediaFactory/Shutterstock.com, S. 174 JanBeZiemi/Shutterstock.com, S. 175 Grzegorz Dlugosz/Shutterstock.com, S. 176/177 bchyla/Shutterstock.com, S. 178 Piotr Krzeslak/Shutterstock.com, S. 179 Kluciar Ivan/Shutterstock.com, S. 179 Look/Hanna Wagner, S. 180 Grisha Bruev/Shutterstock.com, S. 181 G/Luca Dalla Vecchia, S. 182 G/Andrius Aleksandravicius, S. 182 M/Michal Knitl, S. 183 M/Jan Wlodarczyk, S. 184 TTstudio/Shutterstock.com, S. 185 G/Ewg3D, S. 185 hecke61/Shutterstock.com, S. 185 Jaroslav Moravcik/Shutterstock.com, S. 186/187 G/Matteo Turok, S. 188 G/Holger Mörbe, S. 189 piotrbb/Shutterstock.com, S. 189 Chodimeafotime/Shutterstock.com, S. 190 MZPHOTO.CZ/Shutterstock.com, S. 191 G/Phbcz, S. 191 David Kalosson/Shutterstock.com, S. 191 G/Arterra, S. 192 Look/Franz Marc Frei, S. 193 Look/Rainer Mirau, S. 193 Guy William/Shutterstock.com, S. 193 Sandra Standbridge/Shutterstock.com, S. 194 M/Rainer Mirau, S. 194 M/Ernst Wrba, S. 194/195 M/Michael Rucker, S. 196/197 G/Christopher Broman Tak, S. 198 G/Wingmar, S. 199 M/Ludwig Mallaun, S. 200 M/Robert Seitz, S. 200 Johannes Haslbeck/Shutterstock.com, S. 201 Tadeas-P/Shutterstock.com, S. 201 Pyty/Shutterstock.com, S. 202/203 M/Peter Weimann, S. 204 M/Günter Flegar, S. 204 M/Alamy, S. 205 Miroslav Hlavko/Shutterstock.com, S. 205 M/Alamy, S. 206 Look/Andreas Straufl, S. 207 DirkVG/Shutterstock.com, S. 207 Vaclav Matous/Shutterstock.com, S. 207 Look/Bernard van Dierendonck, S. 208 Foto Matevz Lavric/Shutterstock.com, S. 209 G/Bosca78, S. 210/211 G/Federica Grassi, S. 211 G/Kuonen Beat, S. 212/213 Look/Daniel Schoenen Fotografie, S. 216 Look/Bastian Linder, S. 217 G/Vladislav Železný, S. 217 M/Paulo Lopes, S. 218 Look/Brigitte Merz, S. 218 G/FredConcha, S. 219 LuisPinaPhotography/Shutterstock.com, S. 220/221 G/Magnus Larsson, S. 221 G/Franco Banfi, S. 221 G/Ulrich Hollmann, S. 222 G/Roberto Moiola, S. 223 Look/Denis Feiner, S. 224 Look/Design Pics, S. 224 G/Marco Bottigelli, S. 225 G/Mirko Zanni, S. 225 G/Balate Dorin, S. 226 G/Cinoby, S. 226 G/FedevPhoto, S. 227 G/Aroxopt, S. 228/229 G/André Farinha, S. 230 G/Anton Petrus, S. 231 G/Jose A. Bernat Bacete, S. 231 Look/Juergen Richter, S. 231 G/Photography by Ramy Maalouf, S. 232/233 Look/age fotostock, S. 233 Petr Salinger/Shutterstock.com, S. 233 IURII BURIAK/Shutterstock.com, S. 234 G/VW Pics, S. 235 G/Pere Ramon, S. 235 M/Albert Lleal, S. 236 M/Franz Christoph Robiller, S. 236 M/Tilyo Rusev, S. 237 M/Franz Christoph Robiller, S. 238 G/Wim Hoek, S. 238 G/Jose Luis Vega Garcia, S. 239 Rini Kools/Shutterstock.com, S. 240 G/Antonio Carlos Soria Hernandez, S. 240 JOSE RAMIRO LAGUNA/Shutterstock.com, S. 241 Look/Peter Schickert, S. 242 Ondrej Prosicky/Shutterstock.com, S. 242 M/Loic Poidevin, S. 242/243 Look/Manuel Becker, S. 244/245 Look/ClickAlps, S. 246/247 G/Juan David Martin Ravelo, S. 246/247 G/Carl Remmin, S. 247 G/Roberto Porto, S. 248 M/Alamy, S. 249 G/Tane-mahuta, S. 249 M/Prisma, S. 250 Look/Juergen Richter, S. 250 Look/Jürgen Richter, S. 250/251 Look/Peter Schickert, S. 252 G/Stock_colors, S. 253 Look/Rainer Mirau, S. 254 G/Scacciamosche, S. 255 G/Stefady, S. 255 Look/ClickAlps, S. 256 G/Oriredmouse, S. 256 G/Flavio Vallenari, S. 256/257 Look/Tobias Richter, S. 258 Look/Andreas Straufl, S. 259 Look/Andreas Straufl, S. 260/261 M/Francesco iacobelli, S. 260/261 G/Lorenzo Mattei, S. 261 M/Guido Paradisi, S. 262 David Havel/Shutterstock.com, S. 262 ValerioMei/Shutterstock.com, S. 263 G/Chiara Benelli, S. 264/265 patrickdifeliciantonio/Shutterstock.com, S. 265 laverock/Shutterstock.com, S. 265 Eldar Abdokov/Shutterstock.com, S. 266 Oleksii Liebiediev/Shutterstock.com, S. 266/267 G/Unknown1861, S. 267 G/Salvatore Allegra Photography, S. 268/269 Mita Stock Images/Shutterstock.com, S. 272 M/Guy Edwardes, S. 273 M/Bernd Römmelt, S. 273 G/Marius Roman, S. 273 weniliou/Shutterstock.com, S. 274/275 G/BarbaraCerovsek, S. 276 Mike Mareen/Shutterstock.com, S. 277 G/Christoph Neupert, S. 277 DaLiu/Shutterstock.com, S. 278 Picture Alliance/DUMONT Bildarchiv/Frank Heuer, S. 278 M/Dalibor Brlek, S. 278 G/Patstock, S. 279 G/Skynesher, S. 280 xbrchx/Shutterstock.com, S. 280 Vladimir Turkenich/Shutterstock.com, S. 280/281 Sven Sego/Shutterstock.com, S. 282 G/Jean-Philippe Tournut, S. 283 marcin jucha/Shutterstock.com, S. 283 Marisha_SL/Shutterstock.com, S. 284 Andrei Pletea/Shutterstock.com, S. 284 David Kalosson/Shutterstock.com, S. 285 G/Slobodan Botoski, S. 285 M/Dragan Ilic, S. 286/287 G/Santiago Urquijo, S. 287 Mila Davidovic/Shutterstock.com, S. 287 Evgeny Drablenkov/Shutterstock.com, S. 288 Creative Travel Projects/Shutterstock.com, S. 288 Look/Günther Bayerl, S. 289 Look/Hemis, S. 289 Anton Sednev/Shutterstock.com, S. 290/291 RoStyle/Shutterstock.com, S. 292 G/Konstantin Voronov, S. 292/293 Look/Ingolf Pompe, S. 294 G/Admir Idrizi, S. 295 jordeangelovic/Shutterstock.com, S. 296 stoimilov/Shutterstock.com, S. 296 M/Aleksandar Tomic, S. 297 M/Loic Poidevin, S. 298 G/Azem Ramadani, S. 299 Fabi Fischer/Shutterstock.com, S. 299 Unai Huizi Photography/Shutterstock.com, S. 300 M/Martin Siepmann, S. 300 M/Dmitriy Gura, S. 301 Look/Avalon.red2, S. 302 Look/Wilfried Feder, S. 303 John C Evans/Shutterstock.com, S. 303 Adrian Morecut/Shutterstock.com, S. 303 Albert Beukhof/Shutterstock.com, S. 304/305 Look/ClickAlps, S. 306 Look/Don Fuchs, S. 306 G/porojnicu, S. 307 Look/Axel Ellerhorst, S. 307 WildMedia/Shutterstock.com, S. 308 G/Cavan Images, S. 309 Merazchieva_s/Shutterstock.com, S. 309 KpaTyH/Shutterstock.com, S. 310 M/Christophe Cappelli, S. 311 G/Pavel Tochinsky, S. 311 G/GoodLifeStudio, S. 312 G/Michele Falzone, S. 313 G/Dinosmichail, S. 313 dinosmichail/Shutterstock.com, S. 314 Look/robertharding, S. 314 G/Photo By Dimitrios Tilis, S. 315 G/Photo By Dimitrios Tilis, S. 316 Georgios Tsichlis/Shutterstock.com, S. 316 zaferkizilkaya/Shutterstock.com, S. 317 FOTOGRIN/Shutterstock.com.

© 2025 Kunth Verlag, München
MAIRDUMONT GmbH & Co. KG, Ostfildern
Kistlerhofstraße 111
81379 München
Telefon +49.89.45 80 20-0

www.kunth-verlag.de
info@kunth-verlag.de

ISBN 978-3-96965-193-3
1. Auflage

Printed in Italy

FSC
www.fsc.org
MIX
Papier | Fördert gute Waldnutzung
FSC® C015829

Verlagsleitung: Grit Müller
Redaktion: Jennifer Valentin
Gestaltungskonzept: Verena Ribbentrop
Grafik: Ulrike Lang
Texte: Andrea Lammert, Eckard Schuster, Jakob Strobel y Serra

Alle Rechte vorbehalten. Reproduktionen, Speicherung in Datenverarbeitungsanlagen, Wiedergabe auf elektronischen, foto-mechanischen oder ähnlichen Wegen nur mit der ausdrücklichen Genehmigung des Copyrightinhabers.
Alle Fakten wurden nach bestem Wissen und Gewissen mit der größtmöglichen Sorgfalt recherchiert. Redaktion und Verlag können jedoch für die absolute Richtigkeit und Vollständigkeit der -Angaben keine Gewähr leisten. Der Verlag ist für alle Hinweise und Verbesserungsvorschläge jederzeit dankbar.